What
Do You
Say?

How to Talk with Kids to
Build Motivation,
Stress Tolerance,
and a Happy Home

当代父母必备的科学教养参考书

自驱型成长

实践篇

〔美〕威廉·斯蒂克斯鲁德（William Stixrud）
奈德·约翰逊（Ned Johnson）/著
叶壮/译

机械工业出版社
CHINA MACHINE PRESS

本书中文简体字版由 The Ross Yoon Agency 通过光磊国际版权经纪有限公司授权机械工业出版社在中国大陆地区（不包括香港、澳门特别行政区及台湾地区）独家出版发行。未经出版者书面许可，不得以任何方式抄袭、复制或节录本书中的任何部分。

北京市版权局著作权合同登记　图字：01-2023-2159 号。

**图书在版编目（CIP）数据**

自驱型成长 . 实践篇 /（美）威廉·斯蒂克斯鲁德（William Stixrud），（美）奈德·约翰逊（Ned Johnson）著；叶壮译 . —北京：机械工业出版社，2023.9
书名原文：What Do You Say?:How to Talk with Kids to Build Motivation, Stress Tolerance, and a Happy Home
ISBN 978-7-111-73817-6

Ⅰ．①自…　Ⅱ．①威…　②奈…　③叶…　Ⅲ．①亲子教育－家庭教育　Ⅳ．① G781

中国国家版本馆 CIP 数据核字（2023）第 171054 号

机械工业出版社（北京市百万庄大街22号　邮政编码100037）
策划编辑：欧阳智　　　　　　　责任编辑：欧阳智
责任校对：龚思文　彭　箫　　　责任印制：刘　媛
涿州市京南印刷厂印刷
2024年1月第1版第1次印刷
170mm×230mm · 20.5印张 · 1插页 · 272千字
标准书号：ISBN 978-7-111-73817-6
定价：75.00元

电话服务　　　　　　　　　　网络服务
客服电话：010-88361066　　　机 工 官 网：www.cmpbook.com
　　　　　010-88379833　　　机 工 官 博：weibo.com/cmp1952
　　　　　010-68326294　　　金 书 网：www.golden-book.com
封底无防伪标均为盗版　　　　机工教育服务网：www.cmpedu.com

对孩子的教育，最重要的是让他的大脑健康发育。但绝大多数家长和老师所看重的，只是孩子外在的行为表现。过于激烈地矫正孩子的行为，常常会伤害孩子的大脑。孩子没有自驱力、自暴自弃，都是大脑受到伤害的表现。这些原理都写在《自驱型成长》和《自驱型成长实践篇》里了，可惜很多家长都不知道。我在帆书 APP 上也解读过《自驱型成长》，希望更多人能了解。

——樊登，帆书 APP（原樊登读书）创始人、首席内容官

最好的成长是自我成长，最好的控制是自我控制。为人父母，最重要的是引导孩子学会独立思考、独立决断、为自己负责。这本养育枕边书，会带你充分发掘和释放孩子自我完善的内驱力，助力孩子体验成长的困惑，获得成长的勇气。

——高雪梅，西南大学心理学部教授

要畅游人生的旷野，需要先找到对路的轨道。这轨道不应该是他人施加的限制，而是内心发出的指向，是为自己设定和搭建的，帮助你跨越人生沧桑的轨道。作为父母，如果希望帮助孩子做到自驱这一点，那么成为自驱型成长的父母便是第一步。

——史秀雄Steve，心理咨询师、播客"史蒂夫说"主播

作为一名心理学教授和两个孩子的母亲，这本书带给我的就是那种句句敲击内心的感觉，而且比《自驱型成长》更加实用，有大量生动真实的案例和育儿沟通的"话术"技巧，帮助父母在学习和生活中有意识地培养孩子的内在驱动力，进而培养孩子自控且自律的能力，培养他们为自己的决定和行为负责的能力。

——宋海荣，美国俄克拉何马大学心理系副教授

对心理咨询师来说，与来访者拥有好的关系是能够与来访者携手前行的重要前提。放到家庭之中，道理也是同样。绝大多数家长其实冥冥中都有所感知：很多时候的教育失效，其实是因为遭遇了关系失效。那怎么与孩子营造和谐的关系呢？如何让孩子愿意与家长分享喜悦，同时也愿意跟家长交流烦恼、向家长咨询建议，甚至对家长施以主动的关怀呢？本书提供了一系列"走心"方案，能够帮助很多家庭破局当下越发僵化的亲子关系。

——苏静，心理学者、《孩子的语言》作者

很多家长遇到养育难题，会看很多育儿书，但实践起来很茫然、挫败，不知道该从何下手。相信叶壮老师翻译的这本《自驱型成长实践篇》，会带给家长们一张"育儿地图"，让大家更清晰地看到从真知到实践的路，更有效地跟孩子沟通。

——覃宇辉，宾夕法尼亚大学教育学硕士、

知乎 2021 年度新知答主、心理学领域优秀答主

《自驱型成长实践篇》通过实操案例、真实的场景对话，把一些高大上的教育理念搬到了餐桌、沙发和床头。本书围绕着如何从家长的"他律"变成孩子的"自律"。作者不仅分享了提升自驱力的沟通语言，还详细探讨了那些比较敏感、容易引发亲子矛盾的大话题，比如考大学、玩手机、两性关系等。对于那些抽象的或者难以启齿的话题，作者手把手

地教我们如何切入，怎么跟孩子把事情谈下去。希望这本书能帮你从一个"忍不住催"的家长，变成一个"心理师"级的家长。

——王怡蕊，临床心理学博士、澳大利亚临床心理学家

身为家长，如果你在育儿上有两种选择：一种是用"胡萝卜（奖赏）加大棒（惩罚）"的方式，引导孩子按照你的规划前进；另一种选择是，让孩子从小就成为由内在动机驱动的人，根据自己的热爱和兴趣，独立为人处世，独立人际交往，并为自己做出的决定负责。我相信，聪明的家长更倾向于选择后者。本书正是一本自我决定论等前沿科学指导下的育儿实践书，书中有如何帮助你的孩子更好地成为自己的答案。在育儿焦虑盛行的今天，值得向每一位家长推荐。

——阳志平，安人心智董事长、"心智工具箱"公众号作者

在这本深入浅出的读物中，两位配合默契的行业专家以独到的观察和研究为基础，向家长们介绍了培养亲子关系的重要性。本书不仅深刻探讨了亲子关系对孩子成长的影响，还提供了一系列简单而实用的沟通技巧。家长究竟该如何避免与子女的无效沟通，打破家庭里长久存在的被动"沉默"？书中有一步步详尽科学的指导建议。如果你希望了解如何与子女建立深厚的情感纽带，那这是一本不可多得的科学指南。

——阳子，早期教育专家

本书是《自驱型成长》一书的实践手册，提供了大量可以实操的方法，从解决眼下的棘手问题如睡觉、使用电子产品，到平时的建立自驱力、高质量亲子关系，到长远的探索潜力和构建幸福力，都有详细的方法介绍，是很实用的家庭教育帮手。

——赵昱鲲，清华大学社会科学院积极心理学研究中心副主任

（以上推荐人按姓氏拼音顺序排列）

为了能让家长们更容易地抚养出对自身生活具有强大控制感的孩子，我俩专门撰写了这本《自驱型成长实践篇》。

正是这份控制感，可以带来情感上的力量和韧性，而此二者又是帮助儿童、青少年和年轻人群应对全球性心理危机的强力解药。还有一件事可能超出了你的预期——控制感也可以用于解决动机问题。倘若有这样一个人，他几乎不想花费任何精力来构筑自己的生活，那他便会深受不健康的动机的折磨，不过，另一个有着迷狂的动机，不惜一切代价都要去实现目标的人，同样也不好受。所以无论你是哪种情况，抑或是居于二者之间的各种情况，其实都需要把握住控制感这一关键要素，才能让生活重归正轨。

在撰写本书的过程中，我俩重谈了在第一本书《自驱型成长》中向家长们介绍过的一些教养原则与实践方法，不过这本书的重点落在了沟通上。有效沟通是父母与孩子发展和保持亲密关系的最有力的方式之一。只要父母和孩子关系密切，孩子蒙受焦虑症、情绪障碍或任何其他与压力相关的心理健康问题的可能性就会降低。本书中的各章都提供了一些话术和具有研究支持的方法与建议，我们希望父母能以促进亲密关系发展的方式来处理孩子们最常碰到的困局。

我们生活和工作在美国，所以其他地区的读者——比如中国读者——很可能会有所顾虑：这本书我能用得上吗？毕竟中国文化与美国文化大不相同，而且两国家庭在生活中的情感模式也并不一样。

我们很理解这份担忧，但还是很有信心地认为，我俩所提供的指导能够在不同的文化中产生共鸣，其原因有三。

首先，我们为父母提供的建议深深植根于科学，而科学本身并无国界。在本书中，有的研究探讨了慢性压力和睡眠不足对大脑发育的影响，还有的研究探讨了控制感和自主性（它也是控制感的一个部分）为发展出健康的内在动机所发挥的关键作用。已经有研究表明，不管是在西方，还是在东方，自主性都对内在动机的发展具有重要影响。来自多个国家的数百项研究已经表明，支持学生的自主性会激发更强的能力感、更高水平的学习动机、更好的考试成绩，以及更低的学业压力和焦虑水平。中国本土最近的研究表明，如果父母能够支持孩子的自主性，孩子进入大学时往往就能在心理上提升适应性，同时更能够对自我进行激励，与此同时，如果老师也能够支持大学生的自主性，则会赋予学生更高的动机水平和更好的学习成绩。<sup>⊖</sup>

我们总指导家长们，在家的时候别焦虑。从一定程度上讲，在动物与人类情绪的传染方面，也有相关的研究作为其基础。这些研究表明，在啮齿类动物乃至所有哺乳类动物中，压力都能像病毒一样互相传播。甚至有这样一条研究线索表明，对灵长类动物和来自多个不同文化的儿童而言，凭借父母对孩子所经历的压力体验（例如从秋千上摔了下来，或者碰见了狂吠的狗）的反应模式，就可以在一定程度上推断孩子本身面对这种压力体验时的即时情绪反应。这一点儿都不奇怪，毕竟如果父母本身就能冷静回应的话，那孩子的即时反应也就不至于过于恐慌和害怕。这些研究还表明，如果父母的反应过于强烈，也会增加孩子整体上的焦虑感与恐惧感。

我俩还在本书中撰写了与传递健康期望和有害期望有关的章节，其

---

⊖ NALIPAY M J N, KING R B, CAI Y Y. Autonomy is equally important across east and west: testing the cross-cultural universality of self-determination theory[J]. *Journal of Adolescence* 2019, 78(2020):67-72.

内容主要基于西方研究。这些研究得出了这样的结论：如果父母想要表达出对孩子的高期望，最好的形式是表现出对孩子的信心，坚信孩子具有实现高目标的能力，而非单纯地提要求，逼着孩子去实现各种远大目标。然而不管是西方国家，还是东方国家，都有最新的研究得出了这样的结论：因追求卓越而带来的过度压力是导致青少年心理健康问题盛行的主要因素之一。究其原因，大概是因为在表达高期望时，直接对孩子说"你必须做到多好多好"并不可取：如果儿童和青少年觉得他们得到的爱有前提条件（他们自己必须先达到某个水平才行），他们自然而然地会感受到控制感低、自主感低、与父母的联结感低，也会失去亲密的亲子关系所带来的呵护与动力。

《自驱型成长实践篇》中还包括对同理心与同情心的研究，探讨了这两种能力在与儿童建立亲密关系和信任关系方面的影响力。许多国家都重复验证了父母对孩子的关怀、反馈和支持究竟有多么重要，其重要性甚至还得到了动物研究的支持。就算暂且抛下科学不谈，同理心与同情心的重要性也已在全世界得到了广泛认可。在西方，这一研究结论简直堪称黄金法则，说白了，就是"要想别人怎么待你，你就先要怎么待人"。而且这一原则差不多在各个文化中都存在。

其次，为了改善现状，世界各地的父母都迫切期待学习跟孩子互动的新方式——原因无他，家长们迄今为止的所有尝试其实都没效果。我俩的第一本书已经在18个国家出版，其中包括7个亚洲国家，仅仅在中国就有50多万名家长读过。此外，我们还录制、举办了数百个播客节目及线上工作坊，其范围涵盖了各个国家，从美国到巴基斯坦，从中国到乌克兰。很明显，我们提供的信息在全球范围内都引起了共鸣。

我们最近为中国家长录制了一系列播客节目，并被问及这样一系列问题："我该怎么跟孩子沟通？怎么才能让他好好听我说话？我该怎么培养孩子的内驱力？我怎么做才能帮到一个特别容易放弃的孩子？'彻底停工期'（睡眠、走神和冥想）对孩子有什么用？引导孩子和'退后一步'之间该如何保持正确的平衡?作为父母,我怎样才能不那么焦虑,变得更自信?"其实同样的问题,我们在许多其他国家的家长那里也被问到过。

这表明,虽然世界各地的家长彼此之间的文化敏感性可能有所不同,但大家都担心自家孩子。他们担心孩子所经历的巨大压力和学业压力,科技产品对孩子的健康所造成的影响,睡眠不足,难以跟同龄人建立亲密关系,缺乏动机,以及缺少在不稳定的职场中茁壮成长的能力。家长们普遍对这样一种想法很感兴趣:如何在不放弃为人父母的自然权威的情况下,让孩子能更多地掌控自己的生活,并改善他们的情绪健康和自驱力。家长们一直关注着我俩的作品,试图在其中找到方法,以期能帮助孩子培养强烈的控制感,同时又能让他们在家庭、社区和更广泛的社会环境中不落下风。家长们尝试了我们所推荐的各种技术,也发现的确有效果。

最后,我们的问题其实从未好转,反而每况愈下。我们在 2018 年出版《自驱型成长》这本书时,世界卫生组织刚刚得出结论,抑郁症已是全球范围内日益严重的一大健康问题。而且据报道,在中国有 5400 万成年人患有抑郁症。世界卫生组织和其他国际卫生机构当时就已经强调,因为大多数焦虑症和差不多 50% 的抑郁症都在 14 岁时初发,所以预防青少年的心理健康问题趋于恶化已是当务之急。

然而不幸的是,因为新冠疫情,全球青少年本已处于流行病水平的内心痛苦越发严重。青少年的焦虑、抑郁、孤独、自残和自杀率飙升,而这被认为与学业压力和其他压力增加、睡眠不足、玩耍机会减少、互联网和社交媒体在青少年生活中发挥的深远作用都有关联。除此之外,全世界许多地区的人们所经历的快速变化和高度不确定性也是一大原因。美国最顶尖的医生,美国公共卫生服务军官团的医务总监最近已将青少年的心理健康状况界定为"我们这辈子最具决定性的公共卫生危机"。联合国儿童基金会 2021 年进行的一项全国性调查发现,中国近 25% 的青少年表示自己感到轻度至重度的抑郁。该报告还指出，世界各地的儿童和青少年的非自杀性自残的发生率约为 19%，其中中国 13 ~ 18 岁的青少年的非自杀性自残的发生率为 27.4%。

在动机方面，美国的学校在儿童及青少年的入学率方面也遇到了前所未有的问题，从幼儿园到大学，学生的学术参与度都处于较低水平，而这其实也是一个全球性问题。我俩在撰写《自驱型成长》的时候，就已经意识到了在中国年轻人中存在的"丧"文化或"失败主义"文化，现如今，我们在国际媒体上又接触到了"躺平"这一概念。这种现象被归因于年轻人在激烈的学术竞争中奋斗多年后，已经对就业市场不那么乐观。

不过还是有好消息。每一个年轻人都希望自己的生活能顺利，而他们的家长也同样希望如此。和以往一样，父母可以采取这样一种关键的方式来支持自己的孩子：与他们拥有密切的联系。本书就旨在为父母提供一种语言，以帮助家长与孩子建立这种亲密的联系。

我们在中国工作时，遇到的许多父母都说他们自己很苦，之所以苦，恰恰是因为他们看着自己的孩子也在受苦，却又不知道该如何是好。他们已经认识到，在过去行之有效的方法，以及他们的父母养育他们的方式其实并不能很好地支持当下的孩子。渐渐地，他们对一些不同于以往的事物的态度逐渐放开，而这些事物能够让他们与孩子齐心协力搞定困难，而非让他们自己费心费力地搞定孩子。说白了，家长只是不知道该怎么做而已，而对于这些家长，以及跟他们一样不得法门的其他人，我们在此真挚谦恭地奉上此书。

# 从真知到实践的距离

几乎每个人的微信上都有"同学群"，我也不例外。

最近这段时间里，我所在的大学同学群比较活跃。群里面有一百多人，他们有着同一个特点：在人生二十岁上下的阶段接受过心理学专业的高等教育。现如今，群里的诸位差不多都到了孩子求学的年龄，群里的聊天话题也从之前的学术交流、职场内推、新闻讨论变成了孩子教育。每当话题转向吐槽自家娃娃、展现教育焦虑，总能一石激起千层浪。

最近一次让大家热烈讨论的话题是："你最近因为什么，揍了孩子一顿？"群中的诸位，有高校心理系的老师、著名大医院的心理科治疗师、企业里独当一面的商业才俊，大家突然发现：在求学的那四年里，老师从来没有直接教过我们，面对子女教育，如果气到要动手，该怎么做才能避免家庭暴力，又能起到教育效果？

按理说，我们是最知道"不该打孩子"的一批人，却又吊诡地陷入了矛盾——到了真需要高强度教育的时候，同样因为缺少实践的手段，滑入"揍了再说"的路径依赖中。

知易行难，而教育子女，更是这个问题的重灾区。就算学了心理学，科班出身，也是一样。

我自己的双脚，也陷在这个泥潭中："道理都懂，但就是不知道该怎么做。"不过在翻译这本《自驱型成长实践篇》的过程中，这种境况得到了极大的纾解与改善。

在2020年前后的亲子家教出版物中，《自驱型成长》无疑是翘楚，它科学、详尽，又透着对下一代人的包容和关爱，但它并不完美。《自驱型成长》的成功，无法掩盖它留下的一个问题：自驱的确很重要，理念的确很正确，但面对子女，我们到底应该怎么做？从书中的真知到生活中的实践，似乎有一堵摸不着但实打实存在的空气墙。

《自驱型成长》出版之后，我作为译者得到了不少积极的反馈，却也不止一次面对过新的诉求：为什么书中有很多让人产生实践冲动的理念，却在实施过程中充满了挑战？

就像端起一杯美味的珍珠奶茶，用力一嘬，却发现有一颗"珍珠"卡住了吸管。眼瞅着手里香香甜甜的奶茶，没法变成口腔里的快感碰撞，实在是气恼极了。

我觉得，发生这种事，主要有三个原因：

第一，我其实一直觉得，《自驱型成长》的畅销，一定程度上是源于特殊时期中国海量孩子开始上网课的不得已现状。"上网课"的种种挑战刺激了家长们发觉自驱力的重要性，让"自驱"这件事，突然上升到了刚需的地位。不过相应地，这也使得家长们拿到书后，刚刚打算尝试新方法，就发现自己开启了地狱般的难度模式。长期居家学习带来的问题和矛盾，让刚刚更新了理念、用上了新装备的家长，还没来得及循序渐进地熟悉操作，就直接投身于奋力搏击惊涛骇浪的高难度竞技。没有"新手村"给家长练手，势必会导致出手即碰壁的尴尬。

第二，在教育领域，非常多的方法在使用时，都需要以优质的关系和恰当的沟通技术作为前提。我们上学的时候，若是喜欢某位老师，那这位老师说的话，就算说得再轻描淡写也会往心里去；若是不喜欢某位老师，那对方甚至还没开口，我们内心就已经想好了反驳的借口。同样的逻辑也适用于家庭，偏偏很多家庭又并没有良好的亲子关系作为施加教育影响力的基础。《自驱型成长》里的方法一头撞上亲子关系的坚冰构成的高墙，头破血流就是必然结果。

第三，很多家长认可了自驱力的概念，却忘了跟孩子先统一思想，再统一行动。方法的执行，需要有亲子双方的共识作为基础，倘若省略了让孩子也了解一下何为"自驱力"的环节，就很有可能造成剃头挑子一头热的情况。

这三个问题并非无解，在翻译本书的时候，我恰恰也发现了破局的可能性。

一来，在这本《自驱型成长实践篇》里，"手把手"的感觉更重了。在上一本书中，两位作者更像是坐在你的对面，为你展现科研成果的教授。虽然他们很真诚，也很亲切，但你还是会觉得自己跟对方之间，隔着一张意味着边界的大桌子。但在这一本书中，两位作者摇身一变，更像带着你一步步行动，去把种种方法付诸实践的"师父"。从行文结构、概念阐释到实践指导，处处都透着这种角色的转换，"大师"变成了"靠山"，把科学嫁接进生活的方法也随之变得更明晰了。

二来，前书就有的"从孩子的角度出发"的沟通基调在本书得到保持，并有了进一步的延展，尤其是在涉及一些棘手的案例（沉迷电子产品、跟父母爆发激烈矛盾、家校双方交流不畅）的时候，本书更加强调了"读懂孩儿心"的方法与重要性。我向来认为，"先懂孩子，再管孩子"的顺序不能改，在理解孩子之前就着急套用教育方法，必然会遭遇误会甚至反抗。提醒家长先把执念摆在一边，把孩子的思路当作重点，会给"怎么办"提供更有人情味的答案。

三来，本书在"不该怎么说"与"该怎么说"这两部分做了大量文章，书中提供了大量可以直接用来参考使用的教养话术，算是提供了一个养育中可随需取用的"工具箱"。虽然我向来反对不加思考就原样照搬话术的"罐头育儿法"，但我认为常备工具箱还是有必要的，不至于在碰见问题时完全手忙脚乱，找不到能救急的工具。

虽然本书有着在我看来足够科学的底蕴与足够实用的方法，但它依然不是解决所有育儿难题的教育宝典，我必须做出善意的提醒：真正用好这些方法，依然需要家长结合自家情况去有所发挥。一本好书不能构成家长"懒政"的理由。

比如说我家大儿子，总是在"看图写话"这个题型上碰钉子。要么压根儿不想写，要么写三四十个字就妄想交差，要么写得平淡无味、毫无新意。说句实在话，这让以写东西为生计的我很是苦恼。我曾经试图去给他做作文的精讲、解析，也尝试帮他修改作文并安排誊抄。事实证明，效果都不算太好。直到我在翻译本书的过程中，被这样一个知识点击中——去做孩子真正在做的事，你的感受会更真实——情况才有所改变。

宛如醍醐灌顶，我猛然意识到：讲评、解读、修改，都是我自上而下的指导与纠偏。在这种情况下，我的评价，很容易被孩子误解为挑刺，恐怕很难走进他的内心去。毕竟，鸡蛋里挑骨头谁不会呢？简单思考过后，我决定让孩子的看图写话，也变成我的看图写话。只要他写，我就陪着写一篇同样题目的出来，随后他评价我的，而我也点评他的。这把我们的交流放到了更为平等的关系上，互动也更顺理成章。对孩子来说，大人去体验他做一件事全过程中的种种感受，这给了大人更多的发言权，也改变了我之前屡不得法的情状。

再比如说，"深话题"技术，也是一项我从翻译时，一直用到今天的好方法。

所谓"深话题"，就是跟孩子更多地去探讨事物背后的本质，把肤浅甚至荒唐的事儿刨根问底到一个能带来成长的深度。我们在跟自家孩子沟通的时候，总会去强调一些"样板孩"普遍该有的高标准，比如爱读书、够上进、听老师话……但在下达这些指令之外，我们还需要去跟孩子探讨其背后更加深入与内在的东西，才会真正地让沟通好好进行。

"深话题"甚至还能反过来用，让孩子自己走上"开悟之坡"。

有一个家长气鼓鼓地跟我说，他的孩子跟自己大放厥词："如果有时光机，我要穿越到古代，当个刺客！把所有诗人都刺杀掉，这样我就不用背古诗了！"

这么残忍又荒唐的话，自然遭到了父母的一顿臭骂。但我见到这个孩子，却跟他说，这是一个非常棒的想法，甚至还是一个值得去深入思考的想法。

"如果有人特别热爱古诗，你穿越后刺杀了所有诗人，他们会不会难过？他们跟你喜欢的东西不一样，但你有没有权利去剥夺他们喜欢的东西呢？如果你真的可以穿越回古代当刺客，却只能杀一个，你会不会决定换一个刺杀对象，不杀诗人，而是让历史有更好的转变？如果你穿越了，你会刺杀李清照吗？她是个词人，不过作品也出现在教材里，也需要背诵，她算不算你的刺杀目标呢？"

这样的沟通效果好过劈头盖脸的批评。因为"深话题"的出现，孩子需要去思考人与人之间权力的制衡、历史上改写了人类命运的人都有谁，以及文学家彼此之间的"人设"界限。当然，语文课要求背诵的古诗一定还在，但这背后的不解与愤懑，却很可能因为有效的沟通得以消弭。

像这样的养育实践出发点，书中还有很多，只要稍加调整，就能很好地嵌入读者自己的亲子关系与教育举措之中。

本书出版后，我打算发个购买链接到大学同学群里去。倒不是做推广、打广告，而是实打实地希望老同学们能靠书中的理念和方法，走完从真知到实践之间的"最后一公里"。

不怕大家笑话，作为一名教育工作者，我自己在跟自家孩子沟通的时候，其实也有很多做得不好甚至失败的地方。但我觉得没关系，家长从来不该扮演"完美的终点"，孩子的成长之路，何尝不是家长的精进之旅呢？

# 和孩子进行有效沟通已是当务之急

比尔[注]最近接诊了一个名叫莎拉的七年级女生，她被测出有阅读障碍。不几日后，她的父母打来了一通电话。比尔原以为这次交流会很愉快，毕竟，最近孩子的阅读水平突飞猛进，已经达到了同年级的平均水准——要知道，这个成绩在半年前是她远远无法企及的。但这次通话的话题很快就转移到了另一件事上。

莎拉妈妈跟比尔讲："我家有条规矩，晚上回家必须先完成作业，才能使用电子产品。莎拉的朋友们会在网上组队一起玩游戏，而莎拉很可能会因为作业没完成无法参加。规矩她都懂，但有一次我管着她不让她玩的时候，她的情绪完全失控了。从当天晚上到第二天早上，她都气得拿我当空气，压根儿就不跟我说话。"

莎拉的妈妈内心明白，她无法逼着莎拉做作业，也无法逼着她产生做作业的欲望。让她纠结的是另一档子事，那就是尽管她用了最大的心力跟女儿沟通，却常常无济于事，甚至雪上加霜。一如这次，对一条合理的家规的践行，演变成了一场激烈的冲突。

"我唱够红脸了！"莎拉的妈妈说，"她明明知道，规矩就是规矩！

---

○ "比尔"为本书作者之一威廉的昵称。——编者注

她很明白作业该优先。我也压根儿不知道，我说了哪句话，把她给点着了。"

如果你已为人父母，你也一定多多少少有过类似的体验，产生过这样的想法：我跟孩子，怎么就是谈不拢呢？我该怎么说，或者我该说什么，才能让孩子更加敞开心扉，和我好好沟通呢？冲突可能起源于一件非常小的事，比如让他们吃晚饭，或者早上叠被子。也可能是因为他们想在放学后去听演唱会，来向家长求取允许。这些沟通的出发点通常伴随着善意、无可指摘，却往往结束于一句斩钉截铁的"我恨你们！"几个小时后，这四个字依然会在你的脑海中回响。还有一种情况，就是一些简单的问题，比如"今天在学校过得怎么样"也能引发可怕的僵局。无论你的问题多么友善与开放，你都只能听到一声嘟囔作为回应。孩子说两个字，就能打发你。

在内心深处惦念着孩子的安全、健康，希望孩子尽量少用电子产品，这种既关心孩子的当下，又为孩子深谋远虑的通情达理的家长，为什么还是会深陷与孩子的争吵中呢？还有个问题同样重要——孩子为什么要跟家长吵架呢？

沟通本来就不容易，孩子与父母之间的沟通则愈加困难。上了六年级后，那个曾经在四岁时不停向你追问"为什么"的孩子突然就不愿意和你畅所欲言了。你原以为跟孩子的交谈能像过去一样轻松惬意，却突然发现这种交流好似隔着沟算从下水道里捞钥匙一样困难。

如果你感到亲子关系随着孩子的长大变得愈加复杂，你的感觉是对的。我们在新冠疫情最严峻的那段时间里，写下了本书的大部分内容。受新冠疫情影响，父母和孩子之间的身体亲密程度和边界模糊程度提高到了一个新水平，关系压力也前所未有地大。电子产品在此期间也成了人们学习、社交和娱乐的核心工具；虽然父母千方百计地想让孩子少接触电子产品，可孩子们还是对电子产品十分依赖，这又引发了人们对电子产品成瘾的恐慌及大量争论。受新冠疫情影响，父母也成了孩子们在实际意义上的老师，无论他们对待孩子的方式是否匹配这一角色的需求。倘若孩子们缺少发泄挫折感与其他负面情绪的渠道，行为问题自然而然就会增加。在我们组织的一次视频分享课上，一位妈妈讲了自己如何倾尽全力带着一年级的女儿，每天加油好好上网课。可自己的女儿却画了一幅画，主题是"彗星撞老妈"。这位母亲很想知道："我到底该怎样去应对呢？"

早在新冠疫情暴发前，我们就已经开始担心孩子们的心理健康问题了。对于 10 岁到 24 岁之间的人群来说，自杀是第二大死因。自 2007年以来，自杀率逐年提高。[1] 有超过六成的大学生在近期报告说体验到了极为强烈的焦虑，有四成大学生表示他们深感抑郁，以至于日常生活也受到严重的负面影响。[2]

我俩之前合著的第一本书《自驱型成长》[○]中的部分内容，便是对这些令人震惊的统计数据的回应。比尔是一名神经心理学家，奈德则是一名测评"大咖"，我们两个人从彼此不同的角度来看待孩子们所面对的问题，但在一个方面达成了共识：从脑科学的角度来看，缺少自主感带来的压力最大。想想看，你在什么时候压力最大呢？堵车的时候，等待别人做出一个会影响到我们的决策的时候，家里的孩子难受却不知道是什么病的时候，当我们身处让我们感到不适的场景中却无能为力的时候。

有很多孩子，无时无刻不在体验着这种负面感受。他们不断地被外界告知该站在哪儿、该学什么、什么时候能出门、什么时候待在家，身处于不断被他人决策影响自身未来的境地。我们的第一本书解释了我们为什么要改掉之前对待孩子的方式，帮助成年人理解并满足孩子们那种"掌控自己的生活"的需求。而这本书，就要详细介绍一些实操方法，让理念照进现实。

---

○ 《自驱型成长》已由机械工业出版社引进出版。——编者注

参加我们分享会的家长经常会提出一些问题，通常不是为了对理念刨根问底，而是为了知道更多可以指导行动的细节。比如"我怎么才能说服孩子别花太多的时间在某事上"。顺便一提，这个"某事"往往就是电子游戏或社交媒体。再比如"我怎么跟孩子沟通，才能鼓励他做出最有利于自己的行为"，还比如"我一跟孩子说话他就烦，我该怎么办"。

天底下的育儿方法都是说起来容易做起来难，不是吗？

"从认知层面深入理解某种养育方法的智慧所在"与"在实践层面进行恰到好处的沟通"是截然不同的两码事。而如果要沟通的内容事关重大，你该怎样才能做到既有威信，又够体贴呢？跟孩子交流，怎样才能做到既坦诚相待，又保持界限呢？当孩子们已经把你逼到忍无可忍的地步，甚至他们把自己也逼到了悬崖边，我们还能退让吗？我俩不断地被问到，除了乞求、责骂、说教、命令和威胁外，还能以什么方式和孩子沟通。父母能问出这样的问题，我们很开心。因为这起码表明他们觉得该改变的是自己以及自己的行为模式，而非孩子。

注重与对方的有效沟通能够有效增进彼此间的关系，并促进对方的进步，这适用于配偶、师生与同事关系，当然也适用于亲子关系。

我们两个人花在和孩子们交流上的时间加起来一共有六十多年，在这个过程中，我们始终在寻找一种语言，他们能听懂，同时也能影响与激励他们，甚至能帮助他们更好地理解自己。与此同时，我们也一直致力于帮助家长们学会如何在家里好好使用这种语言。我们非常渴望分享这种行之有效的对话方式。

通过《自驱型成长》一书，很多家长看到了我俩如何与来访者进行有效的沟通，这些对话其实也揭示了一些有效沟通的原则。我们甚至还听说，这本书给家长提供的一些话术，比如"我那么爱你，才不愿为作业与你吵架"，真的改变了不少家庭的亲子关系。自《自驱型成长》出版以来，我们一再被敦促写一本更详尽的"育儿手册"，以帮助家长们将书里的种种原则转化成实践手段，此时你手上拿着的这本书，应运而生。你在本书中看不到该怎么跟孩子探讨种族话题或怎么给孩子做生命教育等内容——这些主题最好留给专业领域的从业者来讨论。我们非常尊重这些专家的工作，在维持这种尊重的同时，我们也在坚守着自己的实践领域。这一领域里的知识以行为科学和我俩对神经科学的深入认识为基础，可以帮助我们的来访者家庭解决日常生活中所遇到的种种难题。本书中的对话来自我们与来访者、与自己子女的真实交流，以及我们给家长们组织的集体讨论。

一如本书英文副书名所做出的承诺，我们会好好谈谈该怎么跟孩子沟通驱动力、抗挫折能力和"幸福力"。我们并不保证你会找到激励自己孩子的具体做法，但你肯定会更明晰"驱动力"究竟是怎样运作的，以及平时我们一直在唠叨的陈词滥调为什么会在孩子身上起到与预期截然相反的效果。我们也不认为孩子就不该承担压力，恰恰相反，我们希望帮助孩子建立起更强的抗挫折能力，这样他们就能以更好的状态面对压力满满的环境，而不是彻底"躺平"。我们更不会让你粉饰家庭的氛围，刻意营造没有冲突的"欢乐一家人"的景象。你真正该做的，是理解你与孩子之间的关系究竟有多重要——倘若这个关系变得脆弱，那一切的美好也只是空中楼阁罢了。

# 目 录
Contents

**第9章 跟孩子说什么、怎么说至关重要：**
让孩子感受到温暖、联结和关爱 ┊239

第 1 章

# 共情沟通和积极倾听：
## 促进亲密和联结的秘方

　　我俩经常被问到，父母究竟该怎么说，才能既给孩子良好的引导，又给他们留出自己做决策的空间。这就是本书所要讲的沟通方式：以一种能培养出健康控制感的沟通方式，好好跟孩子说话。在这一章里，我们要代入西拉诺·德·贝热拉克（Cyrano de Bergerac）的视角，看看有哪些话语能用又好用，再搭配一点罗伯特·萨波尔斯基（Robert Sapolsky）的建议，来解释这种沟通方式背后的脑科学机制。

在我俩的第一本书中，我们强调了自主性的重要性，也就是要让孩子对自己的生活有掌控感。自主性在本书中依然举足轻重，只不过这次我们要谈的，是怎么通过有效的沟通来促进其发展。自主性是孩子在未来走向独立的基础，不过在这一章，我们要谈的是，父母如果想要让孩子更自主，得先跟孩子建立起彼此之间的好关系。跟爸妈的好关系，是预防孩子心理健康问题的灵丹妙药。健康的亲子关系能够有效地保证孩子的情绪健康和心理韧性水平，甚至可以降低重大挫折对孩子健康及未来人生的影响。[1] 跟父母的关系亲密，还能让孩子感到更安全、被接纳以及受尊重，而这最终又会帮助他们培养出掌控感与自驱力。

在婴儿降生后的头几个月，父母和其他照料者开始回应婴儿的需求时，亲密的亲子关系就开始建立了。通过反复的互动，婴幼儿知道了可以信任照料者来给自己喂奶、换尿布、哄睡，以及在自己难过的时候给予安慰。伴随着有十足的安全感的依恋关系，蹒跚学步的孩子会把父母当成一个安全的避风港，从那里出发去探索周边的世界。倘若遭遇了压力，他们就会退回到父母身边。孩子的照料者通常是父母，而与他们建立安全的联结，是小宝宝在出生后的头 18 个月里最重要的事。孩子跟照料者之间的安全联结越强，孩子的情绪调节能力也就会越强，自我驱动能力也会发展得更顺利，成就也会更高，他们也会因此更快乐、更自信。[2]

随着孩子们年龄渐长，在很多方面，他们对亲子交互的需要不减反增。随着时间的推移，父母和孩子们之间的联结方式也会发生变化。十岁的孩子可以自己吃饭，十六岁的孩子也不需要在哭泣的时候被家长抱在怀里安慰。但他们依然需要与父母亲近，并从父母充满温暖的反馈中收获力量。对青少年来说，他们的确因生理上的原因，与同龄人相处变多，而且的确因为要彰显独立性，会在某种程度上与父母有所疏离。可如果他们感到与父母依然亲近，他们就更不容易出现焦虑问题与情绪障碍，也更不会沉湎于药物和酒精，出现不良行为的概率也会下降。他们也更有可能听从父母的建议，而非完全在同龄人群中人云亦云。他们还更倾向于将父母的价值观融入自己的价值观。因为没有人能真正逼着孩子做任何事，所以这一点尤为关键。家长们不能逼着孩子去努力拼搏、去关心他人、去注重精神生活、去投票选总统，更别说逼着他们投票给民主党或共和党了。但只要孩子跟父母关系密切，而父母又努力拼搏、关心他人、注重精神生活以及行使公民权利，他们的孩子就更有可能跟着做。

奈德的儿子马修上高二的时候，有一天，父子二人正在散步，马修问了奈德一个很重要的问题。他打算当天晚上先参加学校的一场舞会，随后再去朋友家参加派对。不过他有点担心派对上会有人带酒来，所以问爸爸："要是别的小孩喝了酒，我该怎么办？"

奈德的内心油然而生一种冲动，想向着天空挥拳高喊："我这老爸当得太成功了！我儿子跟我能说这个！"但他还是克制住了。奈德建议他们爷俩来做一些心理演练，看看会有哪些不同的场景，以及马修在每个场景中会如何应对。

马修向奈德求助，这是一个非常需要呵护的行为。因为父母先信任了他，他才在这个时候选择信任父母。奈德本可以说："想什么呢？还敢喝酒？不许你去参加这个破聚会！"如果奈德和自己的妻子瓦妮莎一直紧紧盯着儿子马修，又没有让他感受到尊重，他当然就不会贸然跟父母分享自己的纠结。最终，这父子二人好好谈了谈离开派对和留在派对上的利弊。而随着沟通的深入，讨论的问题本身也变得愈加微妙起来。马修说，他之所以纠结，是因为之前听过一件事，某个同学参加了那种有人喝酒的派对，最终倒了大霉。有个孩子喝大了，情况很不妙，有人叫来了警察和救护车。派对上的绝大多数人作鸟兽散，但有一个好心的学生留下来照顾那个喝多了的同学。结果，他因为参加了这个有未成年人饮酒的派对，而被罚了500美元。关于这件事，马修的同学们讨论的结论是"别被牵连，能跑就跑"。但奈德告诉儿子，他对此持不同看法。如果留下来的孩子，事实上是救了另一个孩子的命呢？的确，被罚了500美元是很倒霉，但跟挽救一条生命相比，这又算得了什么呢？

关键是，当我们的孩子感觉能与我们亲近时，这种细致入微的对话，这种能聊到价值观和道德感的深刻对话，也就有了可能性。

随着孩子的成长，这种有深度的交流主题会越来越多。

## 培养与保持联结

所谓的亲密依恋，需要孩子跟父亲及母亲分别建立一对一的情感纽带，而这一过程高度依托于"私享时光"。深入了解一个人的重要方法，就是去花时间和他独处。如果你曾经和一对情侣或一群朋友一起吃饭，你也会感觉自己跟他们的关系很亲密，但更进一步的亲密还是需要一对一的交流。这对于包括亲子关系在内的所有关系都适用。我们见过之前很"丧"的孩子后来发生了翻天覆地的变化，其原因仅仅是父母开始分别与其独处，而非像之前那样全家共处。当然，如果你只有一个孩子，那要比你有五个孩子更容易做到这一点。但即使只需搞定一两个孩子，你其实也很难抽出时间来和孩子独处。

我俩的一个叫蕾娜的朋友，之前很担心自己和正上中学的女儿关系走下坡路。虽然一家人在百忙之中也会优先安排家人相处的时间，但也仅仅是将这些时间用于全家人的共处。有一天，蕾娜和女儿突然有了两个小时的独处时光。她们出门散步，女儿的话匣子随之打开。母女二人走了很远，也聊了很多。"她什么都跟我说，不仅有生活中的，还有思想上的。她说了孩子们在学校食堂里耍的小心机，说了打算怎么布置自己的宿舍，跟我聊狗狗到底会不会哭，还告诉了我晚饭想吃什么。"其实孩子早上生闷气的时候，脑海里面就有这些想跟爸妈说的话。是妈妈全心全意的关注和陪伴，才让她的意识流动了起来。

比尔深深为一件事感到庆幸，那就是在他的孩子还很小的时候，他就知道了独处的力量。比尔有两个孩子，从他们三岁到上大学之前，比尔每周都要跟他们分别"约会"。他总是想，一周有168个小时，所以肯定能把其中的两个小时拿来跟自己生命中最珍贵的宝贝进行一对一交流。当孩子们年幼时，他们会跟比尔一起画画或者玩游戏，但随着年龄增长，独处的时光就变成了比尔跟他们玩接抛球、去吃冰激凌，以及陪着他们练车或者一起做点共同感兴趣的事。比尔总是会先问问孩子们，在这独处的时光里想做点什么，如果孩子们不确定，他再提出一些选项。他还承诺在这期间不会接打任何电话，而且每周他都会把下一周的独处时光事先标记在家庭日历上。他还非常注重与孩子们进行一对一的眼神交流，不仅在独处时光中，在日常生活里也是这样。研究证明，两个人对视几分钟，就能产生非常大的影响。[3]

还有一项重要的研究表明，人们虽然会试图隐藏自己的真实情绪，但眼睛还是会多多少少流露出一些相关的信息。当然，我们没必要时时刻刻"盯着"孩子，但伴随着沟通的眼神交流，是我们与孩子创建联结的有效方式。[4]把你的全部注意力集中在某个人身上，虽说很有效果，但看似简单，实际上并不容易。尤其是现在，智能手机和纷杂事物拿走了我们太多的注意力。有个高中生跟我们说过，他喜欢和妈妈讲话，但不喜欢跟爸爸聊天，因为"每次我跟爸爸说话，他好像都不太感兴趣。他看看东看看西，打打电话，玩玩手机，就是不看我"。你的全情投入，向孩子证明了他们值得你花时间去陪伴。好在奈德在孩子出生前就懂得了这一道理。奈德刚参加工作时，虽然每天回家跟瓦妮莎一起吃晚饭，但把一半的注意力用在看报纸上。这其实也情有可原，刚下班回家，脑力已然使用过度，谁不想轻轻松松地看会儿报纸呢？但瓦妮莎对此的观点同样情有可原，她跟奈德讲，她觉得自己说的话在奈德看来，都没报纸上的字分量重。这话，说的人不好受，听的人也不好受。但奈德采用了自己经常给别人提的一个建议，那就是刻意认为别人头上都顶着一块牌子，上面写着："让我觉得自己被重视！"如今，几十年过去了，餐桌旁又多了两个十几岁的孩子，报纸依然不能上桌，手机也不行！

对共处来说，时间很重要，亲近也很重要。也许孩子在玩过家家，或者更现实地说，在打游戏，但只要坐到孩子身边，就能让他们感受到你的关切。[5]有的专家建议，能帮助父母规范孩子对电子产品的使用的最佳方法之一，就是去了解游戏，甚至跟着他们一起玩。几年前，在我们的一次演讲中，一位父亲表达了自己对于孩子的极度失望，几度哽咽，他说孩子就为了"愚蠢的电子游戏"，曾经把自己锁在房间几个小时，玩个不停。奈德问了问，他儿子在玩什么游戏。"我不知道呀！"这位父亲回答，"玩儿什么也是浪费时间啊！"我们将在第 8 章详细讨论，如果我们看着孩子玩游戏以及使用社交媒体，我们就能更有效地引导他们使用电子产品。

亲近还意味着我们要参加对孩子有意义的活动，比如他们的游戏、表演、生日聚会和家长会。很明显，你没法参加所有对他们来说重要的活动。但你还是能说："接下来这几个月，你每周都要打两场比赛，虽然我很乐意去看，但恐怕不能次次都到。哪场比赛对你来说最重要呢？我不想缺席对你来说最重要的比赛。""不缺席"就意味着能在这些活动中保持对孩子的关注，而非心有旁骛，关心着手机或者其他成年人。比起天天跟孩子唠叨自己有多爱他们、他们有多重要，还有很多更好的方法能让孩子感知到我们对他们的爱，以及他们对我们来说有多重要。

我们知道，不是孩子做的每件事你都看得上，但找到一个亲子双方都感兴趣的领域，对于关系发展大有裨益。我们的一位朋友很喜欢户外运动，也热衷于参加各种形式的比赛。他最想让孩子做的，就是与他分享对随便哪项运动的热情。他真的不挑，随便哪项运动都行！他梦想着有朝一日，能亲自当孩子在某个项目上的教练。可他的女儿们喜欢的是戏剧、音乐和手工艺，对任何强调竞争与体能的事物都没兴趣，对任何在户外发生的事儿也没兴趣。于是，他们找了一些折中的办法。父女几人会一起参加和电影有关的活动，而且他们都非常喜欢波西·杰克逊系列小说。这位父亲向女儿们承认，虽然自己没她们那么热爱戏剧，但他还是喜欢和她们在一起，喜欢听她们唱歌。他还确保在她们擅长的领域将她们视作"顾问"，以此来表达对孩子的尊重，并培养与孩子之间的关系。比如，因为女儿们喜欢音乐，他就让她们根据自己喜欢的歌曲，为他打造一个出门锻炼时听的歌单。

　　家庭中的仪式也提供了一种让我们与孩子建立联结的方式，能让他们感知到自己是家庭中的重要一员。所谓仪式，不必刻意。在比尔长大成人的历程中，他家的家庭仪式之一，就是平安夜全家人在去爷爷奶奶家的路上，一起吃汉堡包。仪式可以是宗教活动，也可以是每天做个比萨，或者是每周一起去次图书馆。有个妈妈说，每次送孩子们上学，所有的孩子都会在下车前跟她击拳，来上一句口号"杰克逊一家人"，再扭着屁股下车。这能让孩子们在面对即将开始的一天时，既拥有自信，又保持好状态。这能提醒孩子们，他们是某个比自己更大的事物的一部分。

　　共处、亲近、共同的爱好与家庭仪式，所有这些要素加起来，成了亲密关系的基础。但我们担心，越来越多的父母已错失了与孩子共建亲密关系的良机，越来越多的孩子也同样错过了这一机会。20年前，学者苏尼亚·路德震惊地发现，来自富裕家庭和精英学校的孩子，相比穷苦人家出身的孩子，有着更严重的焦虑与情绪障碍风险、使用与滥用化学药品风险、自伤以及采用某些犯罪行为的风险。[6]这一发现在今天依然成立。能够解释这一发现的两个主要因素，分别是"出人头地"带来的过大压力，以及和父母间的亲密感的缺失。[7]许多富裕家庭的父母对后一个因素尤其惊讶，特别是那些花了很多时间开着车带孩子去上课、排练、上辅导班和治疗的父母，他们往往对孩子在学校的表现与学习成绩非常了解。这的确说明家长与孩子亲近，但缺失了另外三个要素：共处、同好，以及让孩子觉得自己身有所属的家庭仪式。因此，这些家庭的孩子并不会在情感上与父母太亲密。[8]奈德最近问了一位父母非常有钱的来访者，谁是她生活中最亲近的人，她回答说："我家保姆。"奈德接着问，第二亲近的人又是谁，她回答："我家司机。"哎哟！如果我们想跟长大的孩子保持牢固、健康的关系，那恐怕现在就要开始有意识地去做一些长期的、有意义的、带有变革性的努力了。在财力与人脉上拥有雄厚资源的父母，可能会觉得自己的资源能给孩子更好的平台，甚至能帮孩子打造出一条人生道路，但事实并非如此。这些资源会给父母造成一种虚幻的安全感，自以为拥有孩子所需的一切，这会在无意中让孩子陷入更多的竞争，被迫面对更严苛的要求，更会让孩子们感到不知所措，并进一步弱化亲子之间的联结。

## 共情与再确认：缔造更好的亲子联结的指导书

一天晚上，奈德的女儿凯蒂因为打游戏输了，气冲冲地从楼上跑了下来。在这盘在线游戏中，虽然她采取了自认为万无一失的保护措施，却还是掉进了岩浆，游戏结束，痛失了用几个小时才辛辛苦苦打出来的宝藏。她足智多谋的哥哥立刻启动了"问题解决模式"，又是问问题，又是给建议。但对凯蒂来说，这些建议全都是"你本该……，你本来能……"式的批评。而对这款游戏差不多一无所知的瓦妮莎，只是简单地把凯蒂告诉她的话加以概括，再确认了凯蒂身上真实的挫败感。"你掉进了岩浆，所有宝物都没了啊。天哪，听起来真的好难过！"感觉到别人听进了她说的话，不仅能让凯蒂冷静下来正视发生的事情，还能促使她找到潜在的解决方案。

展现出你的同理心，是拉近你与孩子关系的最有效的事情之一。孩子最深层的需求之一，就是被倾听。向孩子表达出同理心就有助于满足这一需求。[9]每当我们表示能够理解孩子身上发生了什么，就会强化我们与孩子之间的情感纽带。大量的研究都能证明这一点。[10]甚至还有生物学领域的研究，特别是关于共情与催产素之间的关系的研究，也能证实共情和亲密关系之间有所关联。血液中的催产素水平越高，人的同理心就越强。反过来依然成立：只要产生了同理心，甚至仅仅是看了一段感人的视频，血液中的催产素水平就会相应提高，这也导致人们觉得与他人更有联结感，对他人也会表现得更加慷慨。[11]对孩子展现同理心，并对他们的感受及经历进行再确认，听上去容易做起来难。有时候，孩子表现不够好，家长觉得应该表现出失望——他们认为如果不这么做，就不能让孩子意识到自己还需要进步。再比如，如果孩子感到不安，他们的苦恼会诱发父母的"扶正反射"[12]，也就是只想着用逻辑来解决孩子的问题。但逻辑并不能平复情绪，只有共情和再确认才可以。在我们的访谈中，许多初中生和高中生都表达过，倾听与理解他们的人让他们感觉更亲近，评判与论断他们的人无法让他们感觉亲近。偏偏很多时候，家长扮演了后者的角色。这些中学生会说，他们觉得最亲近的人，是兄弟姐妹、亲戚中的同辈，或者父母之外的成年人，比如某个叔叔、某位师长。这并没有什么错，但引出了一个问题：为什么这个最亲近的人，不是父母呢？也许，父母得更好地在沟通中表达同理心。

"如果父母表现得真的在乎孩子本身，就会好很多。"一个学生跟我们说。"我们之所以会犯错，是因为我们在学习。要真的去关心孩子本身，他们才能对自己所经历的事情感觉更好。"

万幸，我们在这方面有个相当清晰的指导。有效处理孩子的情绪问题，需要四个步骤，其中前两个步骤发生在你说出第一个字之前。

*1. 保持冷静，先把孩子表现出的强烈情绪看成与孩子建立联结的绝佳机会。*

> 2. 选择理解与接纳，而非批判；选择好奇，而非猛烈指责。
>
> 3. 对孩子的感受进行反馈与再确认。
>
> 4. 进一步探索，对孩子提出一系列问题。

让我们一步步来谈。

## 第一步：保持冷静，先把孩子表现出的强烈情绪看成与孩子建立联结的绝佳机会

想想人们在分享压力经历时所发展出的那种关系。如果你的孩子情绪崩溃、脾气暴躁、诸事不顺，我们当然不会指望你能高兴地跳起来。可如果你能保持冷静，并以此为契机，那展现（同时锻炼）耐心和同理心，就不会很难。此外，如果我们能在孩子们宣泄、哭泣与大喊大叫时保持冷静，我们就能降低他们的情绪负担，这会引导亲子双方依托前额叶皮质来沟通，而非依托大脑压力反应回路来沟通。大脑中的前额叶皮质常被比作"领航员"，能让我们逻辑清晰地思考问题，正确地对待种种事物。只要有一个人在气头上，就不会产生任何有意义的沟通；所以让你的出现带给孩子平静，而不是把自己搞得火冒三丈。

## 第二步：选择理解与接纳，而非批判；选择好奇，而非猛烈指责

只要孩子不高兴，你的脑子里就会不可避免地闪过一条字幕，告诉你应该把这当作一个教给孩子什么的机会。就算不容易，也得把这字幕关掉。在这一方面，我们长期遵循富于思想的儿童心理学家罗斯·格林（Ross Greene）的教导：孩子只有在能做到的时候，才会做得更好。心理治疗师与作家巴里·考夫曼（Barry Kaufman）也有类似观点："人们总会做自己最擅长做的事。"[13] 对你的孩子大度些，就算孩子现在做得并

不好，只要他尽了自己最大的努力，这就够了。并不是每一次失误，都要转化成一次教学。比起指责，你更应该选择好奇的心态，有了这样一个优雅的视角，你能拨开重重迷雾，洞察孩子身上究竟发生了什么。

几十年来，比尔的职业一直都是测评孩子们的学习能力、注意力，并评估他们在社交、情感与行为方面的问题。他也因此见到了无数揪心的父母，他们对自己的孩子或愤怒，或沮丧。这些父母，在测评的过程中往往会发现，他们的孩子在一些特定能力上比大多数孩子要差得多，比如遵从指令的能力和抑制冲动的能力。这也就是说，错不在孩子！每当这时，这些家长就会为自己批评过或者惩罚过孩子而深感愧疚。一旦家长们明白了孩子为什么会不服从命令、难以坚持到底、总是冒冒失失，他们就会一改之前的武断、批评和强迫，转而采用一种理解、接纳与支持的方法。可我们认为，就算不做测评，你也应采用后面这种方法。想象一下吧，如果所有的父母都能认可，孩子已经尽力而为了，这将避免多少亲子情感的损耗！

比尔最近会见了一位名叫莫莉的来访者，她在几个月前被诊断出患有自闭症谱系障碍。这个诊断起初对莫莉产生了很大帮助，让她能够理解自己是个社交能力有限但在其他方面极具天赋的人，也改善了她的情绪。但莫莉在后来的夏天中遇到了新困难，变得沮丧与焦虑起来。在与比尔的交流中，她提到校园生活的压力巨大，学校里的社交活动尤其糟糕。她还解释说，自己的父母会否认她的糟糕感觉，如果她从学校给妈妈打电话，诉说自己的沮丧，妈妈只会回应她"你得挺过去"，除此之外，别无他法。[14]

"我的爸妈根本不听我在说什么。"莫莉说。她说了说自己沮丧时的感受：孤独，厌恶别人，觉得永远都达不到自己给自己设下的标准。也难怪她会想给妈妈打个电话！莫莉接着说，每当她感到悲伤、缺少支持，觉得自己会孤独终老时，父母都会跳出来驳斥她："如果你对别人没兴趣，别人怎么能对你有兴趣？"

比尔接着问莫莉，最懂她的人是谁。她说是自己的朋友马库斯。马库斯特别善于倾听，"他理解我，又不评判我"。其他孩子则多少会因为她不同于常人，而用有色眼镜看她。紧接着，莫莉哭了起来："倘若我的父母能给出什么有建设性的批评，倒也没关系，但他们只会在我最沮丧的时候唠叨我该做这、该做那，其实一点用都没有。"

莫莉的父母其实待她很好，也深爱着她。但我们也能理解，他们为何会与孩子进行这样的沟通。他们也知道，混乱的思维催生了大多数导致焦虑和抑郁的想法，比如对事物的夸大其词或者过度消极。他们也想帮莫莉重新梳理思维过程，帮她看到积极的一面，并提供具有建设性的建议。但这么做也有问题，那就是当女儿真的非常痛苦时，最需要的其实是一个能安全发泄的场所。

### 第三步：对孩子的感受进行反馈与再确认

"反思性倾听"这个概念来自二十世纪最有影响力的心理学家之一、卡尔·罗杰斯的研究成果。他采用以人为中心的心理疗法，非常强调通过深入倾听来了解来访者的心路历程，并对了解到的内容加以反馈。罗杰斯的反思性倾听技术（也被称为"积极倾听"）被纳入了许多帮助人们改变自我的干预项目，比如对酗酒者的干预、对情绪波动大的青少年及成人的干预、对缺乏学习动机的学生的干预。[15]认真倾听有助于让孩子们感受到有人能理解他们，而且还有专家指出，被倾听的孩子也更善于去倾听。[16]除此之外，只要孩子们感到自己被父母理解与接纳了，他们就更容易把父母当作避风的港湾，而非需要逃离的风暴。

当孩子正体验着强烈的情绪，听他们说什么并不比对他们说什么次要。倾听是一种信号，表明家长正在努力试图理解他们的感受。心理学家、沟通专家埃兰·马根（Eran Magen）以"我从你的话中听出了……"（what I get，WIG）来描述这种倾听，以下是一些 WIG 的例子：

> "从你的话中我听出来，你觉得艾琳对不住你。"
>
> "我不知道我说的对不对——她说话的方式，让你觉得她是在故意让你
> 　下不来台？"
>
> "听起来你对自己的表现特别失望。"
>
> "我想你是在说，自己的情绪在那一刻太强烈，甚至吓到了你自己。"
>
> "让我看看我是不是理解了。别的孩子也犯错了，所以你觉得老师单
> 　单找你麻烦，就不公平。"
>
> "听上去你想说，我接你时迟到，你会很害怕。"
>
> "你看上去对这件事很生气啊。"

　　还有个非常有用的提问技巧，比问孩子"你为什么会难过"强很
多，那就是问"这事儿是怎么让你难过起来的"。对许多孩子来说，这
样的措辞显得没有那么强的攻击性和指责感。[17]

　　采用反思性倾听能帮孩子们意识到，我们正在努力去理解他们所经
历的一切。马根说，只要孩子对我们的 WIG 回应以"对"或者"完全
正确"，家长就能赢得一些关系"积分"，并在亲子关系银行的户头里
存下一笔钱。[18]

　　能够展现"再确认"的语言也是类似，只是会进一步添加一些信
息，表现出"我能理解你为什么会有这种感受，而且，你会有这样的感
受，其实很正常"。[19] 还可以向孩子表明，他们完全可以有自己的感受，
这不会妨碍自己被无条件地接纳与关爱。以下是一些话术：

> "如果有比我壮得多的人威胁我，我当然也会害怕。"
>
> "听起来会很难受。"
>
> "这对你来说一定很难。"
>
> "我想我能理解你的感受。"
>
> "我明白你为什么会说今天过得很辛苦了。"

"我想大多数人碰到这种事都会难过。"

"有的时候，我也会感到害怕。"

## 该做的和不该做的

假设你家孩子某次考试考砸了，你明明知道孩子就是没好好学习，孩子却归咎于老师在卷子上出了课堂上没讨论过的题目。下面提供一些没好作用的反馈，以及有意义的话术。

评判，或大事化小、小事化了

"你心里清楚，自己真没怎么好好学。"

"学都不学，你还想考好？"

"别担心，下次考试你一定行！"

"我认为你在下次考试前，可得加把劲好好学。"

"我不知道你有啥可难过的。"

"人家科尔曼老师，那可是个好老师！人家不会用你没学过的东西来
　考你，我看是你上课没好好听！"

"要是你能早就……那就……"

共情和再确认

"你一定很沮丧吧，我知道，你真的很想在这门课上取得好成绩。"

"你听起来对自己的成绩很不满意。"

"听上去你认为科尔曼老师做得不够公平。"

"我敢打赌，如果其他孩子看到课上没讲过的考试题，也会很糟心。"

## 第四步：进一步探索，对孩子提出一系列问题

在你完成了第三步的工作之后，孩子就会觉得自己已经被理解、被接纳了。因为他们没必要再为自己辩解什么，就更有可能愿意承认自己在问题中所扮演的角色，选择与你并肩而行，而非与你对抗。这时你可以把孩子带到一个充满好奇心的领域。你可以通过提问的方式，去更好地理解孩子的经历，并探明他们对于听取建议、考虑解决问题的方法抱有何种程度的开放态度。有一位家长，这样描述了上述过程：

我家十六岁的儿子在一所专门教育自闭症患儿的独立学校就读。我认为这所学校救了他的命。过去，他从来不喜欢上学，读书对他来说非常痛苦。过去的十多年里，每周日晚上，他都会抱怨种种学校让他不满的地方——同学、老师、作业，就没有一样是他满意的。

去年四月，春假结束，他就一直跟我念叨，不想接着读书了。我跟他讲："你知道吗？你从上学第一天起就讨厌学校。听上去，每天都得去一个自己讨厌的地方，的确不容易。"

话刚说完，就能看出来他松了一口气。

我则接着解释自己的观点："咱们这么办，孩子。那所学校已经是我能帮你找到的最好的学校了。我真的费了大劲，才把你送进去。还记得以前的学校对你来说有多糟糕吗？"他点了点头。我接着说："所以我开始想，也许上学这件事本身就不适合你。也许我们需要做的是开始研究一下，你怎么才能学到一些能让你在成年后安身立命的技能。然后咱们就彻底不考虑什么上学不上学的事儿了。"他睁大了眼睛，放声大哭，跑回了自己的房间。

我等了差不多三十分钟，让他能有时间冷静冷静，去好好想想这种可能性，随后才走进了他的房间。我打开门，探身进去问："你还好吗？"我听到他在被子里嘟囔了一声："我没事。"他把头伸出来，说："知道吗，妈妈？我的学校其实很好。我就是需要再勇敢点。"

如今，已经快过去一年了，他再也没抱怨过自己的学校。虽然仍然会对某些值得糟心的情况感到糟心，但他已经全身心地投入到了校园生活中。如今，他已经通过了毕业考试，也开始考虑自己的下一步该如何发展。

这位妈妈的表达都是真诚的，她并不是为了让孩子停止抱怨而故意操纵他。他都十六岁了，完全有理由考虑放弃传统学校的教育课程。她问的是关于"除了上学还能干什么"的真实问题，这些问题孩子既能听得到，也能听得懂，因为这是妈妈第一次明确表示，她听到了孩子的呼声，理解了孩子的想法，并能感同身受。

## 没用的做法

绝大多数家长其实都清楚什么沟通方式是不起作用的，因为孩子们对这些方式的反馈，就是不跟我们沟通。说教、打骂、批评、唠叨，这些方法会很明显地让孩子将我们拒之门外。但有些家长以为的金玉良言，其实效果也不怎么样——别担心，是个家长，就曾经说过这些话：

- "现在外面不冷啊，去玩玩吧！""你怎么还饿啊？"这两句话都试图说服孩子否认他们自身的感觉，起不到什么好作用。"别生气啊！"当孩子似乎全无道理地开始生气，比如他们因为自己状态不好而没法融入其他小朋友的时候，家长会如膝跳反射般说出这句话。如果他们生气了，那就是生气了。只是告诉他们别生气，绝对行不通。

- "你就是累了"或者"你就是心情不好"。指出一个难搞的孩子是因为累了或者心情不好，也没有什么用。事实上，"易怒"的人往往都更难意识到自己的"易怒"。同样的道理也适用于其他的人际关系。比尔和妻子斯塔尔结婚 43 年，在老婆生气时，他只要说"你就是累了"，就没有好结果。（到现在，他还在学着要少说这句话！）

- "怎么又来了？"这句话所回应的事情往往都不重要，无非就是孩子穿了过大的衣服、把果汁洒了、错过了校车。"又来了"通常被孩子认为是一句羞辱的话，而羞辱往往没什么积极效果。

- "你为什么不交作业？""你想考试不及格吗？"这些话都不是提问，而是带有问号的指责，平时不要说。

- "我相信一切都会好起来的。"这种话带有一种"没有根据的积极性"[20]，能够最大限度地弱化孩子的问题。我们明白，当你看到孩子在一件你觉得很快就会过去的事情上花费了太多心力，你就会想提供一种"看透点"的视角。毕竟，我们不都是花了大半辈子，才学会了不要为小事伤脑筋吗？难道我们的孩子不该学着从这种智慧中受益吗？当然该，可这并不意味着就要否认他们在当下的真实感受。在孩子真难过的时候给他们用空话喊加油，非但不能让他们开怀，反而会让他们的痛苦显得廉价与矫情。好好想想，你究竟是想让孩子们好受些，还是想让自己好受些？

- "真是烂透了。我得给你的教练（或主管、老师）打个电话好好聊聊怎么办。"这么说，表达的是同情而非共情；在解决孩子的问题时，这样很容易惹麻烦。共情意味着陪伴他应对痛苦，而非怜悯孩子或帮他干掉痛苦。别搞错了，你该做的是安静坐下、闭上嘴巴、陪伴孩子"清空情绪垃圾"。这听上去容易，做起来很难。克制表达尤其难，因为作为倾听者，控制感会很低，但这能让你更好地参与处理孩子的情绪，帮他解决问题、消除疑虑，以某种形式改善他的感受。家长闭嘴，是一种给孩子的信号：这不是家长的生活，而是他们自己的。这是每个父母都该学会的艰难一课。"我也碰到过这种事。"分享自身经历值得肯定，但小心别弄巧成拙。马根管这叫"接过方向盘"，现在该坐在驾驶位的，是孩子，而非你。马根还以"控制聚光灯"来做比喻，如果孩子想要发泄对老师的不满，那恐怕不是你跟着发泄对老板的不满的好时机。

## 今晚怎么做

我俩一起工作的最大好处之一，就是有机会走遍全国，跟各地的家长与教育工作者交流，以了解人们在哪些领域难以落实我们给出的建议。以下是我们所收集的最常见的反馈问题。

如果我再确认了女儿的感受，她就会认为对我大吼大叫没什么不恰当。

请分清感受与行为的区别。愤怒是一种感受，是一种面对压力时可预见的自然反应。你可以共情女儿的愤怒，同时也可以明确表示，她不能对你大吼大叫。你要做的，并不是坐好了承受一切而已。你可以说："我知道你现在真的很生气，但我不喜欢别人跟我用这种态度说话。"或者你也可以说："我要去散散步（或回我的房间休息一会儿），等大家都冷静下来了，咱们再谈。我需要一点时间，才能做好准备听你好好说。"

如果我的孩子感到的是嫉妒，或者自怨自艾呢？我不想去再确认这类情绪，那会让它们越发根深蒂固。

所谓表现出同理心和认可，并不意味着我们就要同意孩子的所有观点、包容孩子所说所做的一切，而是指要试着努力去理解与接受孩子们的观点。

情绪在被外界觉察确认过后，往往不会愈演愈烈——事实上，反而会逐渐平复。正如美剧《罗杰斯先生的邻居》中的弗雷德·罗杰斯所说，"能谈的东西，就是可控的东西"。另一方面，让你的孩子别嫉妒哥哥，并不能让他的嫉妒感消失。倘若出于这种嫉妒心，他偷拿了哥哥的饼干，单论这种行为，那是不对的，你也应该跟孩子说清楚。但在你介入之前，孩子可能已经处理过自己的嫉妒心，并确认过这种情绪了。

约翰·戈特曼（John Gottman）把这一过程称为"情绪教练"，通过它，孩子们学会了情绪是可以接纳的、正常的，甚至能加以控制。

仔细想想，我们其实都希望能被他人以同理心对待。倘若我们把事情搞砸了——比如忘了关水，于是导致一个代价不小的大麻烦——其实我们当时的状态就已经挺糟糕的了。我们可能已经累了或者压力挺大，所以才心不在焉地没顾上拧好水龙头。那此时，我们最不想听到的就是有人指责我们粗心了（"你怎么能这么不负责任呢"）。我们想要的，其实是同情（"我知道你最近压力挺大的，毕竟有不少事情需要忙活"）。你需要倾听和理解自己的情绪，也只有这样，你才能从错误中吸取到教训。比如说，你对工作中的某件事感到非常愤怒。这时你想要的是发泄这种愤怒，而不是找个人将这种愤怒最小化，或者告诉你，你就不该有这种情绪。因为你就是有这种情绪嘛！你希望自己觉得亲近的人做的，其实是听到你的这种情绪、共情你状态不佳的事实——至于对错，反而是次要的。

那如果你对孩子共情又共情，可孩子从来没有爆发出过"我好难受"的情绪，怎么办？

倘若真的如此，这已经不是一次孩子与负面情绪的简单遭遇，而上升到了孩子内心的恶性循环。如果你多次表达过"我听出了你内心的感受"，可你的孩子依然很明显地没有放下心防，那可以尝试这样说："感觉咱俩掉进了一个循环，你说的跟我说的不是一回事。我想摆脱这种循环，我爱你，如果你难受，那我想尽我所能去帮你，但我认为现在这种模式对你我其实都没有帮助。"或者你也可以说："在我看来，你现在正在折磨自己，我不能帮着你变本加厉。我有不同的看法，如果你愿意听听从我的角度怎么想，那我非常乐意跟你分享。"

当然，还有更多可行的说法。如果反思性倾听既简单又有效，那么所有人都会这么做。那在执行过程中，究竟出了什么问题呢？

之所以很少有家长会练习反思性倾听，是因为这其实并不容易。反思性倾听常常会带来一种强迫感和异样感。我们的孩子可能会充满疑惑地看着我们，就跟我们长了两个脑袋一样，或者直截了当地问："你为啥要一直重复我说的话？"若他们这样做，只需解释"我试图改变咱俩交谈的方式"或"我不想争吵，也不想批评，我只是想尽最大的努力让你知道我想理解你经历了什么"。

反思性倾听还需要你推掉所有其他对你时间有要求的安排（晚餐、需要外出参加的活动或课程、发送最后一封工作电子邮件）。如果你处于一种无法真正集中注意力的状态，那就要讲："我真的想把自己所有的注意力都给你。让我把手头上的事儿做完，应该会花上五到十分钟，然后我们再谈。"等你到了那个需要停下来的时间点，就放下手机，合上笔记本电脑，远离其他会占据你大脑的任务。反思性倾听还要求你不要直接跳到解决问题的部分。我们经常掉进一种陷阱，那就是试图通过解决孩子的问题来改善他们的感受。不如试试反思性倾听，它有助于孩子们改善感受，使他们的思考变得更清晰，这样一来，他们就可以靠自己解决问题。

最后，也是最重要的一点，就是你必须抛开自己内心的恐惧（"这回我要让他学到什么教训""如果我不表现得很愤怒，是不是就显得在沟通中一直附和他"），才能真正敞开心扉地倾听。


不过，同理心和立规矩似乎是对立的。有规矩不也很重要吗？

其实这两者不是非此即彼，而是相辅相成的。你绝对可以用同理心来立规矩，而且随着时间的推移，同时经历这两者的孩子也会在社交、情感和学业上表现得更好，并且有着更强的自我调节能力。[21]

比尔最近评估了一个叫大卫的七年级男孩，他在一所专门为学习障碍患者提供教学的学校就读。大卫是一个可爱的男孩，但对他来说，许多事情都很难完成，因为他有语言障碍、注意障碍、学习障碍以及社交上的困难。而且，他的应激反应非常敏感，很容易焦虑、沮丧和愤怒。比尔一开始访谈他的父母时，对方就报告说，大卫从来没有快乐过。事实上，他"一直"都很生气。他们向比尔说明，一旦大卫平静下来，他就会感到懊悔和自责，而且他频繁的情绪爆发也给自己和父母带来了极大的压力。

一天，大卫的母亲打电话给比尔，话语中满是气愤。同学们取笑大卫选的牛仔裤，而他却报复性地去诋毁对方的种族。于是他被停课一天。"我该怎么处理？"大卫的妈妈想知道，"我能让他去承担什么后果，这样他就不会再犯？"

比尔首先告诉她，有相当多的证据表明惩罚并不是一种有效的管教手段。[22] 他还提到，正如罗斯·格林所指出的那样，承担最严厉惩罚后果的孩子往往从惩罚中学到的也最少。[23]（我们会在第9章对此进行更多的讨论。）然后，他提醒大卫的母亲，在他们之前的谈话中，大卫曾感到多么沮丧，又有多么频繁地去自我贬损。帮助他解决这种情况的最好办法，似乎不太可能是增加更多的沮丧与贬损。正如经典育儿书《正面管教》的作者简·尼尔森（Jane Nelsen）所说："为什么我们居然会认为，要让孩子感觉好，必须先让他们感觉差？"比尔很赞成大卫的母亲决定不让孩子在停课当天玩电子游戏或做任何特别有趣的事情。但比尔最建议的还是她要尽可能地表达出对大卫感受的同理心，并试图去理解他使用攻击性语言时的内心体验。她也可以向孩子解释，他大脑中感知威胁的部分极其敏感。她可以这样去解释：他的爆发与应激反应有关，这也称为"战或逃"反应（fight-or-flight response），因为一旦我们有了压力，就会通过逃跑或战斗来保护自己。她还可能会表示出一种理解：其他孩子嘲笑他，大卫会感到尴尬、羞愧和愤怒，这是可以理解的；大卫在全力应对压力的情况下，以一种自认为合适的报复方式，对其他孩子进行了猛烈抨击。即使大卫做了些蠢事，也要帮他感到自身能被理解，也还有人爱着自己，这比试图让他感到更加沮丧、羞愧和孤立来得有效。对大卫的母亲来说，跟孩子谈谈绝对不能诋毁他人，这也同样重要，但如果没有足够的同理心做铺垫，孩子是听不进去的。带着同理心立规矩，才能帮孩子收获安全感，感到被他人倾听以及被无条件地接受。这有助于他们的大脑从挫折中恢复过来。[24]

我完全同意这种理念，但我从来没机会去表现同理心或跟孩子产生联结，因为我家孩子就像一本合起来打不开的书。我该怎么让他对我敞开心扉呢？

首先，要试着花更多的时间去和那些不太表达自我的孩子独处。如果他们不想说话，也不要给他们压力——但要留出空间，让他们想说话的时候就能说。不要指望你的孩子在每天快结束的时候，或刚见到你就能敞开心扉大谈特谈。对很多孩子来说，转换状态都需要时间——让他们先轻松地进入状态。你可以简单地说，自己很高兴看到他们，而不是上来就问"今天在学校怎么样"——这个问题几乎肯定会被一个含糊的"挺好"来加以应对。之后你可以这样跟进："有什么想分享的吗？有啥亮点吗？"如果没有，那就顺其自然，给他们点时间。主动分享你自己这一天的细节，他们也可能会有所回报。同时，尽可能地去匹配孩子的沟通强度。如果你眉飞色舞又充满活力地去跟一个寡言少语的孩子交流，往往不会很顺利。所以你大可以把自己的能量调低点，再去跟孩子交流。这样一来，他就算当时不愿意承认，也很可能会听出你言下对他的关心。

还有，安排好你每晚的例行活动，在孩子睡前，在他床上安静地坐上几分钟，这很可能会有所帮助，因为对许多孩子来说，睡前三十分钟是他们最有可能敞开心扉的时候。这其实也是一个很好的时间点，能让你给他们传达那些你希望他们真正内化的信息，比如"无论如何我都爱你"，因为他们在入睡前听到的信息，更有可能被大脑在夜晚里面不断重播。等孩子大一点，就在他们最有可能放下戒备的时候，寻找机会跟他们独处。奈德注意到他的儿子马修总是在他动来动去的时候更能表达一些——无论是散步时，还是扔飞盘时。虽然我们非常推崇眼神上的交流，但的确有些时候，没有眼神交流也照样可以展开真诚的讨论。许多父母都讲过，在黑漆漆的车里，孩子坐在后座上，充满了倾诉欲。奈德还记得自己小时候，喜欢一边玩个小玩意，一边和妈妈谈论点烦心事。妈妈告诉他，说话时要看着对方，但他想：好吧，要么看着你，要么好好倾诉，反正我只能做到一点。

我的孩子有自闭症谱系障碍，很多对其他孩子有用的事情——比如眼神交流和拥抱——对他来说都没用。那我该怎么做，才能和儿子建立联结？

建立联结这事虽说重要，但对于身处自闭症谱系之中的孩子来讲，非常棘手。全世界知名的自闭症专家彼得·韦尔默朗（Peter Vermeulen）最近才强调过帮助自闭症患儿培养强烈联结感的重要性。[25] 但不同的人对联结感的定义也有区别，甚至身处谱系的不同位置，对联结感的定义也会不一样。但不管怎样，都要找到一种能够表现出接纳与尊重的沟通方式。对于一些身处谱系中的孩子来说，拥有联结感就意味着体验亲密和分享的感觉，这跟许多在神经机制上正常的儿童和青少年们的情况一样。对其他孩子来说，在与他人共同参与某项任务时，在与一个细心的大人分享自己强烈的兴趣所在时，或者在与他人一同玩电子游戏时，都会感觉到与他人之间的联结。

但对于自闭症谱系中的幼儿来说，进行联结，并在沟通中展现无条件的爱的一种方式，就是模仿他们的行为——哪怕是简单地跟他们一起挥舞手臂都行。研究表明，如果成年人在与谱系中的儿童相处时能模仿对方的行为，会让孩子表现出更积极的情绪、更多的社交反应，并减少自我防备的行为。[26] 镜像模仿之所有积极作用是基于这样的一种想法，即我们会觉得跟最像自己的人最亲近（想想同卵双胞胎吧）。即使孩子长大了一些，如果他们又着胳膊坐在那里，你也可以把自己的胳膊又起来（不过要以一种放松的方式来完成，这样不会让孩子觉得你在刻意学他）。同样，如果他们坐着的时候右脚搭在左脚上，你也可以这样做。许多治疗师都会使用这种镜像模仿的策略来帮助他们的客户获得安全感以及被他人理解的感觉。这其实是释放了这样一种信号：咱俩很像，我愿意接受你本来的样子。

我的配偶是一个很棒的倾听者，如果我本身就不太容易做到有同理心，我能怎么办？

我们提供的是工具，而不是建议你改变自己的个性。本章所讲的所有技巧都可以学习，本章之外，我们自己每天也都会学到更多东西。但如果你无法自然而然地掌握，也没必要太苛责自己。不妨从好奇心开始——这能让孩子知道你对他有兴趣，你想了解他。还要记住，你的目标是让孩子们感到被倾听，而不是让他们的问题被解决。去问问题，然后再问更多的问题，所有问题都是为了去理解孩子在这一天中经历的某些事情，或者他感到不安的缘由。只要你能坚持下去，尝试去问不同的问题、观察你的配偶做了什么，然后做你觉得对的事情，就可以了。

## 有效沟通实操案例分析

某天晚上，亚历克斯从学校接女儿凯莉回家时，十一岁的凯莉讲起了这一天的糟心经历。头一桩，便是有个她认识的男孩，在她去吃午饭的路上，把她堵在走廊里，还不停地用一根棍子戳她，还说这棍子是他之前从厕所捡来的。（还记得十一岁的男孩有多讨人厌吗？）亚历克斯表示他替凯莉感到又羞又恼，接下来问她是怎么处理的，以及现在感受如何。凯莉在"把心里的垃圾清空"后，很快就把糟心事抛在脑后了。她不指望着妈妈解决问题或者回应问题，她只是想把糟心的问题丢下，这样就可以轻松前行了。

但在接下来整个晚上，凯莉的心情还是一直很糟糕。

每一桩小事都让她心烦意乱，妹妹抢着挑走了第一个汉堡包；家长不允许她给自己的储物柜买一本她想要的新日历；当亚历克斯提到周末假期会有客人来，要和他们住在一起时，她大声抱怨道"我们家房子都快变成汽车旅馆了"；接下来，她开始感叹中学生活多辛苦，还责怪自己的小学太差，才导致她对中学生活准备不足。

整个晚上，亚历克斯的脑子里都在这么想：

每次发脾气，她都找妹妹的碴，这可不行。她不需要日历啊，她已经有太多买了没用的破烂玩意，没用也就罢了，还从来都不整理！我真养了个物质主义的孩子。我得教她更好地处理个人财务，否则她拿到第一张信用卡就得负债。

她居然还敢抱怨周末有客人！我要让我的孩子大方好客，我之前是做错什么了吗？

她说自己小学不好，因为她只想着甩锅。另外她还特别消极——她的小学里也有特别好的事儿啊，中学也一样啊。我得教她如何用积极的视角去看待世界。

在那个晚上的前半部分，亚历克斯在大部分时间都把这些想法藏在了心里。然而，随着时间的推移，她变得越发不耐烦了。

当大家又因为周末有客来访出现分歧时，她说："凯莉，这真不是什么大事。也就是一年这365个晚上中的几个晚上罢了，你能应付的。"

凯莉抱怨学校时，亚历克斯说："别再埋怨你的小学了。在那儿你交了不少很好的朋友，你其实也喜欢那里的。"

然而凯莉的心情并没有随着亚历克斯的评论而有所好转。事实上，反而越发恶化了。亚历克斯已经到了极限，与女儿的互动也变得紧张起来。最后，亚历克斯说："睡去吧你！你心情不好都几个小时了，我受够了！"反馈她的先是眼泪，又是"砰！"的关门声。亚历克斯内心感觉糟透了，凯莉其实也是同样。

虽然我们完全能理解亚历克斯的沮丧从何而来，但我们不妨来看看，如果她在沟通中使用同理心技术，又会发生什么。

她首先需要做的，是让自己平静下来，把坏情绪当成一个与对方产生联结的机会。与此相关的是，她还需要关闭"父母字幕"，这些字幕讲的都是她觉得必须灌输给女儿的价值观和态度。她还必须消除恐惧。虽然有提供指导的时间和地点，但凯莉显然没有任何接受指导的心情。

接下来，她还要提醒自己，凯莉并没有亚历克斯那样的大脑。当然，亚历克斯眼中，女儿这是小题大做，但凯莉并不这么看，在凯莉的世界里，至少在那个晚上，她遭遇了大山一般的重重险阻。这让亚历克斯想起来——尤其是当她退后一步，回忆便更加生动——她在这个年龄时被父母完全误解时的感觉。

如果她能想起在凯莉还是个小宝宝的时候，每次碰到凯莉心情不好，她会如何应对，那就更好了。回到凯莉的婴儿时期，亚历克斯其实做了大多数父母在孩子难过时都会做的事：她饿了吗？她的尿布湿了吗？该给她拍嗝了吗？她是长牙了吗？她累了吗？是不是胀气了？如果亚历克斯对 11 岁的凯莉还能如此全面地去分析与调查，那她会更清楚地了解孩子此时的内心感受。在走廊上遭遇浑小子的事可能使她感到不安，但她却缺少相应的沟通能力；刚刚进入中学，凯莉的生活也发生了很大的变化；凯莉喜欢按部就班、有条不紊，所以在这么多的规划安排中，突然有客人要来访，让她真的很不安；学校里有社交压力，而凯莉又是新生，所以储物柜日历很可能与此有关；她也很累，因为已经连着好几天，每天都要大早上就起床去上学。

所以，考虑到之前她已经完成的思考，我们来假设亚历克斯当晚的处理方式变成了这样：

当凯莉找妹妹碴的时候，亚历克斯纠正了这种不良行为。记住，我们不是建议你放纵孩子的行为，做错了就是做错了。坏心情和坏行为并不是一回事。

当凯莉抱怨不能买日历时，亚历克斯会说："我听到了，你真的很不甘心。"然后她就随它去了，明白女儿只是在倾倒更多的情绪垃圾。凯莉抱怨有客人要来时，亚历克斯说："你真的受够了家里有客人，听起来像是你想要更多只有咱们一家人在一起的时光。"凯莉随后会开始更多地解释自己的感受，而亚历克斯可以追问："再跟我聊聊，你为什么会觉得不想要客人来？"然后她会再重复自己的观点，那就要回应"所以你想说……"。

当凯莉抱怨自己的小学时，亚历克斯可以说："听上去你真的很担心学校里的事。是挺不容易的，对吧？"

凯莉不会立刻进入喜悦的状态，但她能感觉到有人懂她，伴随着妈妈充满理解的每一句话、每一个手势，她会越来越平静。亚历克斯暗示凯莉看起来很累，跟她说晚上早点睡觉可能更好时，凯莉并不同意。此时的亚历克斯对凯莉的情绪会有点厌烦，于是决定离开："嗯，但是我累了。我要回房间看一会儿书。"

## 有效沟通的关键点

在我们看来，本章关乎"应该由孩子们说了算"。所以我们用一个访谈记录来做结尾，访谈的对象是一名叫杰的高中生。

杰：我觉得我和我爸最亲。

我们：你爸爸是怎么让你觉得和他什么都能聊的？

杰：他不评判我，他会好好听我说。

我们：你是怎么看出来的呢？

杰：如果我搞砸了什么，他不会怒气冲冲地训我，也不会说教什么"你不该那么做"。他会说，"很高兴你能从中吸取教训。为了不在同一地方跌倒，就得这么做"。

我们：那你同意他说的吗？

杰：同意。

我们：你会照做吗？

杰：有时候会。

要知道对于青少年来说，"有时候会"已经是很高的赞誉了。

第 2 章

# 使用顾问型家长的语言：

## 培养出成功、高情商且独立自主的孩子

*"如果你真想自立，你就得听我的。"*

*—— 一位家长，他养出来的儿子直到26岁都还没法自立*

1964 年，鲍勃·迪伦发行了专辑及同名主打歌《时代在变》(The Times They Are a-Changin)，并警告家长们"你没法指挥自己的儿女"。同年，鲁道夫·德雷克斯(Rudolf Dreikurs)也出版了育儿领域的经典著作《孩子：挑战》。(他在书里说得很对！)他认为，在民主的社会中长大的孩子最终会认识到，父母并不能真正强迫他们做任何事情。家长们本身亦有所觉醒。家庭结构发生了根本改变，爸爸并不再是事实上的一家之主。据说，德雷克斯告诉过他

的学生："倘若爸爸失去了对妈妈的控制，父母便都失去了对孩子的控制。"[1] 因为父母之间权力的不对等一去不复返，孩子们就不再只能选择一种顺从的模式。与此同时，以"因为我让你做，所以你要做"和"要么这么做，否则就……"为代表的强权式育儿方法开始失宠。因为一项又一项的研究发现，在这种养育方式下长大的孩子更有可能出现自我意识水平偏低、自我控制能力偏低、社交能力偏低的问题。倘若吼他们、凶他们，他们也更容易出现行为问题和抑郁的情况。[2] 与此同时，以"做你想做的"为代表的放纵溺爱式的教育则更为糟糕。[3] 那一个一心要做好家长的人，又该怎么做呢？

研究表明，权威型教养方式最为有效。制定标准、执行限制，但也尊重孩子，能征求他们的意见，鼓励他们去做决定，甚至帮助孩子们弄清楚自己究竟想要怎样的生活。权威型教养方式最有可能培养出成功、受人喜爱、有同理心、情商高、慷慨并自立的孩子。[4]

好消息是对孩子而言，父母本来就有一定的权威。

我们更年长、经验更丰富，也很可能有着比孩子更强的自制力。虽然看起来并不总是这样，但孩子们确实从根本上能认识到我们家长才是家庭中的引导者。[5] 可当我们试图去强行贯彻这种权威时，问题就产生了。孩子需要有所限制，才能拥有安全感，我们自然而然地去扮演家庭中的权威角色并无不妥。可如果我们一再强迫孩子去做违背自身意愿的事、一遍又一遍地和他们争论同一个话题、大喊大叫着跟孩子发脾气，那我们原本就有的权威性便会下降[6]，一直降到跟失控的孩子同样的水平。换句话说，当父母因为孩子凶弟弟而去凶孩子的话，管教自然就显得很虚伪。

我们大力推崇一种以强调权威的哲学为基础的育儿模式，我们称之为"顾问型父母"模式，也相信这是既能保持你本身就有的权威性，又能为孩子提供指导与支持的最有效方式。想一想，卓有成效的顾问才不会跟客户反复争论同一件事，不会试图强迫客户去改变，不会告诉客户该怎么想或该感觉到什么，不会严厉地批评他们，不会替客户做他们本来就能为自己做好的事，也不会比客户更上心地去达成改变。顾问本身并不会自带情感包袱，他们感兴趣的，是客户自身的成功。首先也是最重要的，是他们能倾听对方，并提出优质的问题。而用"孩子"替换掉"客户"，这不正是我们希望我们的父母所做的——帮助孩子去学会经营自己的生活吗？

这种方法之所以有效，一部分原因是它出奇地契合亲子间的关系。正如上一章所阐释，我们和孩子越亲近，孩子越能开放地接受我们的经验及影响。这种方法有效的另一部分原因是，儿童和青少年要比我们想象的有能力得多。我们不妨想想那些高中生活动家、少年艺术家、少年音乐家、背负重要工作或家庭责任的孩子，以及拿"在世上行好事"作为人生使命的年轻人，想想他们所具有的力量，你会发现你很难认可他们要做的就仅仅是"好好上学""好好锻炼"什么的。你也很难想象，如果没有父母的推动，他们就搞不清该去上什么大学、读什么专业。我认识一位母亲，她和孩子就说得很清楚，虽然她愿意帮忙支付大学全部学费，但她并不想参与报考大学的任何流程。她的一个儿子最近被斯坦福大学录取了，而她甚至都不知道他申请了哪些学校。所以我们不必一直唠叨孩子，也不必时时替孩子做决定。我们不应该替他们去做那些他们能为自己做好的事。

即使是年幼的孩子，其能力也远远超出我们的想象。我们的一位教育工作者朋友最近视察了芬兰的一所小学，那里的教育成果在全世界都算顶尖。某节课上到一半，一名一年级的学生用手机接了个电话。她站起身，还示意自己的双胞胎妹妹跟上她。正好校长也在教室里，便过问了一下，到底怎么回事，女生和她的妹妹跟校长解释说，电话是从她俩的牙医办公室打来的，礼貌地提醒她俩下个小时有她俩的预约，所以她们决定步行去看牙。虽然我承认芬兰的地域文化的确与众不同，但这也是一个很能说明孩子们知道在适当的情况下该做什么的简单例子。[7]记住了，孩子们的脑袋里也有个希望生活能正常运转的大脑。每当孩子们被他人带着尊重赋予责任时，它总能挺身而出。

"顾问型父母"这一模式的秘诀在于：

1. 可以向孩子提供帮助——比如辅导或心理咨询，但别强加给他们（除非孩子陷入了严重抑郁、药物滥用或过度自我否认等问题中）。

2. 主动分享你的知识、经验和智慧，但不管孩子愿不愿意听，都别试图把它们强加于孩子。

3. 只要孩子愿意考虑其他的观点，就鼓励他们自己去做决定；而这些决定只要不是几乎所有明眼人都觉得不靠谱，你就应该接受。任何一个决定都不能仅仅因为你不同意，就被扣上"不靠谱"的帽子！

4. 在孩子们需要的时候主动帮他们解决问题，在他们难过的时候提供情感支持，但不要急于"救火"。孩子们是通过体验压力、努力应对压力，然后从压力中恢复的方式来培养心理韧性的。如果我们替孩子解决了所有问题，自然就会让孩子建立"碰见问题就找我们，而不是靠自己"的条件反射。

在本章中，我们将告诉你如何做好四件事，来创建属于自己的顾问型表达。

## 为什么唠叨、打骂、说教、强迫都不管用

有这样一张特殊的贺卡，上面写着："我把我妈给我的建议转送给你，因为反正我肯定用不上！"回想一下，你可曾见过有人对那些"填鸭式"的建议欣然接受、遵照执行的？倘若你试图通过说教、唠叨、争辩、大喊大叫或恐吓来推行自己的建议，或强迫你的孩子做一些

事情，那建议你先把嘴闭上。这些方法很有可能有短期效果，不过孩子们也只是暂时屈服，附和你也只是为了让你别再烦他们。从长远来看，这些方法从来都没用。如果你跟孩子说"你要……"或"你该……"，就等着他们顶嘴回击吧。

父母唠叨，实际上只会产生与其意图相反的效果。唠叨只会让孩子更加固执己见，愈加不愿意做我们想让他们做的事。"每当我父母问我'你不是该做作业了吗'，"奈德辅导的一个身处竞争激烈的高中，却获得了全优成绩的学生说，"我就更不想做作业了。"

在对孩子们的访谈中，我们一次又一次地听到他们表达，针对家庭作业和家务的唠叨尤其烦人。孩子们说，他们虽然不乐意倒垃圾，但还是愿意做的——他们最在意的，还是自己能在这事儿上有决策权。当父母要求他们去倒垃圾时，孩子们就会产生抗拒心理。这很可能是因为我们天生就抗拒别人告诉我们该做什么，毕竟这会威胁到我们自身的控制感和自我意识。大脑会以为我们做得很好，现在却被外界告知并非如此。

父母一唠叨，还会有另一桩麻烦——一种奇特的交互可能会发生作用：孩子们会越来越离不开唠叨。安吉拉是个高年级高中生，她说："我很喜欢我妈妈催我早上起床，还有一直过问我的学业。如果她没起床，我就不可能起床，更别说写作业了。"这并不意味着安吉拉对自己的成绩就没压力。许多后进生似乎很少花时间去思考和担心自己的学业，但这是人们的一种错觉。他们中的大多数实际上深感忧虑，并采用最常见的机制来处理焦虑：逃避。而实际上家长通过唠叨孩子、检查家庭作业、登录学校网站查成绩，强化了他们这种无益的应对焦虑的技巧和能力。唠叨只能为安吉拉和她妈妈提供一个短期有效的解决方案：妈妈通过唠叨来缓解自己的焦虑，安吉拉则通过更深入地逃避来缓解她的焦虑。然后呢？安吉拉当时可就要高中毕业了！她没有用健康的方式来处理自身的焦虑，也没有去练习靠自己来照顾自己的生活。除非等她上了大学，还能找到一个视她如己出的唠叨鬼。

我们可能都知道唠叨、说教、打骂其实没什么用，但大多数家长还是很难抵挡使用这些方法的冲动。毕竟，这些习惯早已成为"有效育儿"的通用手段。父母会跟我们说，"我一直跟他讲""我一直努力让他看到"，或者"我已经跟他说了一百次了"，试图表明他们正在尽最大努力去做一个好家长，也就是要把那些正确的信息传递给孩子。

这种"好家长就要既警觉又管事"的迷思在社会上流传甚广，影响到了我们生活的方方面面——尤其是学校。现在很多学校都会把成绩和作业实时更新到网上。孩子回家也就成了变相的上学，因为学校会鼓励父母频繁登录信息平台，与孩子一起跟进各种遗漏的作业任务。就算家长在养育哲学上不同意这种方法，也很难不受其影响。尤其是在新冠疫情期间，这演变成了一个更令人担忧的问题——远程学习迫使家长更多地去扮演教师的角色。毕竟这是来自老师的要求！我们鼓励父母要记住，在这样的情况下，可能会有一个潜伏起来的、功能失调的恶性循环。老师担心如果学生成绩不好，老师会受到指责，所以会把与学生表现有关的一些责任推给家长。而家长担心如果学生做得不好，老师会责怪他们的教养出了问题，所以也就接受了监督及辅导家庭作业的角色。这个循环绕了一圈又一圈，每个人都把焦虑推来推去，就像是水管崩裂却拿纸巾来堵，焦虑最终还是蔓延得哪里都是。虽然研究确实支持父母要参与孩子的教育，[8]但我们希望父母能以增强孩子的能力的方式参与，而非以削弱孩子的能力的方式参与。父母跟进孩子作业的完成情况，这样孩子就不用自己来跟进了，这没法帮助任何人获得成长。

唠叨和说教也能让我们平静下来——不同于袖手旁观、闭嘴不言、什么都不做，我们起码在努力着。只要我们采取行动，我们就能感觉更好，因为只要做了些事情——哪怕从未被证明有什么益处——就比什么都不做来得压力更小。不过有个挑战：虽然这种方式对我们来说压力较小，但它会让我们的孩子压力更大。

临床心理学家和研究人员杰西卡·博雷利（Jessica Borelli）和她的同事们研究了他们所提出的概念——"父母过度管控"。这种管控的特点是父母高度警觉，试图过度调整孩子的想法、情绪和行为——而这会抑制孩子独立解决问题的动机。[9]在一项研究中，博雷利和她的同事们让孩子们在母亲面前完成具有挑战性的谜题，并给母亲们提出了要求：除非孩子真需要，否则别帮他们。研究中有许多妈妈根本就无法控制地过早地干预子女。不过当她们给孩子提供帮助时，她们自己的压力水平降低了。[10]还挺有道理的，对吧？她们起码在努力嘛。但在她们提供帮助时，她们的孩子所面对的压力却越来越大。父母过度管控给孩子带来的长期影响包括焦虑、认为自身缺乏能力、相信这世界很可怕，以及无法承受压力。[11]所以父母，虽然什么都不做并不容易，也请你坚持一下。一位试图减少对自己十几岁孩子的管控的妈妈说，女儿告诉她："我爱你，妈妈，我知道这对你来说很难。但我还是要你相信我。"

## 改变能量：愿你拥有力量，却不强加于人

奈德的一个学生杰西原本准备在SAT考试前的周日参加模拟考，但也很想在周六晚上去参加一个聚会。她征询妈妈的意见，把球抛给了妈妈。杰西的妈妈不让她参加聚会，毕竟模拟考试重要得多。于是杰西勃然大怒。她俩一直吵到了模拟考当天的早上，这对杰西的考场表现来说，可不是个好兆头。

事实是，杰西的妈妈不管做何反应，都可能会出大问题。如果她允许杰西参加聚会，而杰西因此没考好，她可能也会因此责怪妈妈。但当杰西提出要去参加聚会时，她妈妈可以这样说：

"首先，杰西，我没法逼着你留在家里。我不能把你的门锁上。我也知道你的朋友们对你很重要。你有很棒的朋友，和你关心的人在一起

的时间也非常宝贵。但我也知道，你想在这次模拟考中拿到好成绩。你可能要考虑一下，怎么做才能让你有最好的状态去参加考试。多休息当然有帮助，但我也希望你能带着自信、舒服的感觉进入考场。我觉得我不该去决定哪个对你更重要。你自己觉得怎样更合适呢？我很乐意跟你讨论其中利弊。如果你决定放弃社交时间去睡觉，我也愿意跟你谈谈后面怎么补给你些时间拿来社交。"

在这个场景中，妈妈无论如何都能赢。她已经提出了自己的建议，如果女儿决定不去参加聚会，她也知道这是自己做出的选择。这样就不会有争执，也不会有"谁说了算"的斗争。如果杰西去参加了聚会，那不管她在模拟考中表现如何，都能有机会去测试一下自己，或者反思一些东西。比如她究竟需要多少睡眠？缺觉会影响她的发挥吗？妈妈有天然的却又不必强加于人的权威来帮助她反思"去参加聚会"最终是不是个明智的选择。这样一来，原本互斥的能量就得到改变。

另一句能彻底改变能量场的台词是："我那么爱你，才不会为了作业和你吵架。我愿意当你的作业顾问，但不愿意跟你一直吵架，也不愿意拿盯着你当工作。"虽然这种方法在我们推荐的方法里已经是比较受欢迎的方法之一，但还是有很多家长觉得没法使用，甚至觉得这么说会惊到孩子。一位妈妈告诉我们，当她跟自己八年级的儿子说这句话时，他笑了出来，还拥抱了她，然后紧张地问："妈，你没什么事吧？"

"我那么爱你，才不会为了作业和你吵架。"这句话之所以很有用，原因有四个：①它承认了吵架是两个人的事——如果我们因为不希望关系受损，所以不想为了某些事情和孩子反复争吵，那我们就可以决定不吵架；[12] ②它表明我们更看重自己与孩子的关系，而非他们在学校或生活的其他方面的表现；③它提醒了我们，要是我们选择不跟孩子对着干——也就是选择不去当孩子的老板、经理、监工或者管作业的警察——那我们可以自由地考虑选择另一种关系，一种能让我们觉得更加满意的关系；④它澄清了谁该对什么负责。

蔡斯是一个十三岁的学生，从二年级被诊断出患有注意缺陷多动障碍（ADHD）开始，他就抗拒服药治疗。虽然他五年级的时候尚能在社交和学业上都表现得相当好，但进入中学后，他不得不在这两个领域里付出更多的努力。蔡斯的母亲特别担心他的冲动会影响社交，因为他往往会说一些、做一些令其他孩子反感的事情。此外，他那不太集中的注意力也会导致他错过一些社交上的暗示，而且他抗挫折能力方面的不足也导致他容易对同龄人的行为反应过度。他还经常不交作业，或者在作业中犯下粗心的错误。在他快要申请高中时，妈妈越来越看重他的成绩了。他妈妈觉得他并不是没有意识到自己的病症在多大程度上影响到了他的社交与学业，他只是一直在否认，坚持说自己在学校做得很好，也有很多朋友。一年前，蔡斯又拒绝了儿科医生的服药要求，他妈妈来找比尔，希望能够帮着说服孩子接受治疗。比尔解释，他并不相信能真的强迫孩子们去做违背他们自身意愿的事。不过，他也说自己会和蔡斯好好谈谈，看看能否帮助他认识到现在药物治疗可能对他最有利。整个对话是这样进行的。

> 比尔：我并不希望有任何人强迫你服用药物。这么做不仅在心理上是不健康的表现，而且也没法让你真正接受药物治疗。孩子们会想尽办法不把药吃下去，比如在舌头下面藏药，或者自己催吐，把药吐出来。
>
> 蔡斯：我从来都不想吃药。
>
> 比尔：我知道。没人逼你，我保证。但我还是希望孩子们能对自己的生活做出明智的选择，如果可以的话，我也想和大家分享我的观点。
>
> 蔡斯：好呀。
>
> 比尔：对我见过的许多跟你同龄的孩子来说，治疗注意缺陷多动障碍的药物显著提高了他们的生活质量——他们有时候会说，就像打开了电灯的开关一样。正因为如此，我通常也会建议他们试试服药，看看能有什么作用，然后再决定要不要继续服用。就算你发现药物非常

有用，你也没有必须继续服用的义务。不过，你能了解到药物治疗能否帮你提高成绩，从而让你更有机会进入想要去的高中，以及能否在你上了你申请的高中后，帮你跟上学校里要求的各种进度。

一如我的预料，当自己没有感到外界的强迫时，蔡斯表示愿意试试服用药物，而这也改变了他的生活。

## 让孩子担起责任

一旦你搞明白了基本的规则，也就是你没法强迫孩子去做任何事，那下一步就是让你的孩子自己把责任担起来。他们想不想听听你对某个问题的看法？毕竟，如果追溯问题的根本负责人，孩子就会发现，最终那些都是自己要面对的问题。

让孩子担起责任的最简单方法之一，就是问一些简单的问题，比如"咱俩能谈谈吗""我有个主意，你想听听吗"或者"可以和你分享一下我的看法吗"。

这也是奈德和他正处于青春期的孩子马修共处时，经常说的话。很长一段时间以来，电子游戏《堡垒之夜》都是他们家里绕不过的问题。奈德知道，如果他批评马修玩了太久，马修只会把他拒之门外。对奈德来说，最重要的是保持对话顺畅，让马修靠自己得出"玩得过多"的结论。几个周末以来，马修抱着游戏玩个不停，但奈德坚持一言不发。这对奈德来说，压力大吗？当然了。如果他去指导马修管控自己的游戏时间的话，他会感觉好些吗？是的。但奈德不同于其他父母，他见过太多家长的徒劳之举，所以还是决定暂且把自己的想法藏在心里。

在某个星期四晚上，马修在第二天不用上学，于是奈德问他明天打算做什么。

"玩《堡垒之夜》呀。""那还有别的吗？""不确定，不过我会考虑一下的。"

星期五晚上，奈德下班回家时，看见马修正坐在电脑前，好像已经爽玩了很久，甚至还穿着睡衣。奈德有点恼火，不过还是问马修，能不能关掉游戏，好好穿上衣服，因为他们已经计划好一家人出去吃比萨。"哦，好啊。当然可以。"

奈德还是咬紧牙关不批评。他调整了一下自己气恼的情绪，接着享受了全家人外出吃饭的美好时光。星期六，马修百般推脱，整天没做作业，光打游戏，奈德还是什么也没说。星期天上午，也是一样。星期天下午5点左右，马修开始惋惜起来，说自己"浪费了周五一整天的时间，拿来玩游戏"，后悔自己没有早先拿出那天的一部分时间来做现在要补的家庭作业。如果有一个最适合去说"我早跟你说过"的机会，那很可能就是此时此刻。可奈德却说："没错，我能看出你现在挺沮丧。不过我能问个问题吗？"

"当然。"

"你觉得自己那天花了多长时间玩《堡垒之夜》？""也许十个小时吧。"

"哇。玩得开心吗？""开心。"

"如果让你现在回想一下，你认为玩多少个小时《堡垒之夜》就能玩爽，同时还能留出一些时间来做家庭作业，甚至弹弹钢琴或者干点别的什么？"

"可能要四五个小时吧。"

"那将来，你想让妈妈或我来帮你管理吗？""嗯，我觉得我需要这样。"

上高中时，马修已经能欣然接受父母扮演的"电子产品使用顾问"的角色。"我知道你说过想在中午之前完成论文，"奈德或瓦妮莎会说，"那接下来几个小时里，我帮你拿着手机，能帮上你吗？"

"可以啊，太好了。如果我要用手机的话，我会来找你们的。"

奈德的最终目标，从来都不是一板一眼地规划马修的日程安排或者死盯着他使用电子产品。事实上，奈德和瓦妮莎也慢慢地放弃了他们作为"电子产品使用顾问"的角色，因为他们也知道，马修很快就不会再住在家里了，那时玩多玩少完全取决于他自己。所以帮他培养出知道什么时候适可而止的技能，才是奈德最该做的事。

当然，如果你问孩子你能不能提供些建议，他有可能会拒绝。那你需要尊重他。如果马修当时拒绝了，奈德就会暂且后退一步，因为如果孩子感到被他人强迫，交流往往就不会有任何进展。问孩子要不要讨论一下，并不是"让孩子对你言听计从"的密码。有时候，他们可能就是不想听，还有的时候，他们可能只是还没准备好接受外界信息。暂时后退，是你最该做的，也是最能表现尊重的选择。奈德一个学生的父亲想考考女儿的词汇，而奈德建议他要先问女儿，她是否需要这种帮助。这位父亲说："好的，我明白。那如果她说不需要，我该怎么做，才能让她接受我考她呢？"唉，他其实还是没明白。如果这位爸爸真的能尊重女儿的意愿，那他不仅表现出了对她的尊重，也支持了她能处理好自己事务的感觉，而且她在另外的情况下，也更有可能去征求他的意见、寻求他的帮助。

比尔的女儿乔拉小时候非常害羞。虽然她一直是个好学生，但她在跟其他孩子相处时总是很慢热，在课堂讨论中也不够积极主动。她的几乎每一位老师都会将她评价为优秀的学习者，同时认为她应该在课堂上再多些表达。比尔在乔拉童年和刚到青春期时问过她好几次"你想不想要大方些""你想不想在课堂上更轻松地发言"，她一直都说"不"。不过比尔并没有试图强迫性地帮助她，也没有试图强迫她把"大方表达"的所有好处说出来，因为他知道，如果孩子不同意，他说什么都没用。如果她不想再多说点，那也是她的选择。随着时间的推移，她可能就会认识到自己的害羞是一种缺点。在这种情况下，她同时也会知道自己可以向父亲求助。现在孩子长大了，她仍然内向，但也成了一个很有魅力的成年人，能很好地处理人际关系，有个人主见、有挚交好友，在需要时也勇于去冒险。

作为父母，最糟心的事之一，可能就是眼睁睁看着孩子受罪，可他们还拒绝父母施以援手。我们知道，倘若他们能接受我们给出的建议，进行一些锻炼，便会感觉更好；或者跟朋友打打电话也行，朋友们会跟他一起讨论出一些策略；或者就算是孩子会主动跟老师聊聊自己的成绩，也能让家长不至于那么担心。可如果我们能做的仅仅是看着孩子们无谓地挣扎，那可太难受了。但我们还是要坚持下去。他们此刻不需要我们的帮助，并不意味着他们永远不需要，也没谁会阻止我们为帮助孩子这件事敞开大门。当你坐在那里为了孩子郁郁寡欢时，请记住，父母的工作并非为孩子铺平道路，让他顺风顺水、全无阻碍，而是要帮他找到靠自己战胜挫折的正确方法，并能吃一堑长一智。

## 不要救场

我们已经介绍了"顾问型家长"的前三个要素：提供帮助而非将其强加给孩子；提供智慧而非将其强加给孩子；鼓励孩子自己决定自己的事。但跟很多食谱一样，倘若你没有往锅里放最关键的食材，你就只能炖出一锅糊。第四个要素可能就是最关键也最难的那一样：让孩子们自己解决自己的问题。作为父母，我们总是想帮着孩子救场，这无可厚非，是我们的天性。然而，这会让我们成为孩子靠自己解决问题的"拦路虎"。

史蒂文·梅尔（Steven Maier）是全世界最杰出的心理学家之一，他向我们展示了孩子们靠自己来战胜挑战，究竟有多么重要。在他的一项研究中，大鼠A和大鼠B被放入一个装有轮子的盒子里，盒子里的它们可以转轮子，不过尾巴却露在盒子外面。这时对两只大鼠的尾巴进行电击，虽然不痛，但大鼠还是会很反感。大鼠A会发现，如果它能转动轮子，电击就会停止。大鼠 B 会发现自己转轮子没效果，它需要依赖大鼠 A 去转轮子来停止被电击。

大鼠 A 转轮子时，他的前额叶皮质（PFC），也就是大脑中的"领航员"被激活，这也让他对压力的反应趋于冷静，帮他进入"应对挑战"模式。大鼠 A 的大脑中，在前额叶皮质和原始压力系统之间创建了很强的联系，这样每当它遭遇压力时，就会直接进入"应对挑战"模式，就算在转轮子无法阻止电击的情况下也是一样。但没有获得控制感的大鼠 B 则越来越趋向于神经崩溃，它很容易感受到压力，压力一来，它便会惊慌失措，选择退缩而非应对。[13] 在没有压力的情况下，大鼠 A 好奇、勇敢、有韧性，而大鼠 B 则畏畏缩缩、躲躲藏藏，也会逃避新奇的事物并拒绝探索。梅尔从该研究和其他相关研究中得出的结论是，大鼠 A 所获得的控制感就像一剂疫苗，帮它免于遭受压力环境的有害影响。有人救场，当然会让你在那一刻感恩突如其来的安全。但自己救自己，你才能收获能让你勇往直前的勇敢内心。

我们帮孩子救场，就相当于不给孩子机会去接种疫苗。我们剥夺了他们掌控局面的感觉，也剥夺了他们学习如何在困难条件下处理事情的机会。我们还让孩子更容易地规避了需要处理压力的环境，这又强化了孩子逃避压力的习惯。除此之外，这么做还有更多的危害：人们如何反思一段经历，其实比经历本身更重要。[14] 如果我们正在体验压力的高峰，却因为突然脱离了危险，导致压力感受立刻消失，我们就没有获得从危险区域一步步回归安全的体验。这就像做瑜伽一样：瑜伽课的最后部分从来都不是什么高难度的平衡姿势，而是挺卧式、仰尸式这样的姿态。这样我们才能记得最紧张激烈的部分——"哇，太刺激了"，以及最后的结局——"不过结果很不错"。大脑在像树一样扭动、弯曲、纠结之后，是没法立刻做好准备前进的，它需要恢复，也需要让身体去吸纳它刚完成的工作。倘若我们帮孩子救场，他们便无法去反思从这段经历中恢复的那部分，因为他们其实并没有真正体验过这段经历的全貌。他们只能反思那最可怕的顶峰体验，在他们的记忆里，这一体验要远远比其他的部分更加突出。这样一来，他们的大脑便没法从自己处理压力的经历中学到东西。

"我家孩子七年级，他最近跟我说，体育课上，他是最弱最惨的人。"一位妈妈和我们分享。"他其实是强忍着泪水跟我说的。我能感觉到自己的心跳在加快，也想告诉孩子他想得不对，并开始着手为他解决问题。"

"但我还记得……要在孩子们的风暴中保持冷静，可以试着提供帮助，而不是直接上手替孩子解决问题——所以我深吸一口气，说：'哦，很遗憾你会有这种感觉。我看得出来，你真的很难过。我觉得你身材什么的其实也很好呀，不过如果你想跟我谈谈自己的感受的话，我很乐意跟你聊聊。如果需要的话，我也很乐意帮帮忙。'"这其实就已经是她所能做的一切了。第二天，儿子就带着自己的计划来找她，告诉她自己打算如何改善健康状况。

我们不是建议你，不管孩子陷入什么麻烦，都不去救他。作为父母或者老师，我们有时能很明显地意识到，某个孩子真的很痛苦，亟待一只手把他从流沙中拉出来；而这种帮助，只有一个具有权威的成年人才能提供。但请注意，举手救他不该成为一种固定模式。我俩都认识的一位父亲，就能够谅解儿子缺课，因为他儿子在上课当天还没准备好那天到期要交的作业。而一个月后，同样的事情又发生了。当他的儿子第三次要求留在家中以免交不上作业时，爸爸意识到了孩子的拖延和逃避已经成为一种模式，也因此有了给他救场的倾向。"你知道吗？"他说，"我明白没准备好作业会让你有压力。但我觉得，你其实可以告诉老师，你需要更多一点的时间。你能搞定的。"这位父亲并不想奖励儿子逃避问题的倾向——孩子需要意识到自己其实也能面对老师去交流，虽然有压力，但也没问题。

# 你该如何跟孩子沟通

一位高中生告诉我俩，他最喜欢的倾诉对象是学校里的一位老师。午餐时，他和其他一群同学会走进她的教室，他会一直寻求这位老师对各种问题的看法。他说："我们彼此会交流，我问她对这个或那个有什么看法，而她则回给我各种好建议。她从不给我提要求、下命令。她总是拿出一些建议，或者给我举各种不同的例子，而不是让我就走某一条路。她会说，你可以这样做，可以那样做，或者换个方法做，最后结果会是这样，会是那样，或者会是怎样。"

首先，我要向这位了不起的老师鞠躬。她的教室如此受欢迎，真是有原因的。值得注意的是，她本人甚至都不给这个孩子上课！其次，我们怎么做，才能像她一样呢？我们如何能确保孩子愿意来找我们咨询和寻求支持呢？这位老师进行了怎样的表达，才这么有效果？毫无疑问，其中部分原因，是由于学生毕竟不是亲生子女，所以她并不像父母那样对他们处处操心、事事挂念。可与此同时，这位老师并没有说过自己什么都懂。与之类似的是，父母也可以通过承认自身局限性，来提高自己在孩子心中的可信度。这很奇怪，但的确成立。要承认你并不能洞悉所有答案，你也不确定下一步最好该怎么走，孩子的生活和压力中有很多细节你还不了解，而这其实并不会有损于你真正有价值的观点。所以谦卑些，别害怕。

以下是对"顾问型家长"而言最有用的几段话术：

### "非强迫"的话术

> "我不打算逼着你做，就算逼了估计也没用——你完全可以说一套做一套，把我蒙在鼓里。"
> "对于你能自己解决这个问题，我很有信心。"

"我很确定你能搞定，但如果你需要我，我就在你身边。"

"对不起啊，我跟个破掉的老唱片一样说个不停，你也未必爱听。现在我意识到了，你其实也会听到我说什么，不过你自己的小脑瓜就很灵光，你没问题。"

"你有你的生活，你可以自己把它打理好，我特别喜欢这样。"

"我以为你的想法可能跟我很类似，但是你完全可能想到我没想到的好主意。没谁能垄断所有的好点子。"

"我没法逼你做什么。你只需要闭上眼，往地板上面一趴，没人能逼你怎么样。所以咱们好好聊聊，到底用什么方法搞定这件事才最合适。"

"如果你能……我会很高兴的"或"我希望你能……"（而不是"你该去……"）。

## 让孩子担起责任的话术

"我能给你提个建议吗？"

"在这件事上，我有个主意。你想听吗？"

"你想有所改变的，是这件事吗？"

"你需要我帮帮忙吗？"

"我哪儿也不去，如果需要我做什么，就告诉我。"

"如果我有什么想法，可以跟你说吗？"

"有什么需要我帮忙的吗？"

"我刚好有个想法，也不知道对你有没有帮助。"

"我也不想一直烦你。如果我晚点再过来找你，或过几天再跟你谈这事，会更好些吗？"

"我可以像教练那样适度地敦促你一下吗？"

"很明显，我不太懂社交媒体、学校里的食堂文化、电子烟还有其他很多你需要去接触和应对的事儿。但我正在努力地去了解更多。就算我的建议没有什么用，但我的一些问题可能会给你带来启发。"

## 解决问题的话术

"我想知道一下，如果你……后面会怎么样？"[15]

"我想知道咱们能想出多少种解决方案，就算其中大多数你觉得用不上也没关系。"

"你有没有想过，别人可能会怎样去尝试，或提出怎样的建议？"

"我有一些想法，可能会帮上你。可我其实并不是时时刻刻都知道，究竟对你来说怎么做才最好。"

"你愿意来一次头脑风暴，想想备选计划吗？"

"我非常明白你为何会这么想，不过对这件事，你认为还可以有其他的看法吗？"

"我不能逼着你改变想法，但对这件事，我跟你的看法不太一样。"

"不管值不值，我觉得你可能想试试……"

"我知道你认为你对，而我也认为我才对。不过我想，有没有一种办法能研究一下当下的情况，看看咱俩是否有一方要比另一方更正确一些。"

## 支持决策的话术

"我相信你有能力为自己的生活做出决定，也能从错误中吸取到教训，我真心希望你在上大学前能有大量的机会去练习怎么做好决定。"

"在你做出这个决定之前，有很多信息要收集，不过最终决定还是要由你来做。"

"你觉得，自己能不能搞明白这个做法到底有用没用？"

"如果事情没有按计划进行，你有预案吗？"

"虽然不太能接受你的选择，但你比任何人都更了解你自己。""除了你本人之外，没有人真正明白做你自己是什么感觉。"

## 明确责任方的话术

"我并不认为除了你之外，还有谁能为你的功课负责。"

"要是我去承担那些本该属于你的责任，那我会觉得自己实在是个糟糕的母亲。"

"如果我比你更在意、更投入家庭作业（需要解决好的问题、对个人财产的责任），其实会让你的能力和状态越来越糟。我不想为本属于你的东西负责。我愿意尽我所能提供帮助，但我不想表现得好像我不断努力就是为了确保你完成属于你自己的任务一样。"

## 今晚怎么做

难道不是还有些事情，我们必须得强迫着孩子去完成吗？比如健康饮食、好好刷牙？如果他们没能好好做到，就会让我们多花钱，或者在其他方面影响到我们。

儿童心理学家罗斯·格林建议把你对孩子的"要求"分门别类，放进三个篮子。[16] 一号篮子涉及一些必须忍受、不得妥协的问题，往往跟安全有关，比如戴好头盔或系好安全带。二号篮子则包括长期存在的重要问题，要更多地对其进行讨论，而不是彼此牵扯进入一场争斗——比如怎么更有效地做晨间规划才不至于让起床后的时光乱成一团，或者每天晚上都要好好刷牙。三号篮子则涉及一些不用加以讨论的问题，比如一张永远整理不好的床，或者一套不合身的衣服。所以，先要决定你的"要求"应该被放进哪个篮子中。

对于一号篮子，你可不能对五岁的孩子说："当然了，如果你一定要在车流滚滚的时候自己过马路，那就去吧！需要我的话，我就在这里。"绝对别这么干。你可以让孩子去选择，要么牵起你的手，要么直接就回家，无论选了哪个，他都不能独自过马路。与此同时——这一点很重要——对于一个用药成瘾、酗酒或者有严重抑郁问题的孩子来说，因为他们的心智状态着实不佳，所以你要接手更多的决策。

对于二号篮子，你需要开展一些工作，在家庭范围内去解决问题（我们会在第9章加以讨论）。如果你已经跟孩子解释过，自己没法逼他刷牙，那么接下来，你可以去问问孩子，自己能不能跟他分享一下"为什么牙齿卫生很重要"。如果他说不能，那大可暂时放手，但还是要在家庭会议上再提这件事，表明这让你不舒服，也是一个需要去解决的问题。你也可以考虑去找一些你之外的专业人士，比如儿科医生、教师、教练、牙医等传递相关信息。

因为"外来的和尚会念经"，而专家又似乎总是来自远方，也很少会跟孩子身处同一个屋檐下！

处理三号篮子最容易——随它去就好。从来没有谁因为没叠好被子、没整理好床铺而真正遭遇什么伤害。就算身上的衣服相互不搭，也是全新的"混搭"风格。所以就把篮子清空算了，不要再想。


青少年大脑毕竟还没有发育完全，难道我没有干预介入、填补他们与明智决策间的差距的义务吗？

这是一个非常常见的问题，对此我们有两个答案。第一，大脑的确直到二十多岁甚至三十岁出头才算发育完成。所以，如果你打算介入以弥补孩子在判断力上的缺陷，那你担任这个角色的时间将比你想象的要长很多。就其内容而言，也比你希望去承担的多很多！第二，大脑的发展依托于其使用方式。让大脑去练习使用"执行－功能"这一技能，是好好锻炼它的最佳方法，而做出决策也属于这一技能的范畴。一个有机会练习自主决策和自主管理生活的人，将比一个由父母替他决定一切的人更成功。[17]

我家两岁的孩子得了肺炎，又死活不吃抗生素。只能由我丈夫抱着她，再由我把药塞进她嘴里。听你这么一说，我感觉自己做错了，那怎么办呢？

不，其实你并没有做错。吃药救命与安全相关，所以算是一号篮子里的事。虽说对于一个服用注意缺陷多动障碍药物的青少年来说，从长远来看，这不是个好方法，但对一个面对感染风险的两岁孩子来说，你不得不这么做。奈德在女儿凯蒂还在蹒跚学步的年龄时，也逼她吃过药，结果孩子把药吐回了他脸上。唉，养育孩子真是充满了意想不到的挑战啊。

我家孩子三年级，我想让他来决定四年级转校到哪所学校去。参观了几所学校后，他告诉我他想去某所学校，原因无他，就是教室里面养了一只沙鼠。我和妻子一致认为这种理由太不靠谱，便自作主张，替他做了决定。不过他发现自己不用做决定的时候，好像真的松了口气一样。是不是有些时候，孩子其实也希望我们能为他们做决定呢？

没错，是这样的。孩子经常碰见不愿做出决定，或者觉得自己没法做出决定的时候。那在这种情况下，我俩建议你跟孩子共同进行最终决策。虽然看起来好像是你在做决定，但你还是要跟他征询一下：如果由他来决定，他会选择怎么做。这样做，既可以减轻孩子的压力，也能锻炼他做出决策的能力。随着孩子年龄增长，你需要主动保持并加大距离，离整个决策过程更远些，这也会让他们更加自信。奈德几乎总是会让自己辅导的高中生自行决定，考 ACT 或 SAT，哪个才是最合适的。除非觉得对方忽视了什么，否则他都会尊重他们的意见。就算干预，也只是确保学生们在做出决定之前能考虑过之前忽略的事情。

听上去你们在推行一种跟"虎妈教育"截然相反的教育方法。可在我家里，"虎妈教育"的效果非常棒。

这种被称为"虎妈"的方法，强调由父母高度约束孩子的行为并投资于孩子的成就。的确，在培养一些强调高成就的人时，这种方法很有效。这其中有一部分原因来自文化。尽管许多在过度管控的方式下长大的孩子觉察不到与父母间的亲近感，但许多第二代移民家庭中的孩子却并非如此。这些孩子知道自己对家庭有多重要，其中部分原因是他们看到了父母在以怎样的方式分配时间和注意力。此外，虽然"虎妈教育"对一些孩子有效，但这并不意味着它对所有人都有效，也并不意味着对那些唯父母马首是瞻的孩子来说，这是最好的方法。认为追求高成就就需要承担长期承受压力所带来的情绪成本，这种理念我们不敢苟同。此外，一些孩子只是在这种方法下表现良好，而不是因为这些方法表现良好。而且，对于那些知道"虎妈养育"，但没有读过《虎妈战歌》这本书的人来说，有一点尤其值得注意，那就是其作者蔡美儿写道："这本书本该是讲中国父母怎样比西方父母更好地培养孩子的故事……但事实并非如此，它讲述了一场痛苦的文化冲突，一次对荣耀浅尝辄止的经历，以及我在十三岁的孩子面前有多卑微。"[18]

读了你的书后，我和我伴侣也试着对我们的女儿放手。她刚上六年级时，过得真的不好，但她还是说自己能应付。但我们很清楚，她应付不来，所以我们帮她开发了一个系统来管理她要做的事——我们坚持每天下午四点半到六点半，要全家人坐在一起，让她把作业做完。她并没有为此和我们争吵，而且后来她做得也的确更好了，但感觉你俩还是会说我们做得有问题。我们做错了吗？

一点都没错。如果她对你们的帮助做出反抗，那你们就是在浪费时间，因为我要重申一次，被迫接受的帮助很少能转化成真正有用的帮助。你可以试着跟孩子说："我相信你能自己搞定，但我也承认自己对这件事很紧张。我们能不能挑个日子、选个时间，你的事情你做主！也没别的意思，就是为了表达我对你的一种支持。这样，我就不会一直缠着你不放了。当然，你我都知道，只要你需要，我随时都会为你提供支持。"

如果你看到自己孩子有些不知所措，那你也可以这样说："在我看来，为了不至于状态变得太糟糕，你已经很努力了，但看上去你还需要些额外的帮助。我想我能帮你安排安排，可以吗？"如果答案是否定的，那就暂且退后一步，但还是要让她知道，如果她改变了主意，可以去哪里找到你。

就算孩子接受了我们的帮助，也要小心点。经常有父母在突然介入后，拯救了这个痛苦纠结的孩子，结果孩子因为有人帮他太过高兴……以至于永远都指望着父母的帮助。你要做的，其实是确保为孩子提供他需要的工具与支持，然后再一点点抽身，直到就算你不在身边，孩子也没问题。

我听到你俩的意思，是说父母的唠叨和说教很少能如其所愿、产生影响。然而，我总能回想起我父母当年唠叨我的那些事（"收拾好你自己的烂摊子""先把最难的事做了""只要你做了承诺，那就坚持到底"）。我记得当时这些话特别招我烦，但随着年龄增长，与父母之间的距离也越来越远，我却能看到这些话如何塑造了今天的我。它们的确产生了影响。德育说教与阐释家庭价值观，这两者间有何不同？

作为父母，我们有这样一部分责任，那就是给孩子们上好德育课，但其传授形式不仅仅拘泥于一种。你的父母当年只会靠唠叨和说教来表达自己的价值观吗？当然不是。也许你现在已经同意了他们要表达的价值观，但如果他们能以更好的方式沟通，没强迫你或唠叨你，那20年前的你就可能更容易地接受这些价值观了。

　　我以前总是和女儿吵架，自从读了《自驱型成长》后，我就采用了"顾问型家长"的方法，亲子间的感情好了很多。但她在生活中还是有很多糟心事，这让我觉得光做个值得信赖的顾问并不够。

　　的确，顾问型家长的表达方法并不是万能的方法。要真是如此，那我们这本书就写一章便足矣，何必写上九章呢！但它已然是拼图中不可或缺的一块。我们遇到过这样一位父亲，他采用顾问型家长的方法后，便与十一年级的儿子创建了更为牢固的父子关系。即便如此，他深陷焦虑的儿子还是拒绝上学，哪怕这会导致他被自己深深喜爱的棒球队开除。他的父母最终让他参加了一个为期三个月的荒野治疗项目，待孩子回来，对所有的事都有了更积极的心态。其中要点便是，虽然关系的改善未必足以让孩子真正解决长期存在的问题——逃避，但不妨想象一下，在没有紧密的父子关系的情况下，他会如何解决这些问题。

### 大脑里的真相

　　青少年的大脑情况会让大多父母惶恐不已，而且这种惶恐实属有理有据。多巴胺是决定了努力和"驱力"的神经递质。而青春期恰恰会带来多巴胺受体的急剧增加，这在将有关犒赏的信息从大脑中的情绪中心（位于边缘系统）传递到PFC（它决定如何处理这些信息）的回路中尤甚。多巴胺受体的增加使得这些神经通路更易被激活，这也意味着在青春期，那些本就能带来"爽感"的事物会招致更强烈的"爽感"。孩子们会因此感觉更有活力，也会不遗余力地去寻求新奇、强烈和刺激的体验。[19]多巴胺与边缘系统间如此强烈的融合意味着：①青春期的孩子更有可能产生冲动；②他们的成瘾风险增加（稍后会进一步详细介绍）；③他们倾向于将事物"高度合理化"，或过分强调其行为潜在的积极结果，因为——毕竟还能出什么岔子呢？[20]

万一就有好效果呢，对吧？

而且可能还会有更多的好处，毕竟孩子们的大脑对人际关系——尤其是与同伴间的关系——会更加敏感。对大多数青少年来说，和同龄的孩子在一起会激活他们大脑中的奖励中枢，并导致多巴胺分泌激增。尤其是对年幼一点的少年来说，就好似可卡因。哪怕仅仅看到其他孩子的照片或想到他们自己的友谊，也会引起多巴胺的大量分泌。同伴的出现还能增加血清素分泌，并让催产素更好地发挥作用，这也意味着同伴关系特别重要。因此，在青少年时期，被同龄人拒绝或在同伴社交中遭遇尴尬体验，是最痛苦的事，而给朋友留下深刻印象则比在其他年龄段都更具有价值。只要青少年认为自己的朋友在看着他们，其大脑中的奖励中心就会活跃起来。哪怕朋友们其实没看，也依然成立。不过这并不能说明孩子们就没有意识到冒险行为可能招致的问题。有这样一种说法，即"青少年们因为觉得自己无敌而在行为上无畏，无法意识到那些潜在的危险"——完全是错误的。只是青少年的大脑在衡量冒险行为的风险回报比时，会明显更加偏向于高估回报。

此时，父母的养育就像走钢丝一样。我们不想把孩子对新奇事物的兴趣连同对刺激体验的欲望一同扼杀，因为这对所有物种的幼体来说都是尝试新事物、适应新事物和获得成长的一部分。倘若没有这样的驱动机制，我们到现在估计还是尼安德特人。我们想做的，是帮孩子保持足够安全，阻止他们去做一些会带来巨大恶果的事。

为此，我们该让我们的孩子明白，我们很理解和同龄人共处对他们来说多么重要。我们也该跟他们解释，处于青春期的他们，正在塑造他们成年后的大脑，彼时的大脑能帮他们承担起各种责任。

我们应该实事求是地告诉他们化学物质会对发育中的大脑产生怎样的影响（详见本书第 5 章）。我们可以鼓励他们优先考虑保证睡眠，因为睡眠充足会让他们不至于那么冲动。我们也可以鼓励他们当掌握压力管理艺术的高手，因为在没有压力时，孩子们能做出更明智的决定。父母也可以努力保持与孩子的亲密的关系——而倘若青少年行事鲁莽，做到这一点其实也颇有难度。最后，父母还可以提醒一下孩子，他们最终还是必须靠自己来监督自身的行为。并没有哪个孩子故意想在事故中伤害他人，或把自己的生活给搞砸。

## 有效沟通实操案例分析

卢克是一位父亲，他的女儿斯蒂芬妮十五岁了，在一所寄宿学校上学。他们二人每周会有三次交流，但讨论往往会变成争吵，到头来，两个人都会难过。一般是斯蒂芬妮提出了某个问题，而卢克表示"你该这么做、那么做"，女儿再质疑和反对他的建议，周而复始，讨论就变得越发令人不快。

他俩最近一次交流，是斯蒂芬妮跟爸爸抱怨历史老师给她的一篇论文打分过低，她对此颇为不解，而且她根本就不清楚老师究竟想在论文中看到什么。卢克本来想直接跟老师沟通沟通情况，但他最后决定，鼓励斯蒂芬妮自己去沟通一下。

"挺奇怪啊。"卢克说，"你为什么问我，你能不能自己跟老师谈谈？"

"呃，爸爸，不要！那个老师简直是个浑蛋，而且他从来都没空。"

"你只需要问问他，什么时候有空可以谈谈就好了啊。他是个老师嘛，他的工作本来就是把你的问题给回答好呀。"

接下来的对话，便是斯蒂芬妮一轮又一轮地拒绝卢克的建议，直到卢克越来越懊恼，最后大喊起来："感觉你就是要拿这事找碴！你要是根本不想听我说什么，那为啥还要跟我讲这个事？"

"那好，下次我不跟你讲了！"

不用说，这并非父女二人想要的结果。

我们不妨想象一下，事情的原委是这样的：

在斯蒂芬妮跟爸爸分享自己成绩不好的事并反复抱怨时，卢克的脑海里可能出现的，是他对这件事的观点与评论：她该学会自己去争取啊，她要自信点，她该为自己的作业负责，而不是一味地指责别人。爸爸该做的第一步，其实应该是关掉评论模式。顾问型家长此时需要保持一定程度的游离，卢克恰恰需要这样做。

"听上去你很不满意自己的成绩。"他可以这样说，"由此可见，在这门课上表现出色，其实对你来说真的很重要。"

"没错，"斯蒂芬妮说，"但布莱顿先生老是给我使绊子。""不，我听起来并不觉得如此。我有一些想法，可能会帮上你，但我其实并不百分之百有把握到底怎么做才对你最好。毕竟我也不认识布莱顿先生，也不知道在他的课上究竟发生了什么。但也许谈谈我的想法，能帮上你？主要是在我遇到类似情况时，一些对我有积极作用的方法。"也许斯蒂芬妮会拒绝。

"可以，也有道理。"卢克说，"我一直在这里，如果你改变主意了，想找人谈谈，那就来找我。"

斯蒂芬妮可能会再去找卢克探讨这个问题——单就这件事，她可能想听听爸爸有什么要表达的。但她也有可能不会找卢克。那假设在下次他俩谈话时，她提出了自己和几个同学之间相处的问题。卢克甚至都能通过女儿描述事情的方式听出来，错的其实是她自己，但直接点出来，显然并不能给他加分。与此同时，他也不愿意违心地说孩子就做得对。还有一件事就是，孩子并没有征询他的建议。所以他可以这样说："有什么我能帮上忙的？"

斯蒂芬妮会立刻放松下来，因为她知道了，爸爸不会对她来上一大通说教。她能够感到被爸爸鼓励着，更加敞开心扉，分享自己的脆弱一面，甚至勇于承认，她认为在争论中的过错方，其实可能是她自己。

## 有效沟通的关键点

你可能会觉得本章的信息量很大，但总结一下，作为顾问型家长，最有用的经验法则如下。

- 开口前，先要为听众的接受度创造条件。如果你的孩子压根不愿听，那就不要白费口舌。先问一下"我能跟你讲讲吗"，除非孩子们同意，否则就闭嘴。
- 不要一遍又一遍地嘱咐他们同样的事。如果你告诉了孩子某件事，甚至可能后来又再次跟他们提醒过，他们就很难突然愿意听你去说这件事，并感激你能坚持跟他们一再反复地讲。所以，省省吧。每次我们全无效果地去跟孩子说一些事情，都会进一步削弱自己与他们沟通的能力。

相反，去想想伊索寓言中那个关于北风和太阳的奇妙故事吧。风和太阳争论谁更厉害，刚好有个人披着斗篷走来。他们一致同意，谁能脱下路人的斗篷，谁就是赢家。北风先出手，强风吹在那个人身上，而他只是把外套裹得更紧。随后，太阳的出现温暖了大地，先是温和，又有坚持，最终路人感觉实在暖和，于是就脱下斗篷，去树荫下休息了。

其中寓意，便是在武力与咆哮失效的地方，温和的举动与善意的劝说就能获胜。

我们给您的建议很简单——做太阳，别做北风。

第 3 章

# 不要在沟通中传递焦虑：

## 表现出信心和勇气

　　弗雷德·罗杰斯（Fred Rogers）是一位跟孩子沟通的高手。他告诉自己的作家朋友珍妮·玛丽·拉斯卡斯（Jeanne Marie Laskas），有好几招沟通方法是他从祖父与自己的沟通中学到的。"我还记得有一天，我奶奶和我妈妈都在跟我唠叨别爬高，让我快从高处下来。可我爷爷说：'他得学会自己做事，自己承担！'这句话我听进去了。我永远不会忘记，这句话展现出了多么巨大的支持。其实你也能理解我妈妈和我奶奶，她们担心孩子划伤，也生怕我摔出个三长两短。但我爷爷知道，事情并不这么简单。他知道有些东西，要比划痕与骨折更重要。那天的我最后还是爬上了那堵墙，还在墙头上跑来跑去。我永远都忘不了那天。"

后来，弗雷德·罗杰斯继续在"罗杰斯先生社区"中为孩子们制造一系列挑战，从一些困难甚至有些吓人的主题开始，却往往以让孩子们平稳、安全地回归平静生活作为结束。"如果人们能适应那种氛围，"他说，"人们就可以从中以自己的方式去获得成长。"[1] 罗杰斯先生把祖父告诉自己的道理进一步传达给更多孩子——在面对恐惧的时候，要表现出勇气和信心，而非传递焦虑。[2]

考虑到当下年轻人普遍的焦虑状态和抑郁程度，我们非常怀疑，太多的儿童和青少年其实并没有在沟通中得到勇气和信心。事实上，很多我们为了写好本书而访谈的孩子，以及许多来咨询我们的高度焦虑的客户，似乎都觉得他们从父母和其他成年人那里所感受到的主要情绪，就是"非常恐惧"。我们与西雅图的老师讨论过拒绝上学的二年级学生，与得克萨斯州的学校辅导员讨论过由于学校中的"压力"而惊恐发作的五年级男生，我们还与纽约的高中老师讨论过他们的所有学生都很焦虑这件事，而我们认为：孩子们并没有从成年人那里得到能给他们带来信心和勇气的信息。同样，我们与华盛顿特区的父母交流时，发现他们特别关注孩子的足球、戏剧、交友相关的事，便不由得会想，这些孩子会面对什么样的情况呢？我们反问自己，如果孩子觉得做任何没法帮自己进好大学的事都是在"浪费时间"，那孩子们如此焦虑，有什么可奇怪的？

不要误解我们——还有很多其他方面的信息也会让孩子们感到焦虑。学校教育经常强化一种"稀缺心态"，这种心态所传达的主要信息就是，通往长大后的成功生活的唯一道路，是一座让你一失足成千古恨的独木桥——你一旦跌落，就再无翻盘的可能。学校让学生们相互竞争，以争夺"最佳成就奖"，还一再强调一定要争取能被最好的大学录取，仿佛只有进入名牌大学的顶尖学生才有机会创造有意义的人生。于是，孩子们在社交生活和运动队伍中彼此不断竞争。社交媒体也带来了持续的攀比和竞争，并往往更加残酷，其结果是加剧了原本就伴随着大多数儿童和青少年的长期睡眠不足问题。

我们希望父母朝着这样的方向迈进：不要在家里向孩子传递焦虑。家庭其实和其他人际组织一样，在其领导者不高度焦虑、情绪不出现严重波动的情况下，运转最为良好。只有在这样的情况下，家庭对于其成员来说，才是在操劳一天过后能够回归的安全港湾。很多家长获知这件事后的第一反应是：虽然可以理解，但"你说得倒轻巧"。父母本身可能也想把家庭打造成一个安全的避风港，也想让孩子们可以去探索那堵高墙，能在上面跑来跑去、挑战极限，就算跌倒其实也无所谓——这样一来，孩子就能知道自己其实有能力战胜挑战、完成冒险。不过一旦挑战上升到了智力层面，父母就很难使用类似的方法去应对，亲子间也很难继续保持积极的沟通了。告诉你的孩子要勇于探索、敢于冒险，以及"一切都会好的，无论发生什么你都会在这里静静等待"——是一回事，但看着他们真的去做——那可就是另一回事了。咱们就这么说吧：当爹妈，真的挺让人提心吊胆的。爱一个孩子，代价之一便是要操碎了心。你也愿意让他们自己去碰钉子长教训，但同时又一再祈祷：能不能别让他们在这个过程中受伤害？

不去传递焦虑，并不意味着你要七乘二十四小时地淡定平和。也不意味着我们就永远不该担心孩子，更不意味着你就该高高兴兴地袖手旁观——总之，不意味着你一定要保证你的孩子永无压力。创造一个孩子身处其中不会遭受慢性压力摧残的环境，并不意味着我们要规避所有的分歧、突如其来的挑战或别的不够和谐的事物。正如我们在第2章所强调的，我们可以致力于去构建一个稳定、安全的家庭，让我们的孩子能够时不时地回来，以处理自己面对的压力，这样一来，他们就能培养出情绪上的韧性与信心，相信自己有能力去处理生活带给他们的一切。应对挑战可以强化前额叶皮质和杏仁核之间的联系，而且研究证明，这两者之间的强联系恰恰是一个人拥有抗挫力的典型标志。[3]

所谓不传递焦虑，其实意味着不负担过度的担忧或恐惧、不在情绪上有过激的反应，并且能以勇敢的态度去应对生活的挑战。如果我们自己能够不传递焦虑，我们就能更好地支持孩子本身的自主性，在他们接受挑战或体验困顿时，忍下我们自己所感受到的压力，然后帮助孩子们学会管理他们自己的焦虑。如果我们自己能够不传递焦虑，我们就能帮助我们的孩子发展出能够享受到成功滋味的大脑。我们已经记不住有多少次听到父母这样说——"孩子没有压力，哪里来的成功"，或者"要是孩子能考上好大学，那压力大点、睡眠少点也都值了"。事实并非如此。如果年轻人长期疲劳、压力过大、焦虑，或者更糟糕——感受到了严重的抑郁情绪，那他们也就没法去享受自己的成功了。再大的成就、再多的金钱、再高的名望，都抵不过一辈子容易被焦虑和抑郁所累的代价。

我们在不传递焦虑的同时，还可以通过传达以下信息来帮助孩子们实现可持续的自我发展：

> "这个世界其实是一个相当安全的地方。"
>
> "事情通常都会好起来的。"
>
> "不管你做什么，说什么，取得什么成就，我都爱你。"
>
> "你有能力管理好自己的生活。"
>
> "不是样样拔尖才能拥有伟大的人生。"
>
> "把事情搞砸，是学会把事情做好的必需一步。"
>
> "我不担心你。人活着，都要有几关闯闯。"
>
> "在这个世界上有成千上万种成功的方法。"
>
> "生活不仅仅是简单的赛跑，后来居上的情况多得是。"

我们并非建议你为了让孩子冷静，要先把自己冷静下来。育儿压力已经够大了，我们最不想做的就是在你的任务清单中再加上一个你实现不了的目标。事实上，我们的建议并不是要让你具体做些什么，而是要让你拥有某种状态。要想不传递焦虑，就得以一种不同于以往的方式看待事物，而这种方式会让你更不容易感到疲惫和有压力。所以是这样的，你构建的环境是拿来让孩子能从中受益的，但你其实也能在这个过程中获益。我们的目标是让你能更轻松地去以正确的视角看待事物，让你能向他人传递平静、勇气和信心，而非传递恐惧和犹疑。

## 我们该如何表达恐惧及焦虑，如何利用语言去平复与鼓舞他人

### 我们的语言

咱们先说最显而易见的。在我们说教、责骂、呵斥或批评他人时，在我们拿讽刺的语气故意跟孩子说反话时，或者在我们想让孩子感到内疚时，都会激活他们的杏仁核，引起他们的应激反应，迫使他们进入充满防备、行为固化、应对压力的状态。甚至，只要我们说"不要"或"别做"（这样的表达，小朋友们每天能听到几十次甚至上百次），也会使孩子的大脑（以及我们的大脑）释放出与恐惧和愤怒有关的化学物质，让他们倍感压力。有功能性脑成像研究表明，让你躺在磁共振仪中，仅仅在屏幕上看到"不"这个词，即使少于一秒，也会导致你的大脑突然释放出数十种与压力相关的激素和神经递质。[4] 相反，像"是的""爱""和平"这样的积极词汇则会激活前额叶皮质中与情绪调节有关的系统。[5] 还有个问题就是，像"不许"和"不能"这样的消极词汇，对孩子们而言，其实会产生比积极词汇更剧烈的影响。因此，研究人员苏尼亚·卢塔尔（Suniya Luthar）和约翰·戈特曼就表示，在与儿童和青少年沟通时，"负面表达比正面表达影响更大"。[6]

这项研究告诉我们一件事：在我们和孩子或伴侣的互动中，如果

消极的话语及消极的互动超过了积极的，亲密关系将会严重受损。约翰·戈特曼对夫妻关系的研究找到了一个用于维持双方的健康关系积极互动与消极互动的"神奇比例"：五比一。这也就意味着，伴侣之间的每一次负面感受或互动，都必须要有五次积极的感受或互动来加以弥补，双方关系才能保持健康。[7]因此，我们需要有意识地去使用更多、更强有力的积极词汇去表达爱意、关切、信任、尊重和欣赏，甚至将之打造成一种新的生活习惯。这是一些话术：

> - "我有没有跟你说过，我真的超喜欢你！"
> - "我怎么这么幸运，能有你们两个小家伙来做我的孩子？"
> - "你回家了我很开心。"
> - "真是非常有趣。咱们要赶快再来一次。"
> - "谢谢你能记得把盘子放进洗碗机。"
> - "昨晚看你上场比赛，我真的很开心。"
> - "今天做了这么多事，还能准时上床睡觉，我真佩服你。"
> - "你是个了不起的女儿。"
> - "你把餐桌布置得很棒！真的很谢谢你。"

美国知名的儿童焦虑问题专家邦妮·朱克（Bonnie Zucker）博士建议，我们要扮演一面友善的镜子，去反馈我们在孩子们身上看到的那些正面的个人品质。[8]比如"我注意到了你让他先走。你知道吗？你真是个很有礼貌的孩子"或者"你刚才跟那个独自坐在一旁的孩子聊了聊，对此我很欣慰"，甚至简单地说"昨天跟你聊天我很开心"。对那些在家庭中面对最大挑战的来访者，邦妮会跟他们说："我真的特别期待每周四，因为那是我们全家人能聚在一起，互相积极表达的日子。"我们访谈过的一位家长说，每次她和朋友打电话，都要确保儿子能无意中听到她在电话里表扬他。只要一个孩子能一遍又一遍地听到这些积极的评价，他就能开始用你看待他的方式去看待自己，同时既平和，又自信。

此外，若你的孩子要求做某件事，要试着创造条件去说"可以"，或者，至少别立即说"不行"。例如，可以说"咱俩来谈谈，看看能不能行得通"，或者"给我几分钟考虑一下，然后咱俩聊聊"，又或者"我现在还不确定，但就算我不得不拒绝你，我也真的很想试试，能不能找到一个适合你的备选方案"。

对消极语言的研究也告诉我们，当我们或孩子压力很大时，双方应该避免交谈。当压力来临时，压力相关的激素会抑制前额叶皮质，转由杏仁核去运作我们的大脑。这样一来，我们便更有可能采用消极的语言，一遍又一遍地就同一个愚蠢的话题不停争吵，甚至跟孩子找碴闹矛盾。如果我们和孩子双方都承受着压力，那沟通就是杏仁核与杏仁核之间的沟通，自然没什么好结果。所以最好还是先在心里默念一会儿"莫生气"，等心情平静下来。要时刻提醒自己，如果你很生气，但仍想让孩子弄清事理，或是你非常揪心，想跟孩子表达你的关切——那就先闭上嘴，去散会儿步，或者先简单冥想几分钟。只要你等一等，就能更好地去传达你的信息——你的听众也更容易接受。所谓推迟讨论，并不一定意味着只有等大家都冷静下来了，才能在一起解决问题，它指的是只有在所有人头脑冷静的情况下，大家才会真正聚焦于解决问题本身。

## 我们的问题

一遍又一遍地问孩子同样的问题，这个行为本身就会传递一种担忧，跟问题本身并无直接关系。其中最常见的当属"你今天没作业吗"或"你怎么没交作业"。不妨假设一下，你的孩子曾经在午餐时跟别的孩子闹过矛盾，那么你在放学后接她时问她"今天午餐吃的怎么样"似乎是完全合乎逻辑的。但你的问题，可能正聚焦于她今天刚从中缓过来的一件事，或者是她正努力去消化的一件事，甚至是她现在根本不想提也不想想起来的一件事。你这么问，向她暗示了你挺担心她的午餐。其实，只要你本身善于倾听，不管你问不问，她都会跟你讲吃午餐时有没有碰到什么麻烦。不过，你总是可以在不给孩子施压的情况下，找到一个能让你关注到孩子的平衡点，比如这么说："我知道你吃午餐的时候可能会碰到麻烦，不过我想定期了解一下情况。我们能在每周三花上几分钟讨论一下吗？"

## 我们自己的压力水平

当一个不传递焦虑的家长，对孩子还有另一个层面的积极影响：如果给婴儿的母亲安排一项能带来压力的任务，任务量越小，那她的婴儿的压力水平也就越小。可如果反过来，因为任务量太大而压力激增的母亲，要是触摸婴儿的话，婴儿的压力水平则会急剧上升。[9]

无独有偶，约翰·戈特曼在实验室中会采用两种方法——①询问父母双方彼此争执的程度；②测量孩子尿液中的皮质醇（一种主要的压力激素）水平——以衡量父母之间的冲突水平，这也说明父母的压力越大，孩子的压力也会遭遇牵连。[10]

在飞机上坐在一个焦虑的人身边，会让我们比平时更焦虑。看着别人做一件会带来压力的事情，也会让我们更有压力。与之类似，如果父母有压力，孩子们就会被"传染"。[11]孩子们甚至还能间接地体验到我们的压力，因为在我们感受到压力时，会变得不够热忱、不够深情、缺乏鼓励、不够专注、更倾向于拒绝孩子的要求，也更不支持孩子们自主行为——所有这些都会阻碍孩子体验到安全感和平静。[12]

除此之外，自身压力大的父母也更有可能对孩子的挫折或缺点反应过度，进而变得比孩子还沮丧。我俩的一个朋友至今还记得，每次他与恋人分手，他妈妈就要连续难过好几天。就算他本人都释怀了，妈妈都走不出来。

在你开始为孩子在生活中遭遇每一次压力而感到痛苦时，请先放松一下。这样做能帮助孩子们接受自身的情绪感受，也会帮助我们接受我们自身的情绪感受。我们并不是说，你永远都不需要担心自家孩子——这也不太可能真正做到。我们所强调的，是你需要去接纳自己的感觉，并尽己所能地平和地与他人沟通。只要有平和、淡定的父母在身边，孩子们就会拥有承担合理风险的良性基础。[13] 小孩子们会真切地看到父母的反应，并得到这样的信息："我不害怕，你也不用害怕。"奈德的孪生兄弟史蒂夫是一名医护人员，他经常要直面严峻的挑战。有时，病患或伤者的家人会非常惶恐（这可以理解），史蒂夫则会平静地说："我不慌，我认为现在你最好也别慌。要是你愿意的话，该慌的时候，我再告诉你。"同样，经常陷入极端境地的海豹突击队也有这样一句口头禅——"冷静能传染"。

冷静平和的父母也更容易展现出热忱与深情，这同样有助于孩子培养抗压能力。在一项对大鼠的研究中，大鼠宝宝在经历了压力后，如果被母亲舔舐和照料（换句话说，也就是养育）过，在长大后几乎就不可能再感受到压力了，以至于它们甚至被学界戏称为"加州悠闲鼠"。无论照料它们的鼠妈妈是亲生母亲还是"代养妈妈"，结论都成立。换句话说，动物的抗挫力并非来自遗传，它是外界的安抚和呵护创造出来的。[14]

## 我们的同情心

很多家长会觉得"担心孩子"并没什么问题。如果他们患有严重的疾病，甚至有残疾，难道不该担心吗？如果他们没有朋友，难道不该担心吗？如果孩子的两个最好的朋友都进了篮球队，而他自己却没被选进去，难道不该担心吗？什么样的怪物家长，才会不为这样的孩子们感到难过呢？不过，既然我们不想让孩子自怨自艾，那也许我们本身也不该替他们去感到难过。我们应该努力去传递勇气，而不是传递恐惧或自怜。正如我们在第 1 章中所说，你可以承认并确认他们的感觉，比如："是的，我能感到这让你觉得很受伤。"但在这种承认的基础上，还要表达出对他们有一种平和的信心，信任孩子们可以自己处理好。他们会受伤，但一旦伤口弥合（一定会弥合的）他们就可以变得更加强大。要用同理心而不是同情心去表明：我们关爱与接纳孩子本来的样子——无论这本来的样子究竟是什么。

## 如果我们选择了逃避

焦虑的主要表现就是逃避。治疗焦虑的方法中，最好的方法之一便是"暴露疗法"。通过这一手段，孩子们能逐渐学会面对自身的恐惧，知道自己其实能够处理好那些曾经误以为无力应对的事情。父母在这一过程中的作用应该是支持，而非敦促或迁就孩子去逃避。我们见过很多头脑冷静的父母用了无数种方式来让他们焦虑的孩子免于不适——让孩子睡在爸妈的床上；孩子害羞，就要求老师别在课堂上对他提问；如果孩子害怕独处，那就寸步不离，随叫随到。在第 5 章中，我们将更多地讨论逃避、迁就，以及一个旨在帮助父母更少去妥协于孩子需求的新计划。

研究儿童焦虑的专家乔纳森·道尔顿（Jonathan Dalton）曾建议过，孩子高度焦虑时，父母可以用"银行柜员的声音"来确认孩子的情绪（"我理解这会让你特别焦虑"），然后再追问："当你有了这种感觉，你会跟自己说些什么呢？"如果父母自己能给孩子提供一些应对的语言（"一次进步一点点"或"我一定能做到"），这些提示的确会暂时帮到孩子，但这种辅导却并不能让孩子发展出靠自己找到应对方法所需的技能。[15] 不过后退一步想，这事毕竟说起来容易做起来难，在等待孩子进入状态应对困难的同时，"总要做点什么"会给家长带来巨大的压力。但在家长学会不去传递焦虑后，这种压力所带来的负面影响就会大大降低。

## 如果我们能做好表率，改变思维方式

根据认知行为疗法，大多数引发焦虑的思维都是扭曲的或者缺乏理性，其中大部分可归进三个大类。[16]

- "灾难化思维"，也就是小题大做。这种情况下，人们会把最糟糕的事假设为最有可能发生的事，说出这样的话："要是你不上代数课，你这辈子都会受影响"，或者"要是你继续争辩，那你就可能要失去所有的朋友了"。我们自己越能正确地看待事情，我们就越能帮助孩子们学会不要过激地反应、总是想着最坏的情况。
- "理应思维"。[17] 比如"你这么聪明，理应做得比现在更好"或"你就应该更刻苦地去练习"。可这个"理应"由谁说了算？又写在何处呢？如果我们能用"我想要做"代替"我应该做"或"我必须做"，心理健康将十分受益。这是从一种基于恐惧感的被动义务心态到一种主动选择心态的转变，我们如果使用强调主动选择的语言，就能减少孩子的焦虑。
- "财富思维"。包括这样的表达——"你要是不好好学外语，你的整个未来都要受影响"。但说到底，其实并没有人真正知道你会不会受影响——养育之中，并没有能预知未来的水晶球。记得提醒自己和孩子，我们其实并不知道事态一定会如何发展，这也能降低全家人的心理温度，让人不至于总是那么焦躁。

我们有时难免会陷入这些错误的思维模式。因此，当你意识到自己有了"灾难化思维""理应思维"或"财富思维"，最好能悬崖勒马。要让孩子听到你对这些非理性的想法的反驳。"我发现自己胡乱假设，掉进了一个兔子洞……其实这么想并没有什么道理。"

### 如果我们鼓舞孩子时用力过猛

努力让孩子们振作起来，这没有错；但一不留神，这种做法就可能会在几个方面起到适得其反的效果。例如，在新冠疫情期间，大家待在家里不能外出的时候，奈德的女儿凯蒂，在某天的晚餐时间情绪非常低落。奈德温柔地问，有什么他能帮上忙的，或者有什么她想聊聊的。可女儿只是摇了摇头，耸了耸肩。瓦妮莎试着拿自己愉快的心情来调动孩子的情绪，还指出了待在家里的各种好处。但凯蒂并不吃这套。奈德走过去，对瓦妮莎温和地说："我知道，你尽己所能地想让她感觉好一点。但我的直觉是，她现在有理由难过，或者想要难受一会儿。我不觉得咱们试着剥夺她的这种权利能真的对她有好处。所以，让咱俩先接受她的难过心情吧。"

此刻的奈德，其实脑海中一直萦绕着来自电影《头脑特工队》中的场景："乐乐"竭尽全力、又蹦又跳，就是为了把闷闷不乐的"忧忧"哄开心。但如果我们想让孩子发展出情绪上的韧性，就不能总是主动把他们从痛苦的情绪中拉出来。如果作为父母，我们只是通过压制、要挟和转移孩子的注意力等方法来应对孩子们的悲伤、愤怒和恐惧，那他们就永远不必直接面对这些重要的感觉。而实际上，这些感觉也在帮助他们去理解这个世界。家长有时会给孩子传递这样的信息：这些负面的感觉是有问题的。我们在不知不觉中让孩子们觉得"家长不喜欢"这些感觉，这就导致他们在真正需要跟我们表达这些感受的时候，不敢开口。奈德和瓦妮莎真正想要的，是不要让他们和凯蒂之间的隔阂变成一堵过高的墙，这样一来，只要女儿需要帮助，她就能很容易地翻过来。

### 如果我们盯得太紧

我们还发现一个特别令人担忧的趋势，那就是家长越来越多地侵扰儿童的私人空间，这大大降低了孩子的控制感。这种情况始于大人参与监督或指导那些本来由孩子自己来完成的游戏——比如一些团队体育活动，以及家长对孩子玩电子游戏的管理。尤其是在当下学校开始鼓励家长在网上持续监督孩子的学习成绩与跟进学校安排的作业后，情况变得愈发严重。我们最近关注的，是类似于 Life360 这样的 App 逐渐流行开来——这类 App 让父母可以随时盯着孩子的行踪。我们曾在一所大多家长都盯着自家孩子行踪的学校授课，我们也见过一些家长，在上大学的孩子本人不知情的情况下，跟踪着他们的一举一动。

大多数家长之所以会使用这些 App，是因为只要能随时知道孩子在哪里，自己就可以不至于那么焦虑。但是和家长采用的其他形式的过度管控一样，家长为降低自己的焦虑而做的事会让孩子更加焦虑。我们猜测，能够监视孩子的行踪给了家长一种"掌控的错觉"。虽然这降低了家长的压力，但事实是，就算家长十分努力，也没法真正彻底地保证孩子们的安全。我们两个还担心，密切监控孩子会降低他们的安全感，因为它传递了这样的信息：

- 我不信任你。
- 世界太危险了，我需要每分每秒都知道你在哪里。
- 要是有十分钟我不知道你在哪儿，我就焦虑得受不了。
- 若没有我盯着，你就不可能安全。

倘若我们能放松这种监控，并努力传达以下这些内容，孩子们便会更有安全感，我们也不至于那么焦虑：

- 我相信你能照顾好自己，在需要的时候也懂得去寻求帮助。
- 我不必时时刻刻都知道你在哪里。
- 你不需要我全天候监控你的一举一动。

> - 我没法保护你一辈子不碰糟心事。
> - 让我们一起想想，有哪些保护自身安全的好办法。
> - 总有很多我们可能会害怕的事，但这并不意味着我们就要一直担惊
>   受怕。

## 帮助真正处于危险中的孩子：表达关切与有效鼓舞

恐惧感可能会传染，不过平和冷静也会。[18]只要你可以平静地向对方表达关切，那你传递的就是勇气而不是恐惧。如果你觉得关切与恐惧之间仅有一线之隔，那你的感觉很正确。我们发现沟通的效果往往不在于谈什么，而在于怎么谈。想象一个青春期的孩子和妈妈的对话吧。

孩子：嘿，妈妈，我能出去骑会儿自行车吗？
妈妈：我不同意，外面很黑。
孩子：那我戴个头灯呢？
妈妈：但你的自行车没灯啊，你姐的自行车上有灯，但你的没有。晚上骑
　　　谁的车也不能骑你的车啊！

妈妈的表达其实很准确：大晚上骑自行车，的确很危险。但她的回应是从"不行，因为太危险了"这一结论开始的，然后才为自己的立场创建了案例来加以解释。她向儿子传达的是"这件事上，你应该比你所表现出来的更害怕些"。我们的建议与之相反，是在得出结论之前先尝试合作解决问题。比起说"我不同意"，她可以说："嗯，我有些担心，但咱们可以一起考虑一下这事。"这样，除了表达爱意之外，她还表达了她对孩子的想法的尊重，让他觉得自己也是值得信任的。

奈德之前在亚利桑那州徒步旅行时，遇到过一家人，他们也在徒步。他们一起走了一段，也聊了一会儿。虽然谈话轻松有趣，但这家人

中的妈妈每隔一句话就要暂停一下，扭头告诉她上小学的孩子们："小心点！"

虽然亚利桑那州的确有几条比较危险的徒步路线，但当天那条其实相当安全，没有悬崖峭壁，只有一些要爬过的枯枝和几条要蹚过的小溪。如果她能有一些更具体的表达，比如，"哦，咱们过河时要集中注意力呀"或"注意这根伸出来的树枝"，她就可以将自己的焦虑感加以转化，将它变成一种来自有经验的徒步者的关切指导。再次强调，方式不同，会导致效果的巨大区别。

黑人家庭的父母会告诉我们，他们尤其担心自己在表达担忧的同时，会过度诱发孩子的恐惧感。这么想，其实有着充分的理由。举个例子，他们担心外界对孩子的期待——比如老师们不指望他们的孩子能达到跟其他人一样的水平，或者觉得表现平平的孩子就已经算是"很好了"。有研究表明，即使教师本身在意图上无可挑剔，但刻板印象的负面影响仍然存在。[19]

"我们必须加倍优秀，才能得到一半的重视。"这句话我们常听来访者反复提起。一位黑人妈妈还记得，她曾和另一个白人家庭同时带女儿去参加学校招生面试。白人一家穿着朴素——父亲戴着棒球帽，儿子穿着匡威鞋。而另一头，"我女儿梳着一个芭蕾舞演员的发髻，穿着上教堂才穿的衣服"。女儿问为什么别人都不打扮，自己却要精心梳妆打扮一番。于是这位妈妈坐下来跟孩子解释。"我女儿三年级的时候，我和她有过这样的对话。"她跟我们说，"我告诉她，有时候人们就算根本不认识你，可他们的脑海中依然会有一些跟你有关的想法。我不想跟孩子去描绘这个世界的阴暗面，但没办法，我没有能避开这种对话的福分。"

这些对话无疑给孩子带来了负担。另一位黑人家长跟我们说："我还没有和孩子进行过这样的对话。但我记得自己小时候，曾经被这么反复提醒过。我记得我总是承担压力，要求自己尽善尽美、比别人更努力。"

我们也听说过，考虑到相关的风险与利害，很多人其实无法避免地要直面这种痛苦（甚至算得上是创伤）的经历。这些父母会表达说，作为家里那个黑人少年的家长，你能不跟孩子好好谈谈倘若被警察拦下来了，可能会发生什么事吗？当然，如果我们能生活在一个父母觉得大可以告诉他放轻松些，而且他们自己也觉得可以放轻松些的世界，那就太好了，可惜这并非现实。在没法向孩子解释本质原因的情况下，你又该怎么跟孩子解释，为什么她就是要穿得跟别人不一样？这显然是一个复杂的问题，已经有许多优秀的书籍对其有过讨论。我推荐你可以从《刻板印象：我们为何歧视与被歧视》《来谈谈种族》（*So You Want to Talk about Race*）以及《偏见》（*Biased*）这三本非虚构文学类作品，以及《你给的仇恨》（*The Hate You Give*）这本小说开始读起。

一位叫苏菲的黑人妈妈提出过这样一个可能有效的解决方案。她说，每次看到有手无寸铁的黑人男性被枪杀的新闻报道时，她就会跟自己的孩子们——一个六年级，一个七年级，一个九年级——一起看相关报道，并以此来对他们进行教育。苏菲正在上九年级的大儿子想知道，为什么在几年前，妈妈不曾跟他分享过这些内容。"我其实有一点点明白，你当年为什么不这么做。"他说，"但是能不能跟我分享一下，你觉得我应该为之做好什么准备。"这种对孩子的开放性其实可以追溯到弗雷德·罗杰斯当年的策略：孩子们通过一些可怕的事情获得经验与教训，而家是帮他们平复下来的避风港。所谓安全，并不意味着要劝孩子盲目乐观、向孩子们保证他们不受伤害，而是要表达："这种情况会发生的确很不公平，但我还是相信你能处理好。而我这里有一些你可以注意一下、以备不时之需的工具和技术。"

苏菲谈到自己的儿子时，说："我不认为我去年跟他的第一次谈话没效果。今年，他第一次逛商场的时候就问我'我能穿帽衫吗'，想穿就穿呗，没啥大不了的。"

# 让家成为避风港

父母最重要的任务之一，是保障家庭始终是个足够安全的地方，能让孩子们在走进风险重重的世界之前精神振奋、情绪饱满。他们会遭遇怎样的欺侮、遭受怎样的失落，是你无法控制的。但你还是能做很多事情，让家成为他们能够放心回归的安全屋。

**设立好"复原时光"。**如果没有经历一些压力事件，那就没有机会让情绪韧性获得发展。孩子们需要亲身应对压力，也需要有用来恢复状态的时间及空间。这就类似于强化肌肉的过程——铆足了力气用劲，激活它，这之后再喝点巧克力牛奶、吃点香蕉什么的。无论以何种形式实现，都要给复原时光预留空间。某位烦躁的妈妈在谈到女儿要期末考试的那一周时，说道："考试以外的时间，她全都拿来陪朋友了，这么做有啥好处呢？"其实，朋友恰恰就像她需要用来恢复状态的巧克力牛奶和香蕉一样。如果你知道马上就能休息了，那你就能在当下更努力地再推自己一把。

**将短期、温和的压力重新定义为积极的压力。**同样，虽然长期和极端的压力状态对大脑和身体非常不好，但有一些压力其实是可以接受的，甚至是为了达到最佳表现不可或缺的。所以，如果你的孩子感到有压力，那可以告诉他们，压力其实也有好处。威斯康星大学的一项研究分析了某项大型健康调查的数据，得出的结论是，如果我们越不担心压力和焦虑，那压力和焦虑所带来的危害就越小。[20]正如心理学家艾丽西亚·克拉克（Alicia Clark）所说，如果我们对焦虑能少一些恐惧、多一点拥抱的话，它就会成为我们的盟友。克拉克还推荐了三种方法来"破解"你的焦虑——或者说控制你对焦虑的看法，这样一来，你就可以把焦虑当作一种可调用的资源。第一，把焦虑看作一个有益的信号，它说明存在着需要解决的问题。第二，给这种感觉贴上标签，用这种方式，你可以控制你对它的体验。例如，你为自己的表现被评估而感到焦虑，那么，可以重新将之解释成兴奋，或者解释成你的大脑正努力进入让你的表现更上一层楼的模式。第三，瞄准严重焦虑和压力不足之间的"甜蜜点"来获取动力。[21]

**加入幽默元素。**当奈德的孩子们不开心时，奈德常讲些或者用手机发一些愚蠢的"敲门笑话"，有时甚至写好后从紧闭的门下面的门缝中塞进孩子的房间。这些笑话不一定都那么有趣，但的确有时会带来一阵咯咯咯的笑声。当然，这笑声可能只是在嘲笑奈德"怎么这么老土"。我们不建议家长习惯性地去说服孩子不要那么不快乐，但自古以来都有人说，欢笑是一剂良药，对此我们深表赞同。[22] 如果我们给别人塞纸条，想帮他减轻点负担时，很明显，写一首真诚的十四行诗，效果肯定不如写上一段玩笑话。共享欢声笑语也会加强人与人之间的联结，可以提醒孩子我们就在他们身边——在这段疯狂的人生旅程中，他们并不孤单。

**好好享受孩子现在的样子。**我们在上一本书中就给出过这个建议，至今这仍然是我们所提出的最受家长欢迎的方法之一。还记得孩子尚在襁褓中时，你看孩子的眼神吗——满满的都是惊奇。这其实就是在以最自然的方式来传递这样的信息："我无条件地爱着你本来的样子，你不需要为了让我更爱你而改变什么，或者提升什么。"这个简单的提醒并不涉及什么教你具体怎么说、怎么做的脚本，但把孩子小时候的照片翻出来看一看，可能会很有帮助，因为这样能让你更容易抓到我们所说的那种感觉。

**提醒孩子，他们其实可以控制自己的情绪反应。**埃莉诺·罗斯福（Eleanor Roosevelt）有句名言："未经你的同意，没人能让你自卑。"她的智慧箴言强调了我们可以主动去选择对生活中的事件作何情感上的反应，进而强调了我们对自身情感所负有的责任。这同时也是认知行为疗法中的核心洞见之一，即我们的大部分焦虑和情绪困扰都源于我们自己对已经或可能发生在我们身上的事情的思考，而这种思考通常都是非理性的甚至扭曲的。埃莉诺的这句简洁的警句也提醒着我们，我们的疲劳程度与恢复程度同样影响着我们情绪反应的好坏，我们并不是只能做出一种反应，而且其他人的反应很可能也与我们的不同。

看完第1章，你就能猜到，我们压根就不建议你去试图说服一个孩子脱离他的情感体验。如果孩子表示"你惹我生气了"，我们当然想搞清楚他当时究竟是什么感觉，但随着时间的推移，我们其实更该教孩子明白，事实上，别人没法让我们生气，我们是通过解读他人说的话、做的事，自己把自己搞生气的。

在你的孩子真的特别纠结，而你也不知道该说什么的时候，先什么也别说。先去减轻你自己的压力，千万不要口不择言。做出正确的行动指导，或者先疗愈一下自己的痛苦。你最该做的事，通常就是简单地和孩子坐在一起，见证他们自己去应对麻烦，同时什么也别说。

## 最重要的努力都得靠自己

在过去的几年里，比尔所评估过的儿童中，大多都被诊断出患有焦虑症，并且通常还伴随着注意力、学习或社交方面的问题。在父母问他们能做些什么以提供帮助时，其实很少会想到，他们能做的最重要的事情之一，就是尽可能有效地管理自身的焦虑。的确如此，如果孩子成绩不好，我们的工作重心往往该放在自己身上。约翰斯·霍普金斯大学的一项研究表明，如果你让整个家庭——包括父母在内——都参与能减轻压力的干预项目，孩子患焦虑症的概率就会下降很多。[23] 很明显，虽然孩子的焦虑并非我们的过错，但为了帮助孩子管理好焦虑，我们还是可以在自己身上做很多工作。（再次提醒，第5章中对此有更多的介绍。）在利用心理学技术帮助自我的领域，已故的伟大心理学家韦恩·戴尔（Wayne Dyer）曾说过，我们越快乐，我们的孩子就越不会觉得有必要去担心我们，也越不会觉得他们该为我们的快乐承担责任。除此之外，我们还会把自己的平和淡定传递给他们。

只要我们真正去努力，平静就会变成我们身上的一层保护膜——就算我们没有意识到，它也总是覆盖在我们身上。自从比尔开始做冥想以来，很多人都对他说，他能带动别人平静下来——即使他内心并不感到特别平静。练习着去保持平静，等到了一定程度，你就能开始散发出平静的影响力，让周围的环境与人群跟着你一起平静下来。

还有很多方法可以帮你管理焦虑。你可能已经知道这样的基本事实：睡眠、锻炼、对自己好一点，这些都有助于降低焦虑水平。如果你有伴侣的话，在这段关系中投入精力亦对你有好处。处理好自己的焦虑，并不比帮孩子处理他的焦虑更次要。我们二人也是正念冥想的坚定支持者。没有平和的家庭成员，就没有平和的家庭氛围。比尔和他的妻子斯塔尔在孩子们的成长过程中定期冥想，虽然孩子有时会因为有这样一双"怪异"的父母而感到尴尬，但比尔的儿子最近说，每当回想起童年时代的家庭氛围，他都能记起父母在冥想，而这让家庭的整个氛围都十分平和宁静。事实上，已经有许多研究表明，冥想练习甚至能够降低社会大环境中的压力、攻击性和犯罪率。[24]

我们认识这样一个十三岁的男孩，多年以来跟父亲的关系都非常别扭。就在一年前，他父亲学会了冥想，之后便强调冥想改变了他与儿子间的关系。他说："对他以前做的那些会惹毛我的事，我现在已经无感了。一开始，是有点奇怪。我也会想，'我得有点什么反应，好让他知道不能这么干'，但我这种不易被激怒的状态保持了几个月后，我儿子身上那些曾经困扰我的行为便无影无踪了。我认为是冥想帮助我改变了我们父子的相处模式。"孩子其实也能注意到父母的变化。有一个患有自闭症的十几岁男孩曾和母亲一起学习冥想，几个月后，一位记者采访他，问他通过冥想注意到了什么。男孩回答说："冥想让头脑平静，也让妈妈平静。"

　　把自己的幸福和孩子的幸福分开，这是为人父母终其一生应该追求的。但冥想依然是能同时让家长和孩子有所收益的事情，所以也是你能开始尝试的最佳实践之一。对有药物滥用问题的青少年和年轻人的父母来说，最重要的建议之一，便是要努力把自己的幸福快乐与孩子有没有服用药物这件事分开。我们发现，就算孩子的问题不太严重，这种"情绪分离"对父母也同样重要。这么做实际上很难，毕竟"你孩子的幸福感的下限，就是你的幸福感的上限"这句话还是有道理的。但如果我们认为自己的精神状态与孩子们的精神状态有着千丝万缕、挥之不去的复杂关联，那便会带来纠葛的情感和相互间过度的依赖；这种情况下，孩子一旦遭遇了挑战，就会连带损耗家庭中过多的资源。要想把你自己的工作分离出来，需要不止一点的努力和警觉。有这样一种想法会蛊惑你：要是我的孩子在跟生活死磕，那是不是说明我做得不到位？那请你时刻记住，纵然孩子是你养大的，但他们毕竟不是你。为了大家的利益考虑，你需要兼顾多种不同的身份。如果孩子不快乐，你就快乐不起来，那你可能会频繁敦促孩子"快快好起来"，进而磨损你与孩子的关系以及你能给孩子带来真正的帮助的能力。

　　所以我们才建议，在跟孩子说话之前，先把话对自己说一遍。在你把话说给自己听的时候，有四个关键点需要提醒，我们将之拆解并缩写为 W.A.V.E.。

## 自我对话：W.A.V.E. 的方法

　　（Whose life is it？）这究竟是谁的生活？你还可以再加上几句，比如"谁该为之负责"和"这是谁的问题"。记住，如果这是你的孩子的问题，那这就是他的问题；就算你不把它们当作自己的问题，也没关系。我们认识许多父母，只要孩子不开心，他们就绝不会出门去享受自己的生活，因为他们觉得自己必须待在家里，能够随叫随到，以备不时之需。就在最近，我们听到一位全职母亲跟我们表达，她把自己的一生都奉献给了儿子，孩子需要她每时每刻的关注——其实对我们来说，这个消息并不算是好消息。如果你也有类似的情况，那就请改变你的做法。走出家门，找点乐子，见见朋友，允许自己无忧无虑那么一会儿。这样一来，你在回家以后状态就会更好。[25]安排跟伴侣的定期约会，不管你的孩子是在忙活什么大项目，还是简简单单玩游戏，都别打乱自己的约会日程。专注于你与伴侣的关系，维护你自身的利益，照顾好你自己，这些就是你能为孩子做的最好的事情中的一些。

（Accompany）陪伴。你确实要扮演好"父母"这样一个举足轻重的角色，但请注意，你是来帮忙的，不是来指挥的。

（View with perspective）视角。我们需要切换不同的视角，去看待父母这一角色。要透过长远的眼光，去提醒自己什么才真正重要。从大局来看，孩子其实也希望自己的生活能越来越好。只不过其进展未必有你想要的那么快，但还是要相信孩子。

（Explore your angst）探索你的焦虑。如果你替孩子感到焦虑、担忧或难过，我们鼓励你去问自己一些问题，它们出自巴里·尼尔·考夫曼（Barry Neil Kaufman）的著作《爱他，就与他开心相处》（*To Love Is to Be Happy With*）——"让你不开心的（或者担忧的、生气的）究竟是什么""这件事怎么就让你不开心了呢""要是你对这件事没有那么不开心的话，你担心会发生什么情况呢"。[26]

多年以来，比尔一直在用最后一个问题去问那些家长。他们总是如此回应——"要是我不那么担惊受怕不开心，就说明我是个既不关心孩子，又没有同理心的妈妈呀"，或者"如果我没那么难过，我就没有帮助孩子的动力"。比尔接下来会问，"'没那么难过'真能说明你对孩子一点同理心都没有吗"，或者"你的意思是单单靠对孩子的爱，并不能让你尽己所能去帮孩子吗"。在每一个案例中，父母都能意识到，他们其实不需要背负那些负面的情绪，也能成为一个给孩子带来无条件的爱的好家长。

就算感到压力、恐惧或不安的是我们两个，我们也会对自己提出一样的问题、做一样的工作。事实上，我们在濒临本书交稿日期，却还没有写完时，就实践了这么一把。我们用自己的价值观重新审视了逾期交稿这件事，并意识到了，比起在截止日期前完成工作，我们更在意好好地向本书受众传播我们的毕生所学。与之类似，你也可以拆解自己的核心动机：作为父母，我该做的就是好好爱子女，帮他们弄清楚自己想成为什么样的人、想过什么样的生活，以及如何达成这些目标。只要你以这种方式保持对自身价值观的专注，你的压力便会降低，你也更容易摆脱由恐惧驱动的思维。如果我们能以更宏观的视角看待事物，我们往往能感到更幸福、更有成就感。我们可以经常提醒自己别忘了那些我们最强调的价值观和最核心的动机——这能带来更为广阔的视角，提醒我们眼前的糟心事其实没多么大不了。

## 今晚怎么做

我不想让孩子焦虑，但我无法否认自己现在真的压力很大。首先是新冠疫情导致的居家隔离让我们的日子很难过，家庭的支出和开销也越来越难承担。我不知道该怎么跟孩子们隐藏我所有的忧心事。

在你感到压力时（身处你的情况，谁能没压力呢？），最好去和你的孩子一起面对。如果说的是一回事，但脸上的表情又是另一回事儿，那展现出的只有深深的担忧。要是你尽了最大的努力也无法掩饰自身的压力，那不妨直面这种情况，跟大家解释一下你正在做些什么以应对挑战。事实上，美国疾病控制和预防中心（CDC）对于新冠疫情危机期间人际沟通的指导建议就是其提出的应对新冠疫情六大规则之一。[27] 你最值得做的事很可能就是要加倍努力去管理自身的压力，而你对孩子来说，是不可替代的榜样。

我们也是"全然接纳"这一处世哲学的坚定拥趸，这一哲学的重点就是要接纳世界本来的模样。其中有这样一个基本观点，就是没有任何证据能够表明世界的运转方式应该与现在的实际情况有所不同。这并不意味着我们不该努力去让世界变得更好——因为世界本来就该越变越好。正如作家、演说家拜伦·凯蒂（Byron Katie）所说："我热爱真实，并不是因为我在精神上有多高的追求，而是因为每次与现实碰撞，我都会遭受痛苦。""全然接纳"也认为你最该做的事情就是与当下和解，因为我们无法预测未来，而且我们所有人都知道，看似灾难的事物也同样可能会带来机遇，有"危"也就有"机"。仅仅靠本书这么些章节中的几个段落，显然不能全面阐述这样一种需要去终身实践的生活哲学，所以我们在此推荐大家阅读拜伦·凯蒂的作品，尤其是她的著作《一念之转》（*Loving What Is*）。

你是说我为了不让孩子压力太大，永远都不能生孩子的气吗？这不可能做到的吧。

说得没错。打造一个避风港，并不意味着因为担心孩子压力大，你就必须不停地播放着舒缓的音乐，或者绝对不能在接孩子的时候埋怨几句。孩子本身也需要处理强烈情绪感受的经验。所以要是他把脏盘子丢进水槽压根不管，你还是要生气！但还是要记住那条秘诀——"先等我冷静下来再说"。正如我们在第1章中所说，始终都要拿前额叶与前额叶之间的沟通作为交流目标。还有就是，发了脾气要道歉。这也是传达爱和尊重的一种非常棒的方法。

我七岁的女儿特别敏感焦虑。她其实也知道，那些她担心的事情，如果放在她朋友们身上，根本就不算事儿。我该如何用她能理解的方式去向她解释她的焦虑呢？

我们建议你这样说："你是一个非常敏感的孩子，这说明你能更深刻地觉察到自己和别人的感受，所以你是一个特别棒的人！但这么敏感其实也不容易，因为这意味着你比较容易感受到压力。你大脑中有一个部分，叫作杏仁核，它不会思考，只会感知是不是有什么可怕的东西出现。就像个烟雾报警器一样，有的时候，就算没有烟雾，它也会响。这个杏仁核，每个人都有，但你的尤其敏感些。你大脑还有另一个部分，叫作前额叶皮质，你可以把它想象成一个领航员。领航员特别擅长解决问题，也能让你平静下来，可如果你有压力，它的功能就不太能发挥出来了。所以，关键就是要确保是有领航员在监控你的报警系统。有一些事情，你做了有好处，比如好好睡觉、好好运动。领航员就可以发号施令了：'嘿，烟雾报警器！没有烟！'或者提出这样的问题：'能发生的最差状况是什么？要是真发生了，我能应对得了吗？'我相信你，一定能应对的！"

## 有效沟通实操案例分析

凯文是一个七年级的学生，他一整周都非常忙，又是排练戏剧，又是练习足球。有一天晚上，他直到晚上 9 点后才回到家，因为太累，完成不了英语老师布置的作文，所以妈妈肯德拉建议他直接去睡觉，第二天一早会叫醒他。

第二天早上，肯德拉按照承诺早早地叫醒了凯文，然后就忙着帮另外两个孩子准备上学去了。同大多数家庭一样，他们一家人也是在早上最为忙碌。

凯文拿出本子，有点惊慌地说："完了，我没有记我要写的作文的题目。"

此时的肯德拉还没喝完她今天第一杯咖啡，说："还有三十分钟就要去上学了，你现在才发现？"

凯文说："这又不是我的错。布朗老师自己时间管理做得不好，留作文题留得太晚了嘛。"

"凯文，别推卸责任给布朗老师。明明就是你自己搞砸的。难道说班上其他同学都做不成这项作业吗？你什么时候才能开始担点责任啊？"肯德拉很焦虑，她有无数的事情要忙，根本无暇处理这件事。她还想起了自己的妹妹贝丝，凯文把事情搞砸时候的状态，跟她一模一样。贝丝总在时间不够用时、搞丢借来的东西时、把事情搞砸时怪罪别人。肯德拉坚信，这是因为她俩的父母从没在贝丝小时候追究过她的责任导致的。肯德拉下决心不能在凯文身上犯下同样的错误。

结果此时的凯文因为没完成作业而压力巨大，而妈妈的宣泄和说教又让一切都变得更糟。他的前额叶皮质完全失控，杏仁核接管了全局。局面也因此变得一发不可收拾。家庭作业没能完成，大喊大叫接踵而至，凯文的兄弟姐妹们则被"传染"了压力。最后人人迟到，心情全糟。

我们不妨想象一下，把整件事的发展加以转换：

凯文有点惊慌地说："完了，我没有记我要写的作文的题目。"

此时的肯德拉先接着喝今早的咖啡。她内心想着：这孩子昨晚怎么就没想着要记好作文题呢？不过话说回来，他并不具备一个四十五岁女性的大脑，所以我不该指望着他能像我一样去思考。还有就是，不管怎样，这是他的问题，不是我的问题。她并没有跟孩子分享任何自己的内心活动，只是说："呃，你一定压力挺大的吧。"

"是啊，我还挺懊恼。布朗老师自己时间管理做得不好，直到最后才留作文题。当时我没来得及抄下来。"

肯德拉不喜欢凯文这样推卸责任。但她阻止了自己去胡思乱想——比如作为一个毫无责任心的人，他未来可能是什么样子。并没有证据表明他会变成他贝丝阿姨那样，与此相关的想法在此时也不会有什么积极作用。等晚上回来一家人吃饭的时候，她打算问问孩子，是不是需要帮助他提高一下自己的组织能力。她想做的，是帮助儿子，而不是挽救儿子；她不想做的，是生一肚子气，把整个早晨搞得一团糟，这对所有人都没好处。

"嗯，"她平静地说，"不知道有没有什么办法，能让你知道题目是什么？比如给你同学打个电话问问？还是你有别的什么想法？"

因为肯德拉很冷静，她就帮助凯文调用起了他大脑中的前额叶皮质。凯文想了一会儿，说："我敢说布朗老师肯定把题目发表在班级论坛上了。能借你的手机查一下吗？"

肯德拉把手机借给了他，凯文顺利地找到了作文题目。他用了十五分钟写好了作文，没有人迟到，也没有人承担任何本就不必要的压力。

在一个冬天的周末，富兰克林一家人外出游玩，在回家路上，八岁的女儿曼迪恳求爸妈带她去玩雪道滑梯。因为绕道，这要给漫长的回家车程再加上一个小时，所以爸妈一开始并不愿意，但耐不住孩子再三恳求，最后他们还是妥协了。他们去雪道滑梯给女儿买了一张票。她只滑了一次，就立刻哭了起来。"太吓人了，"她说，"我不喜欢，咱们回家吧。"

曼迪的爸爸十分恼火。他说："我们特意多开了一个小时的车才来这里的！我们才给你买了票。"曼迪这么胆小，这也让他十分沮丧。作为父亲，让孩子坚强起来，难道不是他的本职工作吗？是不是就算孩子不舒服，也得逼她一把？他不想让她将来成为一个毫无冒险精神、在应该自信的时候却感到害怕的成年人。"你看，曼迪，四岁小孩们都敢滑，你有什么不行的？回到坡顶接着滑吧！"

结果曼迪号啕大哭，拒不妥协。我们不妨想象一下，把整件事的发展加以转换：

"太吓人了，"曼迪滑过一次后说，"我不喜欢，咱们回家吧。"

因为时间和费用上的投入，曼迪的爸爸感到非常恼火。他让女儿等一会儿，他要先去趟洗手间，然后就可以聊聊这事。他是真的想给自己一点时间来冷静一下，好好想想该怎么做才合适。他提醒自己不要有"财富思维"，别拿这一件小事来预测孩子未来的一生。

等他回来后，他说："我希望你别害怕这个游乐项目，曼迪。我有这么一种感觉，等你第二次尝试做一下的时候，就不会觉得那么可怕了。我知道，如果你之前知道雪道滑梯这么可怕，那你刚才就不会想来。但你只要滑得越多，就越不会害怕。

"我并不是生你的气，但我真的挺沮丧，因为我们开了很远的路，也刚刚才给你买了票。我不会逼你滑，但如果你不滑了，我觉得你应该补偿我刚才买票的钱。"

曼迪很生气，但她没有反驳爸爸的观点，她在考虑到底该怎么办。曼迪的爸爸静静地等了一会儿，然后说："你愿意不愿意跟我一起想几招，如果做了，就不会再那么害怕？"

曼迪点了点头，建议说他们可以看一会儿其他孩子怎么滑。曼迪的爸爸同意了，还建议可以把自己的雪车绑在曼迪的雪车上，这样她能更有安全感。

## 有效沟通的关键点

《小熊维尼》中有这样经典一幕。小熊维尼和小猪皮杰正在散步，皮杰问：

"维尼，假设我们在树下的时候树倒了怎么办？"

"那就假设它没倒。"维尼回答。

这句话很好地安抚了皮杰。[28]

作为父母，我们最该努力做的就是成为维尼，同时也要教我们的孩子去成为维尼。奈德真的会去建议那些非常焦虑并充满担忧的学生出门散散步，好好留意与观察每一棵不曾倒下过的树，就是为了能改变他们的注意点。或者，正如威廉·詹姆斯（William James）所说："我所同意关注的事物，构成了我的经历。"[29]我们在教孩子们这些课程时，他们最终还是要听到自己的心声：

"我有信心自己能处理好这件事。"

"这的确是个挫折，但我能做得更多更好。"

"我现在的状态很好。"

"当然，有的树会倒下，但一定还有不会倒下的树。"

第 4 章

# 使用激励性的语言帮助孩子找到自驱力：

## 提高胜任感和心流体验

      2020 年冬天，新冠疫情严重，美国各地的学校都停课了。隔离在家期间，被迫更多地为孩子的学业提供支持的家长们，对自家孩子的驱动力风格都有了全新的认识。

      这并不是说父母以前对此就一无所知。其实，多年以来，我们一直都在听家长们念叨，细数孩子在学习主动性上的种种不尽如人意。

      现如今，家长们感同身受，每天换着说法去激发孩子的学习主动性成了必须完成的工作。

我们曾经请一些老师和家长来分享各自的焦虑，下面是他们的部分回复。

"我在九年级任教，一直都能从家长那里听到，'我家孩子就是啥也不在乎。我试过没收他的电子产品，剥夺他原本享有的特权，但他还是无动于衷，啥都不做'。"

"我家孩子很聪明，也有天赋，但他们完成任务从不精益求精，更愿意蒙混过关，只要达到最低要求就好。我真的很担心他们将来如何在现实世界中生存，也担心他们错过获得进步和成就的机会，因为他们根本就不想努力。如果一件事听上去有难度或者需要费点劲才能完成，那他们就会知难而退！是我没能让他们明白，只有加倍努力工作才能更好享受成果。"

"我家有好几个孩子。其中一个，做什么事情都得过且过，不过好在不用你多唠叨，他就能做完。还有一个太过完美主义，在做事情的时候，甚至还没做的时候，一旦觉得结果不如自己之前所料，就会非常沮丧，撂挑子不干了。最后一个孩子很棒，自己有很强的内动力，也能很好地跟来自外界的激励互动。我觉得我们教这几个孩子的方式并无太大不同，但情况发展成这样，也许我们之前本该对他们差别对待吧。"

"我有两个孩子，都不大，一个六岁，一个四岁。有天早上，我说，'姑娘们，今晚放了学、完成作业后，我想跟你们一起做点有意思的事，但在此之前，首先请你们把自己的玩具整理好'。当天下午，女儿们放学回到家，其中一个说'咱们把玩具收拾一下呗，这样今晚就可以跟爸爸一起做有趣的事情啦'，但另一个却回应道'那还不如跟爸爸做点无聊的事情算了，这样咱们不就不用收拾玩具了吗'。"

朋友们，欢迎来到"动机"的世界，胡萝卜和大棒早已是过时落伍的玩意儿。你要知道，人与人的动机风格大相径庭，一个孩子完全可以对此事动力满满，但对彼事毫无动机。而家长为了找到能正确激励孩子的表达和手段，愁得头发都要掉光了。

在更进一步加以探讨之前，你首先要知道：让孩子有动力，根本就不是你的工作。相反，你要做的事是帮他们去培养自己的内动力。最终目的并不是让孩子们做得好，而是要让孩子们想做好。

事实就是如此，你没法真正直接把所谓的"动力"灌输给孩子。究其原因，主要是因为你没法强迫孩子要他自己并不想要的东西，以及拒绝他自己本来想要的东西。对孩子重要的，对父母可能不重要，反之亦然。当然你可以"利诱"（比如功课得"优"就奖励50美元），或者"威逼"（如果你没有全科获得"良"以上的成绩，那下学期就不许碰电子游戏），这么做的确可能在短时间内会有效果，但别忘了，前文那位九年级老师的话，其实也暗示了这两招往往也起不到什么作用。从长远来看，胡萝卜加大棒的教育策略并不能帮孩子发展出那种能带来长期成功的自我驱动力。我们要做的，是击中孩子动机的甜蜜点——它处于两个极端之间，一端是完美主义（我们会在第6章详细讨论），另一端则是认为任何尝试都毫无意义。击中甜蜜点的关键，在于促成孩子产生内在或自主的动机。

"内在动机"其实就是一种花哨的说法，其本质就是由好奇心、兴趣、追求挑战或者提升技能的愿望驱动产生的行为。它与那些为了追求好成绩及其带来的奖励、为了逃避惩罚而产生的行为截然相反。我们宁愿孩子们每天只能体验到一点动机——只要它是内在的，也不愿他们体验到很强的动机——却都只是外在的。事实证明，动机的质比量要重要得多。[1]有内在动机的学生能更努力地学习，在课堂上更专心，更爱提问，取得的成绩也更好，还更有可能完成自身的目标。[2]内在动机会自动产生出个人的努力表现以及对出色表现的渴望。之所以会这样，是因为大脑中出现了更多可供使用的多巴胺。换句话说，如果动机是内在生成的，孩子们就不必花费精力去强迫自己做任何事。[3]他们会直接爆发出这样的坚定能量："咱们开始吧！"除此之外，如果儿童和青少年拥有内在动机，他们也不会那么充满戒备，会更愿意承认个人缺点，并能接受外界帮他纠正缺点与改善问题的反馈。他们还会对可能出现的错误保持高度关注，这甚至都能反映在他们的脑电波活动中。之所以这样，大概是因为他们更关心做得好不好，而非回报丰厚与否。[4] 客观问题是，大多数学校依赖于外部动机来实行教育，这也就是为什么那么多的家长在新冠疫情期间遭遇了严峻的教育挑战。雪上加霜的是，新冠疫情期间很多学校还取消了学业成绩的评定。我们的一个朋友温迪，在学校因新冠疫情而关闭的这段日子里，度日如年、苦不堪言。她家的孩子凯莉上六年级，一直都对世界古代史这门科目没什么兴趣，成绩也很糟糕。没有老师在一旁监督，没有学校里的朋友相伴，更没有在历史课后去上自己喜欢的戏剧课的机会，还有什么打开书学习的理由呢？一开始的几周里，温迪一直在推动着凯莉去学习，也吵了好几回。直到学校宣布：不管孩子们在家自己学得怎么样，都一定能拿到一个及格以上的分数。温迪意识到，自己的"胡萝卜和大棒"已经没有任何意义，索性破罐子破摔算了。温迪问孩子："有没有什么内容，是你自己想了解一下的？或者有什么你想去解答的问题？"[5] 凯莉决定，要研究研究文艺复兴。母女二人为此一起罗列了"教学大纲"，它包括：阅读20篇非小说类的文章、2本历史小说；看2部电影；画文艺复兴时期的服装素描；在家里给全家人办一场"文艺复兴之夜"活动，包括安排好文艺复兴时期的食物、服装和游戏。

这个故事的重点不是我们都应该让孩子只在家庭中接受教育，或建议你去挑战一些教育的成规（不过我们还是不会阻止你去挑战的），而是温迪注意到了女儿身上发生的巨大改变。"跟换了个人一样。"她说，"我俩做出改变之前，我必须时时刻刻管着她，检查她有没有登录进网课教室，坐在她身边陪她完成作业，因为她说靠自己一个人做不了作业。我们总是吵架，她在什么事上都推卸责任，对此我非常沮丧。我嘴上总挂着对她的批评，尽管我知道自己不该说出来，但还是张口闭口说她懒散。自从允许她自己来制订规划，研究自己感兴趣的东西后，她就能够做到全情投入了。我根本没有任何督促，她就从图书馆 App 上下载好了两本文艺复兴时期的小说。在刚开始研究文艺复兴的那几天，她一直穿着一件万圣节才穿的文艺复兴风格的衣服。她在晚餐上不停地谈论文艺复兴时期的阶级划分，以及亨利八世对待妻子们有多么厚此薄彼。"事实上，凯莉的表现已经超越了她们一开始共同确立过的要求，而为了迎接文艺复兴之夜，她甚至为每个客人编写好了需要提前学习的背景材料。

虽然温迪并没有意识到，但她的确运用了内在动机的基本理论——自我决定论。根据由著名心理学家爱德华·德西（Edward Deci）和理查德·莱恩（Richard Ryan）共同提出并研究的自我决定论，只有满足了人类的三个深层需求，内在动机才能被激发。这三个需求是：①归属感（温迪和女儿不再吵架以后，这种需求就被重新满足了）；②胜任感（凯莉不再体验到那种历史课上才有的失落感与无助感）；③自主感（整个项目的规划及其中林林总总的各种目标都是凯莉自行决定的）。[6]所谓"自我决定"，便是这样一把三条腿的椅子。但对今天的许多年轻人来说，这把椅子并不平衡，究其原因，是外界过于强调提高他们的胜任感，而削弱了他们的归属感（特别是与父母相关的归属感）和自主感。所以，我们需要重新让这把椅子立得住、立得稳。作为父母，就算我们别的什么都不做，仅仅解决孩子在这三个方面的基本需求，就能强有力地帮助他们发现自身的动力所在。

自我决定论并不能完全、彻底地阐明动机这一复杂事物，也不能完全阐释动机因何而来，向哪里去，但它还是能不断地敲出鼓点以指引我们循声而往。先做好"顶层"的工作，了解让孩子努力奋斗、忘我玩耍的科学背景，弄明白孩子们因何而发生改变的科学现实，能在很大程度上帮我们更好地与那些看上去缺少动力、过度"佛系"的孩子交流。我们将在本章和下一章中介绍所有相关内容，还会给出一些你大可以放心地大声去说的话术。

# 什么不该说

比尔最近去一所独立办学的八年制学校开了个会，会议主题与一位叫杰弗里的八年级学生有关。杰弗里很聪明，但同时也有 ADHD 和学习障碍。对他来说，上学实在是件难事。他发现学业任务极难完成，也很难激励自己完成作业。长此以往，他自然觉得不堪重负。校内的学习能力专家说，不管什么作业，杰弗里都必须要在专家本人、两位家庭教师和妈妈的"不断照顾下"，才能勉强完成。外界强烈关注杰弗里有没有在好好学习，这进一步强化了他对自身能力的负面认识，进而严重破坏了他的自主感，还带来了不少他与父母、与那些仅仅是想帮助他的人之间的冲突。因此，比尔建议他们立即停止之前的做法，因为在敦促杰弗里努力学习这件事上，成年人花费了大量精力去完成了其中百分之九十，只给杰弗里留下了百分之十的空间。比尔建议学习能力专家和老师们，不要在帮助杰弗里这件事上用劲超过他本人。（老师们后来告诉比尔："我们之所以做这么多，仅仅是为了让杰弗里的妈妈别那么焦虑！"）

该校校长也是一名优秀的教育从业者，他在会上谈到杰弗里的学习成绩迫切需要提升。杰弗里需要申请升入独立高中，而除非他能马上扭转当下局面，否则他的择校范围将面临非常大的限制。他的成绩会左右这个"影响四年的决定"。"杰弗里不明白，他不努力的话，会有怎样的长期影响。"校长说，"这也就是我们为什么要继续努力地说服他——要向他展示做得更好究竟有多重要。"实际上，校长还表示，他已经和杰弗里就踏踏实实、勤奋学习的重要性深谈过两次。

比尔说："如果已经跟杰弗里谈过两次努力学习的重要性，却没什么用，那再谈第三次、第四次甚至第五次，其实也不太可能真正给他带来动力。"（内在动机不是由反复告知促成的！）杰弗里每次被别人提醒"更好的表现"有多重要，他都会感到压力更大，也愈加焦虑、气馁和愤懑。几乎可以肯定地说，因为想上好高中，他自己也曾经努力过，但因为学习上面对的种种问题，他的努力往往并没有转化成优异的成绩。这样一来，杰弗里才经常试图回避自己的压力与焦虑的主要来源——学业。跟他一再强调不好好学习会有什么恶果，只会让他愈加感到害怕，反而不太可能带来大人们以为的敦促效果。

比尔建议说，如果杰弗里没有感到有太大的负担和过度的压力，他反而更有可能努力学习。"我必须做，但又做不到"的想法剥夺了他全部的掌控感。比尔建议：①告诉杰弗里，在更大的人生图景中，他究竟上什么高中其实并没有那么重要；②在沟通中强调一种前进的方向，不让杰弗里做那些他觉得做不到的事情。听别人说"我能看到你的生活还有很多解决问题的方法"会带来很强的安全感，像杰弗里这样的孩子（单就这一条来说，其实所有的孩子）都能从中获益。

杰弗里的教育团队同意放手一搏试试看。他们不再逼着他学习，降低了所有与"末日就要到啦！"有关的压力。他们有了新的打气的话：

我们希望你努力学习，而且我们知道，只要你努力了，你就能做得更好。你不必立刻就扭转局面，可以慢慢来。如果你没有考上想去的学校，那你能以九年级生的身份继续努力学习，然后申请转学，很多孩子都走了这条路。我们很乐意帮助你、支持你，但我们不愿意因为太在乎你，反而比你自己还用劲儿，这样对你不好。

他们所坚持的新行为给大家都留下了深刻的印象，因为其实有许多家长和教育工作者担心，要是孩子们知道了他们不必做那些困难的事，他们就不可能产生动力去好好做。而我们发现，这并非真相。事实上，我们告诉来向我们求助的那些成绩不佳的学生的第一件事就是："我并不在乎你的成绩。"我们更强调的是，没有必要立即去扭转局面，而是要让孩子们在自己愿意的情况下，找到一些可能会让他们更努力的理由，找到一些可能让他们做得更好的方法。

大人们和杰弗里说自己并不想比他更努力后，他们关系中的能量也开始发生变化，当"现在必须扭转局面"的压力解除后，每个人的压力都小了很多。可以预见的是，杰弗里感受到了鼓励而非威胁，他也因此越来越能够真正付出一切，而不用担心自己能付出的东西究竟够不够好。这种方法并不能带来那种戏剧化的、翻天覆地的转变，但慢慢地，杰弗里的确不再抗拒老师和学习能力专家的帮助了。如果哪项作业忘了，他也会主动给朋友打电话问问，而且到了该准备考试的时候，他也会主动寻求外界的帮助。他申请高中时的选择也很明智，他选的那个高中有个非常棒的学习支持项目，他最终成功被录取。在九年级时，他成为校运动队的一员，而且表现得非常好。他甚至还告诉妈妈，因为要在学业上投入更多，他觉得自己上十年级后就不能再踢足球了，所以要再找一项没那么耗时的运动。

## 试图通过恐惧、内疚或愤怒来激发动力

杰弗里身边的团队训练有素、充满善意，他们与杰弗里互动时表现出的那种焦虑模式是很常见的。成年人非常容易担心，这个我们在前一章也已讨论过。他们会认为通过诱导孩子感到恐慌，能让孩子摆脱表面上的被动，进而让杰弗里这样的孩子最终看到自己究竟需要做什么。但问题是，当我们试图通过反复解释他们当下处境的严重性来激发他们的动力时，却几乎总是增加了他们的焦虑，而这进一步降低了他们的动机水平。这也会破坏我们与孩子间的联结，究其原因，一部分是他们会因此认为他们的成就对我们来说比他们本身更重要。随着联结被弱化，我们的权威也会被削弱，这时候就完全无法指望靠着激发孩子的动机去取得任何进展了。几年前，奈德的一个学生的家长坚持认为，奈德要让她的女儿"对上帝的奖惩有所敬畏"，她才会认真备考。但奈德解释说，除非宙斯真能劈下一道闪电来，否则他觉得这招不太可能奏效。我们对

孩子要有的应该是影响力，而不是支配他们的强权力。影响力随着相互尊重逐步增强，而强权力则是把亲子双方放进了零和博弈中。此外，如果我们发出的威胁并没有很快变为现实，我们就会沦为喊着"狼来了"的父母。一个高中生告诉我们，她的父母警告她，如果她没有通过社区大学的课程，那她就别考虑上大学了。可当她真的挂掉了社区大学的课程后，父母却说："你可千万别以为自己就不用上大学了！"

所以，我们的建议是：不要一再重复同样的信息，也不要每次都把跟孩子说话的嗓门加大。还要抛弃那些旨在激发孩子恐惧感或愧疚感的话语，包括如下这些：

> - "要是你不好好学习，那我希望你这辈子都能在麦当劳'快快乐乐'地好好打工。"
> - "要是你现在不努力，那在关键时刻，你怎么能成功呢？"
> - "要是不坚持弹钢琴，那你会后悔一辈子。"
> - "你要是再不加把劲练习，巡演团队就要把你踢出去了。"
> - "我知道，只要你努力，那你就肯定能做到。"
> - "如果你再努力点，你就每一科都能得'优'了。"
> - "我期待你能做得更好。"
> - "你干什么都不用功！"
> - "如果你的成绩提不上去，没有大学会收你。"

像这样的句子，尤其是最后一个，之所以不起作用，原因之一便是其语境往往超出了孩子们的理解。比如说，你为了给对方的大学申请材料添彩，想让一个七年级的学生坚持练习游泳或学习西班牙语。这就很像在跟他说："现在你已经上中学了，我们相信是时候跟你好好聊聊你的退休金规划了。"孩子们并没有像大人那样超前思考的能力——孩子嘛，本来就是这样。

但是请放心，就算你说过这些话，也不代表你就是个差劲的家长。在我们做过的许多讲座中，都有家长会在开头 15 分钟内举手提问："要是我已经把我家孩子搞砸了，怎么办？"对此，我们会说："别担心。"不管孩子是怎么长大的，他们最终都能搞明白自己的生活。只是某些教育孩子的方式能让这件事变得更容易而已。为人父母不容易——我们深有同感。正如一位家长给我们写的信上说的："为什么没人告诉过我们，养孩子怎么这么难？"

## 只要尽力而为就好

大多数父母都希望孩子知道，比起成绩他们更关心的是孩子本身，但他们仍然希望能激励孩子们好好努力，所以父母会说，"我们不能变的诉求，就是你要尽力而为（或者说'努力到无能为力'）"。尽管他们试图传达对孩子的关心和尊重，但仍然在制定一个不可能达到的标准，而这又招致了一种对孩子的人格上的批判——如果孩子没有付出全力，那就要为此感到内疚。咱们不妨坦诚一些，其实大多数人都不会在所有情况下都拼尽全力。我们其实也不应该时时刻刻都拼尽全力。这个话题的争论点之一，是我们怎么才能知道已经做得够多够好了，以及由谁来决定孩子们能做到的最高水平，究竟是多好？我俩最喜欢的动画片中有这样一个场景，就是一个孩子抬头看着父母，问他们："我尽力了吗？"奈德看到，父母经常为孩子调整"球门"的大小，这就是为了看看他们"最高的水平"究竟是多高。假设某个学生达到了一个考试分数上的目标，这一目标本由学生本人、他的父母、他的老师、他未来想去的大学共同决定，但父母还是会问："你不觉得自己还能考得更好吗？"这会带来深深的沮丧、紧张与不安，那感觉如同正游向永远遥不可及的海岸。

"我们只是希望他尽力了"也常被孩子解读为一种有条件的认可。

我们认识的很多孩子，都向我们展示过一种很有深意的"嗯哼"表情。没错，他们的父母就是用"嗯哼"跟他们表达了一种态度。奈德最近接到了一位家长的电话，她家孩子上八年级了，所以她想跟孩子好好沟通一下，让孩子为未来的考试提前做好准备。"我们不是那种典型的华盛顿特区的父母。"这位母亲说。华盛顿特区的家长经常被贴上"鸡娃"的标签，但她能这么说，就已经提供了她就是其中一员的最可靠证据。她接着讲了很多——是的，她女儿有焦虑症；是的，她女儿有多动症；是的，她要是考得越好，他们也就给她越多的"奖金"。但他们试图传递给她的唯一信息，就是她"要尽最大努力，从良到优的差距，就是每个晚上多学习一个小时而已"。难怪孩子们会裹足不前！如果他们已经付出了全部，却发现结果还是不尽如人意，怎么办？比起在付出上有所保留，知道自己并没有耗尽油箱里的全部燃料，还有努力与进步的空间——这要可怕得多。

根据这样的思路，我们其实并不是非常认同老师给孩子评分、评级。讲真的，到底应该怎样去衡量努力与否？对有的孩子来说，不用怎么努力就能有不错的学习成绩。[7]比尔六岁的孙女夏洛特最近在两个小时内就完成了一套作业包里的全部功课，按照教学计划，她和同为一年级的同学们本可以用两周时间来完成。她非常喜欢做规划表、练习书法、解拼字谜题和数学谜题，可还有很多孩子会觉得这些活动特别无聊。想象一下，有两个孩子，他们的任务是阅读一篇枯燥乏味的文章。他们对文本的批评可能是一致的——太无聊了！但由于人类神经系统的多样性，孩子们大脑的工作方式彼此完全不同。其中一个孩子可以很容易地让自己坚持读下去，而在这个过程中仅仅花费了（假设一下）三个单位的能量。而另一个孩子的大脑却非常恐慌，而且总是反抗其主观意愿。仅仅是"读文章"的想法，就已经让她感到害怕。她不断地盯着文字，尽管已经花费了十个单位的能量，却还是读不下去。也许老师会告诉她要集中注意力，但这种告诫实际上会使她的大脑更难被激活，而倘若她有多动症，这种情况会更严重。却没有人看到她真正的努力。这就是我们为什么会担心给孩子的努力程度评级这件事，因为这么做无法全面触及客观现实的情况，并且会带来对孩子的人格的片面评价。

## 努力的科学

幸运的是，正如关于激发动机的科学事实能告诉我们不该说什么，它也可以告诉我们该说什么。

许多读者可能已经很熟悉心理学家卡罗尔·德韦克（Carol Dweck）博士的工作成果，她已经研究了几十年儿童的动机。根据德韦克的理论，有些孩子具备成长型思维模式，其表现是他们认为可以通过自身努力来提高自己的能力水平。有成长型思维的孩子还会把挫折视为学习过程的一部分，并通过自身努力更有效率地从挫折中恢复。[8]如果事情变得更加困难，他们也会振作起来，而非选择放弃。因为他们的动机来自对学习的兴趣，而非对成绩的兴趣，他们认为努力对自身发展至关重要，也因此更加乐于接受外界反馈。一些研究表明，由于具备成长型思维模式的孩子同时也拥有内在动机，他们体内的多巴胺也分泌得更多，这也使他们对错误更加敏感。[9]相比之下，一些孩子具有僵化型思维模式，其表现是他们认为自己与生俱来地拥有一些"不会改变"的能力。他们倾向于寻求外界的认可，回避所有让他们显得愚蠢或能力不足的情况，也因此而羞于面对挑战。他们把"需要努力"这件事，当作自己不够聪明、运动能力不强、音乐天赋不够的证据。[10]

基于德韦克的研究成果，许多旨在培养学生成长型思维模式的干预措施应运而生。但最近的几项研究却得出结论，让孩子们改变思维模式并非易事，至少在以学校教育作为基础的干预中是这样。即使他们的思维模式发生了改变，也很可能不会展现出认知水平和学业成绩方面的相应改善，也没有对学习展现出比对成绩更大的兴趣。在对孩子思维模式的干预中，一些做法甚至会起到与预期相反的效果。[11]例如，像"你只要下定决心去做，你就能做到"这样的话，其实在现实生活中并不成立。

诚然，成长型思维模式这一理论似乎的确存在局限性。但德韦克的研究结果中仍有许多值得称赞的地方。我们觉得，在培养成长型思维模式上，父母的行动可能会比学校的项目更有影响力。因此，我们接下来将关注我们所发现的一些方法。这些方法能有效帮助孩子们增强信心，让他们觉得自己有越来越强的能力，并让他们敢于接受挑战。

## 强调"努力才能更好"的价值观

比尔告诉他见过的孩子们："每当你努力在某件事上做得更好，比如阅读，就会有越来越多的脑细胞一起协同工作，共同组建成'阅读小队'，而这就是靠努力来改变你大脑工作的方式。"每当比尔评估那些对失败特别敏感，而且倾向于一遇到挫折就放弃的孩子时，他都会专门留意一下，有没有哪个比较有挑战的评估项目，是这个孩子相对更愿意努力一些、拼一拼的。一旦他观察到了这种努力，他就会说："你看起来像是一个喜欢做有难度的事、解决难题的人哟。我见过的很多孩子都会放弃这些测试，但你没有。就算你不确定答案是什么，你也很努力地要想出一个好答案。看到这一点，我真的很高兴，因为这就是人们能成功的原因。"

作为家长，你可以这么说："小伙子，你在那个项目上真的够努力！"或者，如果孩子被某个任务暂时吓退了，父母可以说："没错，这事儿绝对算是个挑战。但我认为，只要你真的很努力地去攻克它，再面对这种挑战时，你会更有信心、感觉更好。"或者父母也可以这么说："我记得你第一年练棒球的时候，不太擅长击球。但今天看到你能三次击中球，我真心感慨，练习与努力真的能带来很大的改变。"

## 在大脑内部

对于任何人来说，最该了解的大脑知识，可能就是这条了：大脑的发展，在一定程度上是由其使用方式决定的。在幼儿期和青春期，它非常接近于"塑料"，也就是说有极强的可塑性。大脑内的神经连接会随着频繁的练习而变得越来越强，可倘若久不激活，又会伴着一个叫作"修剪"的过程而逐步消失。[12] 换句话说，孩子——尤其是青少年——有塑造自身大脑的强大力量，他们可以通过这种方式让自己更聪明，情绪上更坚韧，以及更加健康。[13] 如果要说得形象一点，那情况大概是这样的：在你学习和提高具体技能时，大脑会招集越来越多的神经元来一起放电，这一过程被称为"长期增强作用"。你可能还记得在高中生物课上学过，神经元之间的连接点叫作"突触"，它也使得神经元彼此的联系愈加强化，更高效地去对某个事件、某个刺激或某个想法加以编码。

当两个神经元一起发挥作用，往往就能起到更好的效果，它们组合产生的能量还会触发相邻的细胞，让它们也加入进来，一起放电。最终，某一部分神经元会永久地结合在一起，这样一来，只需单个神经元的轻微活动，就能激活整个神经组块，进而加深记忆或巩固技能，使记忆内容更容易被回想起来，也使技能应用更加得心应手。神经元总是协同工作，便会紧密连接。学习演奏一首新的钢琴曲后的 60 分钟内，就可以通过电子显微镜观察到神经元的树突生长、延伸，与其他神经元之间生成了新的触点。

无论何时何地，只要你的孩子练习一项技能或学习新的东西，就会有越来越多的脑细胞一起被激活，这就是为什么不管任务困难与否，他们只要努力，就能越做越好。比尔将这一点作为一种鼓励患有学习障碍的孩子"做好准备"的手段，鼓励他们去努力研习一些对他们来说并不容易做好的技能，比如阅读或写作。他还会建议对方在比较短的时间段里好好努力，在其中穿插短暂的"停机时间"，以便让大脑巩固新学的知识或技能。

髓磷脂的生成也会影响孩子大脑的可塑性。我们大可以把髓磷脂想象成绕在电线上的绝缘层。你的神经元通过一种叫作轴突的纤维连接在一起。而髓磷脂是一种脂肪状的白色物质，就覆盖在这些纤维上。它的出现，能让神经元之间的通信速度加快 200 倍。不断生成的髓磷脂，就变成大脑中的一条白色高速路。练习实际上可以提高髓磷脂生成的速度，这也是为什么在阅读、计算和思考方面，你能够做到熟能生巧的原因，也是为什么我们两个写第 4 章要比写第 1 章快得多的原因。[14] 以上这些内容，都是每个运用着脑细胞、经历着髓磷脂生成的小孩子与青少年有必要知道的，所以我们应该让他们了解了解这方面的科学知识。

要为孩子在解决问题的过程中所表现出来的坚持、进步和策略应用提供积极反馈。积极反馈体现了我们对孩子内在动机的支持，并通过提高孩子的胜任感来反映出来。（别忘了那把"三条腿的凳子"！）在这个问题上，德韦克博士曾警告，不要跟孩子说他很聪明、是个伟大的运动员，或者是富有天赋的音乐家，因为这往往会滋生僵化型思维模式，让他们把注意力集中于与生俱来的能力上。不过我们对此的看法有些许不同，稍后就会讲到。先说回来，去鼓励孩子好不容易才收获的成长与进步，能带来非常棒的效果。你可以这么跟孩子说：

- "我注意到你在这个问题上卡了很久，虽然很沮丧，但一直没有放弃。"
- "我知道有很多孩子都选择了放弃，但你没有。真的很酷！"
- "你解决那个问题的方式简直让我大吃一惊。我自己根本就想不到能用这种方法。"

- "我看到你为科学课画好的插图时，满脑子想的都是你通过练习绘画而取得的不可思议的进步。人们说熟能生巧，还真是如此呀！"
- "看来你所有的努力都有了回报。"
- "我记得以前类似这样的任务对你来说真的很难——但现在看来，简直轻而易举！"
- "我知道，对你来说，阅读并没有你所期待的那么容易。每次想到你一开始的情况，我都会意识到，你其实已经取得了很大的进步。我感觉你的每一分努力，都换来了成果。"

多多使用"暂且"这个词。这个词很短小，但只要在一句话中加进去，就能把它改编成带有"成长型思维模式"旋律的歌词！这是一些话术：

- "我们中的大多数人都做不到擅长所有事，但与此同时，几乎所有人都可以通过练习，在某件事上越做越好。所以说，你也许暂且不太擅长代数（或其他有挑战性的技能），但只要勤加练习，就一定能有更好的表现。这种说法，你能接受吗？"
- "的确，你暂且没能学会演奏这首曲子……"
- "你暂且没能掌握除以9的运算。但你会学会的。你可以看看，你其实已经有很大进步了！"

深入挖掘可以向孩子"赋能"的细节。"你做得很好，我为你感到骄傲"和"你的努力拼搏真的令人印象深刻，看起来你经历了几番变迁，才成为你想要的样子"这两句话之间其实有着很大的区别。后者能促进成长型思维模式，而前者只是哄哄对方开心罢了。我们喜欢把鼓励的话语（而非赞美的语言）当作积极的反馈。我们想先声明，我们要关注孩子，注意到他们正投身其中的重要事务，但我们不应该指望他们是为了取悦我们才努力拼搏的。我们更需要强调的，是孩子要在自己的目标上取得进展。[15] 下面是一些给孩子赋能的话术：

- "我喜欢你画的素描中那些让人难以置信的细节——你看你把她手上的皮肤褶皱都画得这么清楚。"
- "你不仅仅是把故事总结重述了一遍。关于这位父亲为什么不得不离开这件事，你还提出了一个非常有趣的见解。"
- "真的非常酷。你是怎么知道问题究竟出在哪个零件上的？"
- "我很感谢你对这件事的关心。你并没有因为着急而乱了节奏，还给自己预留了足够的时间来把工作做好。"
- （如果你是老师或者导师的话）"哇，很长时间以来，你是第一个把这道题做对的人。你知道自己是怎么做出来的吗？或者说，是思考了什么，还是做了什么，让你想到了解法？"

因为孩子总是会通过观察父母来学习，所以我们也应该把自己打造成孩子在"成长型思维模式"方面的榜样。例如，您可以尝试这样去评价自身的行为：

"幸亏我之前彩排过今天的演讲。我每练习一次，都会让我的表现更上一层楼。"

"今天早上我试着修好水槽，刚开始我真的很想放弃，因为我觉得自己像个白痴，怎么都干不好。但我还是提醒自己，只要我坚持下去——比如再跟网上的视频学学——可能就会弄明白怎么修。最终，我把水槽修好了。"

"为了把下个月的工作干好，我必须要学些新东西。我知道，刚开始学的时候，难免会比较生疏笨拙，但只要我坚持下去，我最后一定能学会。"

## 一些注意事项

与其他所有事物一样，激发动力的关键也是"适度"。如果每次你看到孩子在努力，都要发表一番评论，那很可能反而会让他有点不舒服，或者让他怀疑你是不是一直在读手上这类书，让他觉得："我表现那么糟糕吗？要读这么多书来学着'套路'我？"记住，走得慢，才能走得远。[16]

尽管我们强调了要多探讨过程而非结果，但这并不意味着，你就不需要对实际发生的结果做任何表达。如果你的孩子画了一幅能表达自己的心声的画、用乐高拼出了一套非常厉害的机械结构、写出一篇很好的小论文，或者在戏剧中表演出色，你都可以说，"真漂亮""太好了"或"你今晚棒极了"。此外，尽管德韦克的研究暂时还没有涵盖这一点，但我们还是非常喜欢父母能发觉并强调孩子身上积极的特质，比如好奇、善良和耐心，这可以引导孩子把他们的注意力转向更加内在的事物，意识到：嘿，我真的是个想知道事物如何运作的人；我是一个能觉察到别人会忽略的细节的人；我是一个以正确方式关注正确行为的人；我是个与人为善的人。

另一项重要的告诫：只会跟孩子说"你真聪明！"并不明智。其部分原因是不可能真有一个人，能干什么都聪明。如果比尔要靠自己视觉空间能力来谋生，恐怕会流落街头；如果要奈德去干一份特别注重细节的工作，估计他就能跟比尔做伴儿了。然而，我们都希望我们的孩子能认为自己聪明，而且要是他们学业上有困难，我们更希望他们能觉得自己不笨，并因此好过一些。如果孩子们觉得自己不够聪明，或者更甚——觉得自己特别笨，确实坏处很多。比尔测评过的很多孩子，都是如此。此外，还有研究表明，很多黑人学生从没有被表扬过"聪明"，这种情况下，简单地告诉他们"其实你很聪明"，都可以非常显著地帮他们提高成绩。[17]当比尔接待那些会怀疑自身能力的孩子时，他从不简单地赞美他们的聪明才智——其实就算赞美了，他们也很可能不信。但他还是会告诉孩子们一个更重要的事实：他们已经"足够聪明"去做一些有用的事，甚至一些对这个世界影响深远的事。他还会做出这样的补充："在我的工作领域里，有不少比我更聪明的人，我非常感激他们！因为他们提出并构建了能指导我思考的理论，也研发了让我能拿来用的测评工具。但我本人也足够聪明，能去做一些非常有趣、使自己有所收获的事。"（这其实也是一种很有用的表达，能帮上那些总被"班上有人比我更聪明"这一生活现实困扰的孩子。）

奈德接待过一位名叫劳伦的学生，她虽然行为冲动，也特别活跃，但人非常棒。她告诉奈德，她的老师们对她半是关爱、半是厌恶。老师之所以关爱她，是因为觉得自己能"修好"她，可一旦他们发现自己做不到，就会非常沮丧。劳伦人很聪明，学习也很努力，但有那么几个科目，不管她怎么用功，就是学不好。所以她断定，自己一定是个大笨蛋。可奈德却告诉她，她其实非常聪明。他还说："你为了提高成绩，吃了不少苦头，结果却不理想，对此我很遗憾。但如果可以的话，我希望你能把刻苦学习看作为了提升自我，而不是为了提高分数。毫无疑问，你在学校里不好过，但我也非常期待看到，你如何利用你与众不同的大脑与个性来为世界做贡献。"

每次奈德碰见那些坚持认为自己很笨的孩子，他都会说："我希望你能接受这样一个想法，那就是你真的很有能力。也许你现在不认同，那我也不强求你立刻改变想法。我只想请你保持开放的心态，在我看你的时候，我也一直保持着开放的心态。"

对于那些有严重语言障碍、明显在数学方面较弱或有其他科目严重学习障碍的孩子们，比尔经常说："如果说要在成年后做自己想做的事情，你其实已经足够聪明了。"然后他会略加补充："因为你并不喜欢读读写写，所以大可以肯定地说，你以后也不想找一份整天都要又读又写的工作。而且你可能也不想干对你来说难度太大的工作。因为勉强自己去做不擅长的事，真的很糟糕。但你其实足够聪明，可以专门学习一些技能，不仅能帮你在未来谋生，还能让你为这个世界做出积极的贡献。在我看来，这才是最重要的。"

　　我们还认为，对孩子们（尤其是青少年来说）意识到自己的优势——其中包括他们天生就擅长的事情——非常重要。对许多孩子来说，如果知道了自己在某一特定领域有天赋，或者知道有一些事情他们就是可以做得比同龄的大多数孩子好得多，他们便会受到极大的鼓舞，他们也会获得信心去拓展自我。所以每次比尔完成了对孩子们的测评后，他都会告诉孩子们，他们在语言推理能力、视觉空间调用能力、数学能力或阅读能力等方面的优势；他还总会加上这样一句（就算这条评价并不是每次都客观）："你有一点很酷，那就是在努力变得越来越好。有很多人空有聪慧和才华，对世界却没有多大贡献，就是因为自身不够努力，辜负了自己强于他人的才干。"这么说能表达两层意思：①你足够聪明，还有天赋；②你要努力，才能进步。

## 大脑里的真相

　　人的大脑左侧，有两个专门用于阅读单词的系统：一个能让你读出之前从没见过的单词，另一个则让你识别出非常熟悉的单词，也就是所谓的"常用词"。对患有阅读障碍的孩子来说，这两个系统的活跃程度要比那些很容易就能学会阅读的孩子低很多。除此之外，还有一条神经通路连接着大脑的后侧（这部分能让大脑处理"页面上的墨水"这类视觉信息）与大脑的左前侧（这部分存储着字母及音节的命名方式和发音）。对于有阅读障碍的孩子来说，这个通路传递信息的速度非常慢。不过随着训练和大脑的成熟，这个速度会越来越快。之所以会这样，是因为这条连接大脑前后的"电缆"逐渐被覆盖上了一种绝缘层，也就是我们前面提到的髓鞘

（内含髓磷脂），而这能提高信息的传播速度。[18]

在学习阅读方面，阅读障碍者的大脑可能的确有困难，不过进入成年生活后，在很多重要领域，它都能比其他人的大脑展现出更为强大的功能。把这些分享给有阅读障碍的孩子，告诉他们，研究发现，有阅读障碍的人的视觉空间能力更强、创造力更强，在创业和收入上更成功，在某些科学思维方面的技能也更优秀。[19]因为学习差异植根于遗传，所以也可以指出，有的家庭成员与他们有同样特征，但也深受大家喜爱。

## 好好去玩吧：能够促成心流的表达

在芝加哥做了一次讲座后，有一个三年级学生的父亲来跟我们搭话。这次对话一开始很棒，他告诉我们，他家儿子很爱打网球，通常每周都要打五六个小时。但话锋一转，交流变得复杂起来，他说："问题是，我们社区中那些正在成长为优秀网球运动员的孩子们，人家每周能打二十到三十个小时的比赛呢。我怎样才能让我的儿子也愿意每周努力练习二三十个小时呢？这样一来，他就能成为一名优秀的运动员了。"

的确，这位父亲过于极端了（八岁孩子，每周打三十个小时网球？），但我们总能遇到这类问题，只不过主题通常都围绕着学业（"我如何激励我的孩子更用功？""我该跟我孩子怎么说，才能让他想着努力学习？"）。我们认为，这个男孩的父亲和许多其他家长忽略了非常关键的一点：孩子们最能从玩自己喜欢的东西所带来的快乐中获益。

不管是孩子还是大人，在跟一个和他同样优秀的人激烈地打一场网球比赛时，往往会产生"心流"体验。心流这一概念由米哈里·契克森米哈赖（Mihaly Csikszentmihalyi）提出，他曾向几十个领域的专家询问过，他们一生中，在什么时候感觉最棒、表现最好。所有人都描述了心流体验：当你自愿参与一项具有挑战性却也能应对的任务时，当你达成了一系列目标时，当你不断地处理关于自身进展的反馈，并根据反馈来调整行为的时候，这种体验就会出现。[20] 当孩子们（以及他们的父母）沉浸在体育或游戏中，弹奏乐器、跳舞、创造艺术品、解决挑战性的问题，或学习一些自己感兴趣的东西时，他们就能体验到这种"沉浸在其中"的状态。契克森米哈赖写道："我们生命中最美好的时刻并非那些随风而动的、放松惬意的时刻……最美好的时刻通常出现于某个人为了战胜困难和达成价值，而自愿地努力将身体与心智推到了极限。"[21]

对父母来说，心流理论和青少年发展领域的研习者里德·拉森（Reed Larson）的研究揭示了关于动机的最好消息。拉森从他对动机发展的研究得出如下结论：要想让儿童成长为具有内驱力的青少年和成年人，不是靠尽职尽责地完成作业，而是要通过他所说的"对消遣手段的热情追求"（几年前他就指出过，电子游戏并不被包含在内，我们将在第 8 章对此加以讨论）。[22] 拉森报告说，这能让孩子们综合体验到高内在动机、注意力的集中与积极情绪，也因此让他们能更加努力。除此之外，没有什么方法能够起到同样的效果。[23] 拉森还提出，小朋友和青少年们如果能经常让大脑同时体验到强烈的专注、高度努力、强烈的决心和低压力，就能塑造更擅长集中注意力的大脑。这意味着，要是你的孩子想把所有的时间都拿来玩音乐，要意识到，他做的事情对他的大脑和他的发展都大有裨益。孩子在做他热爱的事，所以他开心；而你知道这样做非常有助于他培养动力，所以你也开心。这样就达成了双赢。

比尔家的孩子们表达出对棒球和垒球的兴趣时，他非常高兴地去支持他们提高自身——倒不是因为他关心他们能不能成为优秀的球手，而是因为他知道，孩子在自己认为重要的事情上努力精进，对其大脑的发育有非常大的好处。比尔花了数百个小时给他们当教练，陪他们一起练球；他有时还会花钱雇一个大学球队里的队员来家里教教孩子，孩子们也非常喜欢。他这么做，从来都不是为了让自家孩子能领先于其他同龄人，或争取上大学的时候拿到棒球奖学金。比尔的儿子埃利奥特成了一名很优秀的球手，但在大学期间并没加入棒球队。他们父子后来谈到这件事时，埃利奥特说，他唯一觉得有点对不住的，是比尔毕竟为他在这项运动上投入了那么多的时间和金钱。可比尔听到这话后很是惊讶，他告诉埃利奥特："棒球本身从来都不是重点，我这么做，是因为你喜欢花时间做这件事，也想要在这件事上做得更好，而我只是想为你提供些帮助罢了。我并不是为了交换什么，才做那么多的。"

奈德和他的孩子也有过类似的经历。有一天，奈德的儿子马修有半天休息时光，他先是花了一个小时做家庭作业，然后又花了五个小时自学怎么在钢琴上演奏一首复杂的歌曲。奈德经常能听到马修把某一小段旋律重复弹上一百次，就是为了精益求精。虽然他没有把这份精进应用在自己所有的学习实践中，但奈德还是因为孩子懂得如何去努力，而大感宽慰。

这些话术，能为"好好去玩"的心态提供支持：

- ·"我喜欢看着你玩。"
- ·"我只想让你知道，对我来说，你消遣并不比在学校学知识次要，因为我知道，这其实对你的大脑很有好处。"
- ·"尽管你不是那种数一数二的绩优生，但我对你一点都不担心，因为我知道，通过你对艺术的投入，你已经塑造了这样一个大脑：只要你觉得在学校里努力学习对你很重要，它就能让你全力以赴。"

在这件事上，行动有时的确胜于雄辩。简单地坐在那里，欣赏地看着你的孩子挥洒他的热情——不要去管那热情究竟是什么——没准就是鼓励孩子更上一层楼的最佳方式了。你的孩子是忘不掉那种感觉的。

## 今晚怎么做

我父母跟我沟通的时候，总是跟我说要扬长避短。但我教育孩子的时候，却总觉得自己把"扬长避短"给反过来了，我老是鼓励他们做自己本来不擅长的事情——坚持下去、用力死磕。我在教育中很强调"坚毅"，当境遇越来越困难时要选择坚持下来，感觉这就是很重要的人生一课呀。向孩子灌输这一理念，难道有错吗？

准确地说，这的确没错；但一味告诉孩子们，要学会逼自己去做不想做的事，其实在培养孩子坚毅品格方面，不太容易起到什么积极的作用。你想教会孩子们的那人生一课，其实在另一种情况下更容易学会——那就是他们在投入或完成某件自己真心想做的事之前，需要先去费一番功夫，搞定他们没那么愿意做的事。假设某个孩子很爱游泳，却可能不喜欢练习教练所安排的蝶泳动作，那他就要去搞清楚，练习蝶泳到底是可以锻炼他的哪部分肌肉，进而让他自己在喜欢的泳姿上发挥得更好。除此之外，孩子们不太可能在成长历程中完全躲过你想教的那一课，要知道生命漫长，孩子们总会走出家门，也势必要经受各种各样的磨砺。

这并不是说我们从来都没见过懒散的成年人——我们当然见过这样的人。他们中的许多人在成长过程中没有过直面现实的体验；他们不懂，自己怎样投入生活，生活就会怎样回报于自己。他们一碰见麻烦，就有人出面救场；为了安抚他们，身边总有人顺情说好话而罔顾事实真相；每当父母觉得他们情绪要变差，就主动先行调整，以求太平。这样，他在成长的过程中，从不曾直面过让自己感觉不舒服的事。

如果你担心孩子长大后变成个懒鬼，那我们有两个建议：第一，问问你自己，如果这件事发生了，你能不能处理好（你当然能做到）；第二，提醒自己，孩子"总是缺少动力"这种可能性微乎其微。我们甚至见过一些曾经懒得出奇的人，在二十多岁时突然振作起来。这可能是因为大脑的成熟（前额叶皮质的情绪调节系统直到三十二岁左右时才能完全发育成熟，前后差不出两三年），也可能是因为碰见了一个不想跟懒蛋谈恋爱的女孩或男孩。比尔几年前给一个孩子做过测评，他的父亲在二三十岁时有过几年流浪生涯，但在四十多岁时，已经是一个成功的商人、一位好父亲。不知为何，他就是突然想要过更好的生活，而一个亲戚给了他个机会，他也把握住了。所以说，世事难料，永远别说永远。

## 大脑里的真相

大脑并不是天生就有一个像《星球大战》中的韩·索罗一样的王牌飞行员来掌舵的。关于大脑，我们已经掌握的最重要信息就是，前额叶皮质的发育速度相当缓慢。20世纪90年代初的研究发现，前额叶皮质在个体十七岁到二十岁之间会出现戏剧性的成长。后续研究则表明，调节认知功能（如制订计划、进行组织和工作记忆等）的前额叶皮质系统直到二十五岁左右才完全成熟，而在你需要时能帮你冷静下来的情绪调节系统会持续发育到你三十二岁左右。[24] 虽说你并不一定非要等到自己迈入而立之年才能开始认真起来，但变得成熟确实需要时间，大器晚成也没什么问题。以上这些知识帮助比尔宽慰了成千上万的父母和他的几乎每一个朋友。从长远来看，他们的孩子真的会过得很好。我们要对孩子有耐心，也要引导他们对自己有耐心，让他们明白人生不是一场跑到十八岁就分出了输赢的比赛。

虽然你对于动机的建议在几年前可能是有意义的，但我们现在可是生活在一个竞争越来越激烈的环境中，孩子们要跟来自世界各地的学生去比。就算这很残酷，他们也需要知道这一点，不然就是掩耳盗铃。赌注太高，这的确不好，但这就是现实，哪怕孩子刚上中学，这也是他需要去面对的现实。

我们很理解这一论调背后的恐惧感，但我们强烈反对该结论。你根本无法运用强调"出路稀缺"的恐惧心态去帮孩子们击中动机的甜蜜点。想象一下，跟一个八年级学生说："嘿，你知道吗？你不仅要跟美国的八年级学生竞争，还要跟全世界的八年级学生竞争呢。所以你必须要好好干。"这孩子可能会有两种反应：一是非常恐慌，于是被焦虑感驱使着做出决策；二是对抗性地"躺平"——反正我也赢不了，那还有什么必要努力呢？事实是，在这个世界上有很多种追求幸福与成功的方式——至少在美国，你在八年级时的表现跟你是否找到自己的人生主场关系不大。

的确，恐惧很有可能成为一个能在短期起到激励作用的因素，如果我们认为让孩子掌握这些信息对他们来说很重要，那么给孩子提供些可能让他们焦虑的信息也没什么错。例如，如果你担心你的孩子没能及时完成一篇学期论文——而这可能会降低他的学业绩点，导致他可能没法进入他的朋友们能申请上的学校——那告诉他这件事，可能会让他有动力去努力学习上一天甚至一周。但这无法驱使他在整个学期都努力学习。基于恐惧的动机会带来压力，而且难以持续。

我的孩子有 ADHD，还高度焦虑，给他提供奖励可以帮他早上按时上学，也能帮他完成功课。拿东西奖励他这件事，我是不是做错了？

虽然奖励不该成为我们育儿工具箱中的主要工具，但我们其实并不完全反对这一手段。例如，在针对焦虑的认知行为治疗中，孩子们会因为采取了必要的步骤来面对自身的恐惧而得到奖励，因此奖励也成了治疗的重要组成部分。我们还认为，要是孩子们做得很棒，那就自发地带他们出去吃顿冰激凌，或带一份礼物回家，以此来表达对他们完成家务、按时做好上学准备或者自己完成作业的赏识与认可。如果带着尊重的心态去使用这个手段，也不采用控制对方的语言，奖励就不太可能破坏内在动机。就你的情况而言，你可以去赞扬他遵守了与学习工作相关的行为准则，并跟孩子解释一下，许多患 ADHD 的孩子其实需要一点额外的激励，让他们去做一些他们知道该做但就是做不到的事情。其中的关键，是优先考虑孩子的自主性——提供激励措施去帮助孩子实现目标，要比贿赂他实现你的目标更能保护他的内在动机。

## 大脑里的真相

ADHD 是大脑中的化学反应，而不是性格特点。然而，在你仅仅要求孩子做好两件事，而他们却一辈子都不能专注于干好其中任何一件时，家长很难不生气。这很容易让人认为他们就是不用心、不尊重你，或者故意偷懒。事实上，对他们来说，逼自己做不想做的事，把注意力集中在没兴趣的事上，要比别人困难得多。从大脑的角度来看，这是因为，有一种叫作多巴胺的神经递质，而患有ADHD 的孩子在该神经递质方面基线水平较低，这就导致他们的多巴胺系统的效率也低于其他孩子。[25] 此外，患有 ADHD 的孩子同没有 ADHD 的孩子相比，前额叶皮质的发育往往滞后三至五年。[26]

ADHD 和遗传高度相关，很可能代代相传，而且往往在男孩和女孩身上也有着不同表现。因为男孩子更可能有类似从墙上跳下来这样的举动，导致很早就能被诊断出来；而女孩子则更有可能表现为走神与发呆，因为她们会觉得自己的想法与思绪要比老师讲的内容更加有趣。

ADHD 的干预手段中，最常见的是通过使用像哌甲酯这样的药物来改善病情，但运动其实也有助于提高多巴胺水平，甚至给一点健康的压力也可以起到类似效果。不过，帮助最大的可能还是时间。随着前额叶皮质的成熟，它的功能执行更加高效，它还会与大脑中越来越多的系统联系到一起，这也意味着它能越来越多地参与过去由大脑不同部分分别去处理的认知和情绪过程。例如，比尔的一个测评项目，就是要求孩子们说出他们能想到的所有以字母 b 开头的单词。十一岁的孩子做这项任务时，大脑的两侧，也就是左右颞叶会被激活。可等他们长到了十六七岁，左侧颞叶的激活水平最高，而且前额叶皮质也会被轻微激活。三四年后，主要激活区域会完全转移到前额叶皮质，刚刚迈入成年的年轻人能更有效率地联想到 b 开头的词汇，因为前额叶皮质能想出组织单词生成的有效策略。[27] 这在某种程度上也解释了，为什么二十四岁的青年，在应对学习障碍这件事上，能想出解决问题的全新方案，或者克服障碍的全新策略。

还有一件要注意的事也同样重要：虽然患有 ADHD 的孩子的前额叶皮质发育较慢，但这并不意味着他们就无法在学校中好好表现，或者在体育运动中取得成功。这仅仅意味着他们可能要更加努力，更加有耐心，没必要急于突破终点。比尔直到三十岁才意识到自己想当心理学家，直到三十四岁才有了第一份工作。我们还想指出，ADHD 的一些特征其实也有助于让孩子变得特别有创造力。他们有机会比大多数人更早地明白放慢脚步和小心谨慎的重要性，而这些特质将让他们终身受益。压力激素会提高大脑中多巴胺的水平，这也是不争的事实。对许多人来说，这导致了多巴胺分泌过量以及前额叶皮质的失能。然而，对患有 ADHD 的孩子来说，适度的压力却可以优化前额叶皮质的功能表现，这就是为什么他们中的许多人在长大后，能在涉及高压情况的职业领域中获得巨大成功，比如成为首屈一指的急救人员、法庭辩护律师或急诊科医生。

我家孩子讨厌上七年级。除了喜欢乐队课外，他讨厌七年级的一切。他的学习状况也不尽如人意，我还担心他从老师那里会得到"他就是懒"这样的信息。我能跟他沟通些什么？

能和儿子分享的最重要的一件事，就是你并不担心他。比如："很多孩子都讨厌上七年级，而且也没谁会一直拽着你七年级的成绩单不撒手。你知道吗？我（或某位其他家庭成员）在七年级的时候，门门课都只有 C，但这也没产生什么伤害呀。"

然后，你也可以提一下"懒惰"这个标签，比如："你这人并不懒——我见过你在乐队里多努力，所以我很确定。你在学业上的麻烦事是你大脑中的化学反应导致的，而不是你的性格导致的。有的孩子，就是很容易做到在学校里努力学习，这是因为他们大脑里的化学反应，而不是因为他们有多强的意志力。有一种化学物质叫作多巴胺，对激发动力来说有至关重要的作用，但你大脑中的多巴胺，可能不太够用。有一件事能帮你获得更多多巴胺，那就是一旦你完成了你原本不想做的事情，就可以给自己一个小奖励。对此我很乐意提供帮助。也许你做完作业后，咱们能一起看个电视节目？大脑的工作方式是这样的——你对某种材料处理得越多，你就越能看到自己与之相关的进步，效率会越来越高，做起来会越来越轻松，总之，就是进入一个正循环。"

当然，你也可以跟孩子分享一些其他的方法，比如找个朋友一起学习，这样不至于感到无聊，或者找一个大一点的孩子来给你家孩子的家庭作业提供一些指导。还有很多孩子，如果发现自己是为别人而努力，反而会更有动力。最后，你可以建议他继续努力练习演奏乐器。"好好玩音乐吧！因为你喜欢音乐，所以这会增加大脑中的多巴胺，这样就能让你的大脑获得真正的专注、付出大量的努力，同时感受快乐的体验。这能训练你的大脑，让它在碰到对你重要的事情时能努力工作。"

## 有效沟通实操案例分析

佩妮有两个儿子。乔希打一出生就有内在动机。现在，七岁的他就算在周末也不喜欢看电视，甚至不愿意穿着睡衣，因为这会影响他的学习效率。佩妮自己小时候也是这样，所以她很能理解乔希。不过她的另一个儿子，十二岁的雨果，很乐意宅在家里，从不主动打扮自己。他能整个周末都瘫在床上，什么都不做，这对他来说宛如天堂。他还会穿着睡衣，画上几个小时的动漫人物。他经常连续画很久，甚至不吃饭，因为他嫌去厨房弄吃的太麻烦。佩妮明白，雨果的大脑机制和她的不同。雨果没有去任何地方、做任何事情或做完自己的工作的动机，这一直让佩妮无法释怀。佩妮欣赏儿子惊人的创造力，但她也希望儿子能明白，在自己不一定热爱的事情上努力，同样很有价值。

一天，雨果的老师发邮件来，说孩子的成绩跟不上，佩妮便恳切地跟雨果谈了谈，让他好好努力。毕竟她有很多工作要忙，所有没时间监督他的学习。不用说，她压力很大，也十分沮丧。

"有时候，"她说（其实是吼），"你就是得做不想做的事情。我没那么多精力一直耗在你身上。你得振作点，动起来！要不然迟早有一天，你会把身边的每个人——不管是室友、老板，还是你的伴侣——都逼疯的！你现在已经快把我逼疯了。雨果，要不是你天资聪颖，我不会这么说你。"雨果觉得很内疚，毕竟妈妈的工作是真的很辛苦。为了让妈妈好受点，他当天把自己该做的事都做好了。但第二天，他们又回到了起点。

（雨果也很可能会选择完全相反的反应模式。他可能会被妈妈的唠叨惹恼，完全听不进妈妈的话，因为很明显，妈妈根本就不知道学校的作业有多无聊，学校的老师有多不可理喻。）

让我们假设事态是另一种发展形势：

佩妮对雨果非常失望，她也意识到了这一点。她做的第一件事，是建议他们两个人能在当天晚些时候专门找个时间好好谈谈，这也能给她更多的时间，把事情想得更清楚。在她继续忙自己的事情时，她提醒自己，不要有"财富思维"。十二岁时的雨果并非十六岁、十八岁或二十二岁时的雨果。她并不能断言，孩子会长成一个懒惰的人。事实上，如果她能面对事实、保持诚实，她就知道孩子也不太可能长成这样的人。然后她提醒自己，要认可与关爱雨果的大脑——正是他的大脑，让他能够沉浸在涂鸦的世界中。雨果和弟弟不一样，也和妈妈不一样，但他天马行空的想象力某种程度上恰恰造就了他，而她其实也很喜欢儿子这一点。

后来母子二人聊天的时候，是这样对话的：

佩妮：我想先给你道个歉。我知道自己一直在唠叨你，说你必须做自己不想做的事。我刚刚意识到，我之所以一直跟你强调这件事，在某种程度上是因为我担心，担心你不明白——要是有件事对你很重要的话，你可能必须得先做另外一件不喜欢的事，才有机会去完成心愿。我知道这听上去很奇怪，但我相信只要假以时日，你最终能明白。

雨果：你没事吧，妈妈？

佩妮：我没事。我是说，我真的认为，做你不想做但该做的事，其实很重要——比如做好自己的卫生工作，或者要是有一天你不想上学了，那上学其实也算这样一件事。但这需要咱俩共同努力，我们可以把这当作一个长期目标。

雨果：好的。我觉得可以啊。

佩妮：我在想，以后每周日开个家庭会议吧，这样会比较好——咱们可以讨论什么方法好，什么方法没用，也能试着互相帮助，以达成长期目标。

雨果：（翻白眼）

佩妮：这周日咱们就试试，好不好？咱们可以叫点外卖，边吃边谈，这样比较有趣。

雨果：那我想点泰国菜。

## 有效沟通的关键点

我们不妨先假设一下，你已经把前四章读透了，而且就你判断，你没犯下任何错误。你跟孩子关系亲密，你会去练习使用同理心，也会尽最大努力去扮演一个顾问型家长的角色，给孩子提供支持。你甚至也使用了本章中的很多话术，但你还是有个大问题：你家孩子在大部分科目上都不及格，或者会抽烟或有其他不良嗜好，或者身体超重；而你也知道，孩子自己本身也深受其扰。虽然你很支持孩子，也没给孩子施加压力，但让孩子每况愈下的种种行为仍在延续，因为他似乎没有一丁点动动手指改善情况的打算。在孩子的生活中也没有什么能产生积极意义的消遣活动，鼓励孩子多多努力也因此变得无从下手。这种情况下，你还真能做些什么，积极地去影响孩子呢？

正如我们所说，动机的变迁是一条崎岖的山路。有时候，光靠与动机相关的科学知识远远不够，而这时候你需要动用的，便是我们会在下一章呈现给你的——与改变相关的科学知识。

**5** 第 5 章
# 使用励志访谈引导孩子自主改变：
## 提升孩子的自我掌控感

　　为什么人们总是很难做出改变，让自己生活更健康？这是一个多年以来，难倒无数商业顾问、教师、营养师、家长、医生和治疗师的问题。为了解决这个问题，一个新兴的科研领域，即"改变的科学"应运而生。

　　该领域的前沿研究已经找到了有效的技术手段。改变往往同时涉及父母及其子女，所以最好的技巧一定是基于这样一条永恒的智慧：你无法改变他人，你只能改变自己。

　　本章会鼓励你去把跟孩子的互动看作一种舞蹈，这种舞蹈就像华尔兹或探戈，而不是抖音里的网红舞。如果你在跳舞中除了踩舞伴的脚之外，什么都不会做，那就别指望舞伴能有什么舞姿可言，更别说跟上你的步伐一同起舞了。你所能做的，其实就是先优化你自己的舞步，这样你们才更有可能产生行为上的同步。顺便一提，在改变自己舞步的时候，你还能感受到自己非常有力，也非常沉着。它能带来一种你迫切需要的（人人都迫切需要的）掌控感。

　　你不必在孩子好像要走上绝路时，仅仅做一个被动的旁观者。虽然你不能将改变强加于子女，或逼着他们想要改变，但你还是可以帮他们找到自己需要有所改变的原因——为此，我们要为你介绍一种名为励志访谈的有效手段。如果你的孩子非常焦虑、缺少动力或总是很叛逆，那强迫他们去面对自己的恐惧、去努力工作与学习或是服从你的安排，注定只能是浪费时间。但是，你还是可以有所作为：调整你对他们行为的反应模式，不去强人所难，而是诱发改变。

　　正如你将读到的，有时候，最强大的力量来自简单地看看自己脚下，而不是指挥孩子挪动脚步。

## 和孩子探讨他们到底想要什么：励志访谈中该怎么说

　　威廉·米勒是一位心理学家，他在 20 世纪 80 年代接待过很多有酗酒问题的客户。他注意到，他总是试图通过指出少喝酒能带来什么好处来解决客户的问题，却从来没有成功过。他的客户甚至会坚决否认他富于逻辑的规劝内容。米勒知道很多与成瘾有关的知识，但他也对"改变的科学"同样感兴趣。因此，他不再试图强行改变客户们的想法了，而是帮助他们去探索自己喝酒酗酒的体验，以及酒精如何影响了他们的生活。他会表达同理心、肯定，并引导他们去检视有哪些东西可能会促成最终的改变。事实证明，这种策略实际上为行为的改变开辟了更多可能性，他的客户经常在没有任何实际治疗干预的情况下，就已经开始减少饮酒了。米勒和他的同事史蒂芬·罗尼克继续深入研究，最终开发了励志访谈，这是一种推崇内在动机，并将其置于核心位置的指导性交流手段。[1]

励志访谈中的一个重要见解，便是大多数人都对"改变"这件事秉持着矛盾的态度，就算他们的问题正在撕碎自己的生活，也是一样。例如，一个超重的成年人通常都很清楚自己能从减肥中受益，但也能意识到减肥需要下很大功夫去克制欲望、减少饮食和约束自我——而这很可能非常痛苦。他们也知道，他们可以尝试减肥；但减肥可能会遭遇失败，然后会觉得自己陷进了一个比以前更深的陷阱之中。同样，成绩不佳的学生通常都知道提升自己在学校的表现是件好事，大多数人也都希望能成为更优秀的学生。可同时，他们也意识到，就算他们尽了最大的努力，也还是有可能做不好，如果这样的话，打击可太大了。孩子们还知道，改善校内表现会让父母和老师满意地说"我早就跟你说过了吧"，但也会导致师长们期待自己能永远保持为学习付出巨大努力的状态。奈德曾经辅导过一个名叫亨利的少年，这孩子从来都不愿意勉强自己做任何事情。直到奈德碰见了他父亲，才完全理解了亨利为什么会这样，他爸总是把这样的话挂在嘴边："你老是这个样子，你老是这么懦弱。"尽管亨利的父亲希望通过这样的评论去激发孩子的廉耻心，让他更努力地学习，可亨利显然有着截然不同的解读：无论他做什么，表现如何，都永远达不到父亲的要求。

既然如此，那索性破罐子破摔，别上学不就好了。在天平的一端，他们希望自己的生活运转良好，也知道自己错过了那些可能对自己非常重要的学习内容。而在天平的另一端，他们可能会感到焦虑，害怕无法完成目标，害怕摊上什么自己搞不定的事。一旦父母的"扶正反射"被激活，他们就会把注意力集中在强调孩子生活天平的一端，比如"好好上学特别重要！"，然后，孩子自然而然地就会去强调他们内心矛盾的那一端，并为现状辩护："不上学也没啥大不了的，学校也不是啥好地方。"为了保持平衡，他们会紧紧抓住天平的另一端。米勒和罗尼克在他们的客户身上所发现的道理，也是同样：如果他们所不断强调的，是关于酗酒的矛盾心理中的这一面，那客户就会不断强调那一面。[2] 最终结果可想而知，那就是大家都被不可妥协的矛盾弄得精疲力竭。任何对你而言很重要的事情，基本上都有着矛盾的两面。坚定地就想要某个结果，或者坚定地就是拒绝某个结果，都要比和矛盾所带来的两种感觉作斗争容易很多。但你我——包括我们的孩子——其实都逃不掉，都必须去和矛盾的两面性作斗争。当有人——比如说家长吧——单方面试图加快节奏的话，其实只能起到反效果，把事态进一步推向极端，甚至打乱了原先"静待花开"的节奏。

虽然励志访谈涉及一整套复杂的技能，需要在培训过后才能在临床环境中使用，但其中的许多工具，如果父母想帮孩子厘清内心矛盾并找到改变自我的动力的话，也可以直接拿来就用。在这个过程中，父母可以知道怎样才能不给孩子"挖坑"、添麻烦——不要喋喋不休地去强调他们矛盾心理中的某一面——这会强化他们对改变自我的戒心。要想高效地使用这些工具来"检查"扶正反射，不仅需要耐心，还需要持续的努力，但这些工具的确可以帮助孩子做出决定，朝更健康的方向发展。

我们认识的一个男孩有了变成"沙发土豆"的迹象，只对窝在沙发里看电视有兴趣。他根本不想做任何体育锻炼，所以妈妈很担心他。她担心孩子不够自信，还怀疑孩子得了抑郁症，所以她只要有机会，就鼓励孩子去跑步，或者以任何形式活动活动身体。她这么做目的的无他，就是希望激活孩子身上内啡肽的分泌，并整体上改善他的健康状态。她本人是个狂热的自行车爱好者，所以也会反复跟孩子讲，每次去长途骑行，自己都感觉特别棒。但儿子对她的鼓励始终表现出一种抗拒，这简直要把她逼疯了。这么明显对他有帮助的东西，他为什么抗拒呢？很显然，他有足够的时间去锻炼，在科学课上也学过锻炼对大脑的重要性，他本人也希望自己能有更好的生活体验。那他为什么不激励自己去锻炼锻炼呢？运动成了母子之间的一个紧张点，甚至严重影响了他们之间的亲密情感。

最终，她尝试了一种不同的方法。她带儿子去他们在当地最喜欢的比萨店吃晚饭，说："听着，我想为一件事向你道歉。我一直给你压力让你锻炼，这对你来说其实不公平，甚至可能让你觉得还挺烦人。我喜欢运动，因为这能帮我更好地处理生活中的压力，也能让我对自己和世界感觉更好。我希望你也能这样。但我也明白，运动带来的也可能是不快。你会出汗，会不舒服，会很辛苦。所以我也明白你为什么不想运动，以后我不会再提这事儿了。你比任何人都更了解自己的身体，知道自己想要什么，所以你应该做你觉得真正正确的事情。但如果你决定自己确实想得到更多的锻炼机会，那我很乐意尽己所能提供帮助。"

对于她的道歉，儿子非常感激。过去了几周，又过去了几个月，妈妈说话算数，再没唠叨他、催他去锻炼。他想要运动，因为他相信妈妈，知道运动会让他感觉更好，他也想减轻一些体重，保持身体健康。但他也的确很反感运动，所以他内心有很大一部分是抵触体育锻炼的。他从来没有真正表达过想和妈妈一起改变的愿望，但他确实偶尔会骑上几次家里的动感单车，这可是他以前从来不会做的。一段时间后，他还向妈妈申请经费去参加一个健康管理项目——通过这一项目，他每天都会收到专门的食谱和个性化的训练程序。当他不再因为感受到妈妈的"扶正反射"而扣下反抗的扳机时，就能自己克服内心的矛盾心理了。

## 第一步：提出问题

励志访谈中有几个元素非常关键。其中最重要的，便是我们应该多听、少说。本章标题中的"沉默"二字便由此而来。我们所提出的问题，应该能：鼓励孩子去进行自我反思；帮助孩子搞清楚有哪些价值观与目标对自身动机而言非常重要；帮助引导孩子与我们进行励志访谈中与改变有关的交谈，或者针对改变如何发生以及为何发生的沟通。这一点非常重要，因为如果孩子越多地听到由自己口中说出为什么改变以及如何改变，他们就越有可能改变。我们可以从"改变什么、如何改变或者为什么要改变"开始去跟孩子沟通，比如这样问——"如果你想更加努力的话，你打算如何去做呢""你认为有什么方法能帮你坚持更久吗"，或者"你打算在今年年底达到怎样的水平"。

　　其他一些能够展开沟通的话术包括：

- "你觉得你跟教练的关系怎么样？"
- "你对自己接下来的几周怎么过有没有什么想法？"
- "你曾经做过哪些对你产生过帮助的事？"
- "如果从十一点半睡觉提前到十点半睡觉，你觉得会对你有哪些好处？"
- "你能跟我再说细点吗？"
- "你能跟我解释一下怎么做吗？"
- "你觉得怎么样？"
- "你觉得你希望自己能有多么努力？"
- "进考场的时候，你希望自己已经准备到了怎样的程度？"
- "你觉得自己的成绩在多大程度上反映了你的努力水平？"
- "你觉得自己为什么总是记不住要倒垃圾呢？"

　　不要直接回答你所提出的问题。励志访谈就像游戏，通过抛出二十多个问题来迫近答案——在这个过程中，你是在寻找信息，而非试图敲定结论。"你为什么不多花点时间在这件事上"往往会被理解成"你该再努力点，该做得更好"。虽然开放式问题通常有更好的效果，但靠"是"或"否"就能回答的闭合型问题其实也能激发出长而完整的对话。下面是一些好例子：

- "你是否跟你所希望的同样努力？"
- "你满意自己的努力程度和准备工作吗？"
- "你的成绩对得起你所付出的努力吗？"
- "你知道为什么这对你很重要吗？"（你可以拿这句话跟"你为什么想要做这件事？"对比一下。）
- "你认为这已经差不多是你能做到的最好的状态了吗？"
- "这件事对你来说有没有重要到需要去花更多时间的地步呢？"
- "你做得像你所预期的那样好吗？"
- "你希望自己有个为此付出更多努力的理由吗？"

## 第二步：倾听和认可

多使用第 1 章中的反思性倾听技术和再确认技术，可以让你的孩子知道你是在努力去理解他们，而不是试图评判他们。下面这些评论，可供你在沟通中选择：

- "你本身就很难过了。现在出了这事，又是雪上加霜。"
- "所以你正在琢磨，当初为什么决定那么做。"
- "我从你话里听出来的意思是，你很担心自己是不是准备好了去上大学。"
- "那真的需要很大勇气。"
- "你希望朋友对你真心真意，因为你就是个对别人真心真意的人。"
- "你下定决心要改变现状了。"

- "很明显，为了完成那项任务，你真的很卖力；所以我也能理解最后任务没完成，你会失望。"
- "尽管这会让你的社交生活变得更复杂，但你的确不想做违背自己的价值观的事。"

在你倾听孩子的时候，一定要留意那些意味着"改变"的话语。例如，某个缺少动力、学习成绩一直不好的高中生，很可能会亲口承认，自己担心要是成绩继续这么糟糕，以后就没资格加入优秀学校的篮球队了。或者，某个五年级的女孩，一碰到困难就放弃，但也可能会失望地表达，她的朋友踢球踢得比她好，画画也画得比她好。当孩子们的话语透露出了他们意识到有所改变对他们有好处时，我们就要继续倾听和再确认孩子说的内容——而非单纯充满热情地强化他们矛盾心理的积极一面。

## 分享你内心的矛盾

向孩子展示你其实也在努力克服自己的矛盾心理的最好的方法之一，便是用语言把它表达出来。"我真的知道自己不该喝那么多汽水。但我的确太喜欢喝了。汽水很好喝，也能给我补充能量——大热天里，这就是我要的嘛。而且我也担心如果我不喝的话，脾气会变差，人也容易疲劳。但另一方面，我的牙医也嘱咐我一定要少喝，不然我的牙齿就更容易变色，而且我也不想因为喝进太多玉米糖浆而得上糖尿病。"你越是对于你如何处理自己矛盾心理这件事保持开放，孩子就越能认识到类似的矛盾心理如何影响着他们对自己生活做出的决策。

你也可以强调靠自己解决问题的重要性，比如："最近有个同事找我聊，说他碰见一个问题。我本能地准备立刻告诉他一步步该怎么做，但转念一想，其实有更好的方法。他的问题毕竟是需要他靠自己去解决的，所以我没有好为人师地教他什么，而是问他有什么需要我帮忙的吗？"

作为家长，你总是可以通过表达你在什么时候会感觉害怕，以及自己是如何处理的，来给孩子做好表率，让他学习到一些应对困难的技巧。我们不妨以公开演讲为例，这是一件很多成年人都唯恐避之不及的事。让他们去做个演讲，跟要他们命一样。你可以说"我真的不想做演讲，但我也不想对演讲抱有恐惧心理"，或者说"所以，要是我感到非常焦虑，我想我就会告诉自己，能发生的最糟糕的事是什么，有可能发生的最让我难堪的情况是什么，但同时，我还会告诉我自己，我能处理好"，也可以说"我也可以在观众里安排一个认识的人，看到他就能给我勇气"，还可以说"也许我会在演讲结束后，犒劳自己一块巧克力蛋糕"。

### 第三步：戴上你的顾问帽

一旦你非常确定孩子愿意考虑改变，你就可以使用我们在第 2 章中探讨过的顾问型表达了。为了帮助孩子找到属于自己的解决方案，你可以多问些问题，比如"你觉得自己怎么才能做到呢"，或者"你认为你可能会遭遇哪些来自朋友的负面影响呢"。当你认为自己已经能跟孩子交心的时候，就可以进一步提供建议，或提出一些可能用得上的改变方法。多使用这样的短语去表达："值得考虑一下，你要不要……"，或"我想知道一下，如果你……，会不会能起到一些作用"。励志访谈所采用的沟通框架，是"引发－提供－引发"：①引发出孩子们想要的事物，或者想知道的事物，换句话说，就是要让孩子买咱们的账；②提供符合他们需要的信息；③进一步引发他们对这些信息的更深入的理解。成人不该直接告诉孩子们该做什么，或者该如何去解读信息。相应地，

"引发 - 提供 - 引发"的框架才能真正唤起孩子们对信息的深入理解。

妮可·布拉迪（Nicole Brady）是一名社工，在一所大型高中工作，她几乎每天都要使用励志访谈与学生沟通。她最近在接待一位名叫珍妮的学生。几年来，珍妮一直大量吸食大麻 ⊖，还会在聚会上服用毒品，而这极大地影响了她的成绩以及她与家人的关系——不过珍妮从来都承认这一点。她的家人来向妮可求助。

在与珍妮的一次交流中，妮可一开始就明说："我不是来告诉你该做什么的。我相信已经有很多人告诉你该怎么做了。"珍妮则很明显地放下了之前应对"扶正反射"时的否认态度。

妮可接着问："如果让你给自己停下来不吸毒的意愿评个分，从 1 到 10，你能给几分？"

"哦，不不不。"珍妮说，即使是 0 分，对她而言也接受不了，"我还要继续，我根本就停不下来。"

"好的。"妮可说。她知道，只是告诉珍妮"要是你继续抽这么多大麻，大脑和生活会发生什么"根本就没用。妮可跟我们沟通时说："如果这样讲，她要么会说'才不会，别人的大脑和生活会这样，但我的不会'，要么会说'行吧，但我不在乎'。"

相反，他们聊了一会儿珍妮的生活，她摄入大麻的情况，以及她为什么这么喜欢抽大麻。对珍妮个人来说，大麻还是有很多好处的，每次她挑出一个好处出来解释，妮可都不会否认或说服她改变想法。她只是点点头，重述珍妮说的话，告诉她自己听到了，自己不会评判什么。她不停地去问更多开放式问题，试图从中倾听到与"改变"有关的话语。有一次，珍妮好像已经歌颂完了大麻所有的好处，顺带说了这么一句："唉，这东西就是有点贵。"

"哦？"妮可问。这就是她一直在等待的，意味着"改变"的话语。"假设你没有花那么多钱在大麻上，那你能拿这些钱来干什么呢？"

---

⊖　大麻只在美国部分州被允许合法化，作者在本章谈及相关案例和研究意在说明吸食大麻对青少年的不良影响。——编者注

珍妮也变得活跃起来。"我可以去做头发呀。我还可以买很酷的鞋子穿。"

"如果你决定每周只去买一次大麻，而不是两次，会发生什么呢？这样的话，你是不是就有足够的钱去做头发了呢？"对此，珍妮只是耸了耸肩，妮可也就没有继续追问。

不过在她们下一次约见时，珍妮说："看，布拉迪女士！我做了美甲！"

妮可问她哪来的钱做指甲，珍妮说她那周就只买了一次大麻，省下了一些钱。

"酷啊。"妮可说，"做美甲的感觉怎么样？""我超喜欢！"

妮可发现了珍妮所在意的新东西，它让她不使用大麻也能得到同样的激励。

珍妮还是照常跟妮可定期见面，渐渐地，她越来越不怎么碰大麻了。妮可开始和珍妮一起记录她的成绩。她不会对成绩好坏进行任何评判，而只是单纯建议，他们可以把每次的成绩都写下来。虽然珍妮一直认为自己的大麻用量并不影响她的学业表现，但她自己现在可以很清楚地看到，随着大麻摄入的减少，她的成绩提高了。其实她也特别在意自己成绩的好坏——跟所有的孩子一样，她也希望自己的生活能通过努力越变越好。

显然，父母很难去跟他们怀疑有吸毒问题的子女进行这种平和而不加评判的交流讨论，其中部分原因是绝大多数孩子在面对吸毒这件事时会选择撒谎。还有一些父母本身因为过度焦虑，所以很难真正做到倾听孩子。还有一些青少年的吸毒问题已经严重到了必须强制进行戒断治疗的地步，等不及给他们时间洗心革面。如果家长担心孩子可能身陷毒品或药物成瘾问题的话，我们强烈建议家长去咨询儿科医生或青少年毒品问题的专家。然而，如果父母发现了孩子有毒品或吸食工具，或因为其他原因怀疑孩子使用毒品，那大可以先安排一次平和、不加评判、针对事实的讨论（记得使用励志访谈技术），这样起到的效果要比愤怒地指责与对抗好。

如果父母试着去理解孩子的真实经历，而不是劈头盖脸地一通批判，往往更容易让亲子双方结成统一战线，并给教育带来更大的影响力。

## 学会停下迁就，以及处理对抗

接下来我们要谈谈焦虑，一方面是因为焦虑在孩子们身上非常普遍，另一方面是因为我们在应对焦虑的孩子时，有很多行为上的误区。焦虑的孩子对于让自己的焦虑水平降下来这件事，通常是非常矛盾的，因为这样做就意味着他们不得不去直面自己的恐惧。

甚至在新冠疫情之前，就已经有研究得出结论，大约三分之一的13 ～ 18 岁的青少年会在青春期的某个阶段患上焦虑症。给你一秒钟时间消化一下——三分之一！我们还知道，有80% 的高焦虑水平的孩子的情况是永远得不到改善的。[3]

还有很多焦虑的孩子不想跟涉及焦虑的疗法扯上任何关系。父母能看到孩子在受苦，但孩子不想处理这种痛苦——要么是因为他们没有改变的动力，要么是因为他们太过焦虑，又不愿意采取一个需要让他们直面恐惧的行动。就算一个孩子勉强接受了治疗，也往往不会为了让情况得到改善而去做那些所谓的"家庭作业"。许多父母转而改变方向，去迁就子女——因为除此之外，他们已经别无他法。

在许多方面，进化的力量都不会给当父母的留面子。在孩子尚幼时，我们把他们裹在襁褓中保护他们，在他们不安时安抚他们。我们的孩子只要一难过，就会看着我们，指望着我们做点什么。他们一哭，我们就会醒过来。我们还会时时担心，他们会不会太热、会不会太冷。如果有什么东西看上去可能伤害到子女，新手父母的表现，也堪比发怒的熊。倘若我们没有这样的本能，我们的物种就不会得以繁衍与存续。但随着孩子年龄渐长，我们又不得不与这些本能的冲动去作斗争。我们必须要确保，我们的那些保护和安抚的本能行为不会沦为心理学家们所说的"迁就"。

所谓"迁就"，就是你为了不让孩子难过，或者在他们难过时为了让他们能平静下来，而做的那些事。它有两种表现形式：积极干预孩子的焦虑表现，以及更改家庭中的常规行为。最常见的"积极干预"之一就是为了安抚焦虑的孩子，一遍又一遍地去回答孩子同样的问题。比如我们认识的一位家长，每天晚上都必须告诉孩子，周围没有鸡，所以别担心！还有就是要每晚都睡在有分离焦虑的孩子身边。而更改家庭中的常规行为则可能看起来像是要专门去为孩子制定某种严格的规矩，比如永远不离开孩子左右，这样孩子就不会在家里的房间中独处，再比如因为怕狗的孩子曾经在某条街见过狗，那只要带着孩子，就躲着这条街走。研究表明，95% ~ 100%的父母会"迁就"孩子的焦虑，这也导致了焦虑逐步发展成一个系统性问题——我们的意思是，整个家庭似乎因此而陷入了一种没有任何成员能够受益的模式。[4]"迁就"通过增强父母的控制感来降低父母的压力。如果孩子害怕分床睡，"迁就"还能让当父母的收获整夜安眠，它也会降低家庭内部因为种种琐事所导致的情感内耗。迁就的确能让焦虑的孩子在短时间内感觉更好，但也会强化他们的逃避行为。

不过，由耶鲁大学儿童研究中心的伊莱·勒布维茨（Eli Lebow-itzz）所创建的一个名为SPACE（面向焦虑儿童情绪问题的支持型养育项目）的项目点燃了父母的希望。[5]SPACE已经被证明在降低儿童焦虑水平方面和认知行为疗法（CBT）一样有效，而且它的受众是父母，而非孩子。[6]它所教授的工具都基于这样一个前提来设计：唯有对方先要求我们帮助他去改变，我们才能真正让他有所改变。如果你单方面想改变某人的行为，而对方自己却毫无此意，那你不管怎么做，都只能让冲突升级而已。其实父母最该做的，恰恰是先改变他们对孩子的焦虑的反应。

SPACE 项目有两个主要目标。第一个目标是通过支持性陈述将两件事加以结合，来提高父母对于焦虑子女的行为表现的接受度，这两件事分别为：①表达对孩子的同理心和认可；②在沟通中展现对孩子应对挑战的信心。支持性陈述可以包括这些内容——"我知道这真的很可怕，但我 100% 相信你能处理好"，或"我知道这对你来说很难，不过我也知道你有能力应对困难"。第二个目标是减少对孩子的迁就。SPACE 项目要求父母在做出任何改变去"迁就"孩子之前，都要先完成支持性陈述。然后，项目还要求父母识别自己迁就孩子的各种方式，并要求父母随着时间的推移，决定该中止哪些迁就行为。一旦制订了终止迁就的计划，父母就要通过阅读书面声明，将计划告知孩子，这一工作最好能在父母和孩子双方都非常平和的时候进行。例如，父母可以通知他们焦虑的女儿，他们将不再时时刻刻告知她，自己正在房子里的哪个位置做什么。这种书面陈述应该从换位思考开始，解释某个具体迁就行为为什么没有用，然后还要让孩子知道父母将如何改变他们自己的行为，以及表达对孩子的信心，认可他们处理自身焦虑情绪的能力。重要的是，这份声明所关注的是父母行为将要发生怎样的改变，而非关注于要孩子发生怎样的改变。

SPACE 项目还包括能帮助父母管理自身压力和焦虑的多个工具。根据 SPACE 的项目手册，随着父母学着去掌握那些管理自身焦虑的工具，他们也传达出了这样的信息："其实我过去并不认为你能应对焦虑。我会因为你的事而感到害怕，现在我知道了，这么做反而会让你更害怕。我已经明白，你其实要比我想象的更坚强。我非常确定，你能应对好焦虑。所以现在，当我为你担惊受怕时，我会先做做深呼吸，这能帮我平静下来。我会告诉自己，你其实很坚强。我也想帮你去使用这样的工具。"[7]在这件事上，可以给孩子设置一些奖励，因为在没有你出手的情况下，奖励很有可能会帮助孩子们克服内心的忧虑，进而使他们得到某种提升。但首先，你主要关注的，还应该是你自己的行为。

父母开始减少他们已经持续了几个月甚至几年的迁就行为后，孩子们往往不会顺风顺水地全盘接受，这再正常不过。他们会变得极度焦虑、歇斯底里，甚至对自己或父母提出各种苛刻的极端要求，甚至威胁父母。面对这样的对立，你必须继续保持坚强，不要把冲突升级，也不要跟孩子针锋相对，更要杜绝以牙还牙式的冲突。不要大喊大叫、争吵拌嘴，也不要让大家卷入关于"谁说了算"的争斗中。你该做的，就是好好坚守阵地。

SPACE 项目对于这么做的难度有着非常严肃的态度。这么做需要好好地管理情绪，也违反人的直觉，而且还需要大量的自我约束。父母在面对子女的苦恼时，需要工具来帮助他们找到自己的"定心鼓"，这样才能反过来，让自己成为孩子的定心鼓。

SPACE 项目在执行中还进一步发现，那些最好的方法中，有相当一部分来自非暴力抵抗（NVR）。圣雄甘地就是用了这种方法，才让大英帝国在印度服了软；马丁·路德·金也是用了这种方法，才推动了美国的种族平等。乍一看，我们说的好像和主题有些不沾边——这跟焦虑的孩子又有什么关系呢？但多亏了以色列心理学家哈伊姆·奥默（Haim Omer）的努力，他最初在接待存在暴力问题与自私问题的孩子们时，就使用并优化了 NVR，后来又调整了 NVR 的目标和策略，使其可以为父母所用。[8] 这些工具可以让父母在面对孩子的失控情绪时，帮他们减轻自己经常容易感受到的无助感。

下面就是一个使用 NVR 的实例：

假设你打算采取这样的行动，比如说，你要自己回卧室一会儿，留孩子在客厅里独处一段时间，而这可能是他非常不愿意面对的情景。那你可以这样说："我现在要自己回卧室一段时间。我会在十分钟后出来，出来以后，会好好恭喜你一下，你能那么勇敢。"在解释自己的打算时，要采用平静、平稳的语气。

孩子不可避免地会开始反抗：妈妈为什么要这么做？她以前总是不管去哪里，都让我跟她一起！那你可以这样说："我现在先做个深呼吸——同时告诉自己，你其实很坚强。你是可能做得到的。"切记，不要替他们去努力。他们需要经历从不知道如何应对这一切到知道的全过程。他们需要创造一个可以在以后再次调用的神经通路。

那接下来会发生什么，其实并不难想象。孩子会崩溃，会哭闹。你也很生气，因为你还有事情要做，根本就没时间看着孩子发脾气。你可能只想呵斥："我离你也就三米远！你自己克服克服！"然后狠狠在身后关上门，让孩子自己哭自己的，而你索性眼不见心不烦。你还有可能想去安抚他们，或者自己服个软，让孩子跟着你算了。但根据NVR的使用要求，你不应该做出上述任何举动。你要尽可能地减少自己的参与。你可平静地重述你在做什么，以及为什么这么做。但是只重述一次就好！这种事情，做得越少，效果越好！而且你可以重申，你会再出现的，只要孩子能挺过来就好。然而，如果孩子变得极度不安，或者表现出了攻击性，通常来说，最好直接回到你的卧室，让孩子们有机会能处理自己的感受。SPACE项目的一个重要特点，就是把支持者也融入了项目中。所谓支持者，就是能帮助父母更好地不去迁就孩子的人。支持者可能会给孩子提供口头上的支持，例如"我真为你感到骄傲"，或者在父母离家期间，来陪陪那个有分离焦虑的孩子。

电影《灵魂歌王》是一部记录已故的伟大歌手雷·查尔斯的故事的传记片，其中一个场景就提供了一个很好的例子。在这一幕中，年幼的雷刚刚失明，开始以盲人的身份去应对生活。有一次，他被一把摇椅绊倒了，便哭着要妈妈帮帮他。母亲就站在几英尺⊖远的地方，但拒绝了孩子的请求，只是默默地看着。几秒钟后，他坐了起来，开始追踪他

---

⊖　1英尺＝30.48厘米。

所能听到的那些声音：先是旁边驶过的火车，然后是屋里的一只蟋蟀。他留意着这些声音，认真地去分辨。随后他说："我也能听到你了，妈妈。"然后他小心翼翼地走向妈妈，找到妈妈，拥抱妈妈，这时他的妈妈哭了起来。雷问她为什么要哭，她说："因为我很开心啊。"[9]

如果雷的妈妈去扶孩子，我想所有的家长都能理解。他又年幼，又害怕，简直太可怜了。但如果他的母亲因为可怜他而迁就他，就会让他失去机会，使他无法去面对一片黑暗的世界给他带来的恐惧。而且，她会让他觉得自己是个应该被他人怜悯的人，或是个需要被他人拯救的人。如果每次他一摔倒，妈妈都去扶他，那他就永远无法拥有那些现在他能使用的绝佳资源。她站在孩子身边，但在他努力解决问题时并不横加干涉。这样做，能传达她对孩子的信心。

通过改变我们自己的行为来帮助我们的孩子，这种方法很好，却可能带来非常大的挑战；而且抚养焦虑子女的父母需要的种种外界支持，往往都无法得到满足。在此建议，这些家长可以从读一读勒布维茨的新书着手，书名为《摆脱孩子的焦虑情绪和强迫症》（*Breaking Free of Child Anxiety and OCD*）。如果还需要更多的支持，则可以找一位在 SPACE 项目中受训过的心理治疗师。在 SPACE 项目的网站 spacetreatment.net 上，有美国各州受过训练的治疗师名录。

## 随着孩子年龄的增长……

到目前为止，对如何帮助低龄孩子面对恐惧这件事，我们已经谈了很多。但是年纪大一点的孩子们呢？如果一个"孩子"已经十八岁、二十岁，甚至跟比尔的一个客户一样，已经二十三岁了，家长又该如何去使用 SPACE 和 NVR 技术呢？

从查理六岁开始，比尔就断断续续地接待过他好几次。虽然查理患有 ADHD，但他在十几岁就读于一所管理严格的寄宿学校时表现非常不错。不过高中毕业后，他又碰上了大麻烦。他几次尝试去大学求学，都失败了，他也或主动或被动地失去了很多工作机会。当一事无成的查理二十三岁时，他来向比尔求助。彼时的他，住在爸妈家的地下室里，每天中午才起床，然后一边玩游戏，一边抽大麻，直到凌晨四点才睡觉。比尔并没有急着与查理进行"改变谈话"。先是查理对自己"一事无成"的现实以及经历过的种种失败表达了强烈的悲伤与羞愧；接下来，比尔和查理讨论了一下他想做出的一些改变。双方也都认同，要改变不是件容易事。比尔给他介绍了几个治疗师，以备所需，但查理从没联系过他们。

比尔还和查理的父母谈了谈，你可能已经猜到了，他们对儿子的事儿不仅感到沮丧，甚至感到恐慌。他们不想让他就这样过现在的生活，但也不准备把他赶出家门。他们甚至觉得自己已经是孩子在流落街头前的最后一道屏障了。比尔建议查理的父母告诉孩子，他们会支持他为自我发展所做的任何努力，但绝不允许他在家里吃白食，因为那对他来说才是最糟糕的事情。请注意，如果不是确保查理有机会获得心理健康支持，同时确信查理并没有患精神疾病，比尔是不会如此建议的，要不然他真的很有可能会流落街头。

查理的父母不再说教和责骂孩子，这也成了亲子关系发生改变的契机。他们还告诉孩子，如果他不是全职就业或投身志愿者工作，也不是全日制就学的话，他就得搬出去。对父母来说，这是一条很难接受的养育道路，对像查理这样的年轻人来说，这也是一条充满艰难的人生道路。查理表示理解，但有那么几次，他还是愤怒地挑战了父母提出的时间安排，争辩说如果他没法在家多待些时日的话，就一定会沦为流浪汉。但他的父母一直很坚强，不管是面对查理的恳求和抗议，还是面对自己内心的恐惧。他们问过自己："我们该怎么做，才能坚守信念，而非转而攻击我们的孩子，甚至放弃我们的孩子？"他们不想逼着孩子做什么。他们也不想责怪自己的孩子。他们甚至都不想去"挽救"孩子，因为他们知道所谓的"挽救"根本帮不了他。在查理的父母明确表达了立场，并且重申了自己会坚持立场后，查理最终给比尔几周前就介绍过的一位成瘾问题治疗师打了电话。

一年多后，查理的父亲亲口告诉比尔，现在的他对孩子，持有一种谨慎乐观的态度。查理戒掉了大麻，也大大限制了自己玩电子游戏的时间。成瘾问题咨询师还为查理建立健康的睡眠周期提供了支持。查理已经完成了超过一个学年的社区大学课程，还找了一份兼职工作。大约两年后，查理的父母给比尔发了一封标题为"简直无法相信！"的电子邮件。邮件中，他们接着解释：查理已经在大学里攻读最后一个学期的课程了，马上就要从电气工程专业毕业。他们还报告说，他现在会驱车50英里<sup>○</sup>去上班，做一份跟工程有关的工作，而且他还做得非常棒！他甚至还有了个爱他爱得一塌糊涂的稳定女友！又过了一年，也就是最近，比尔又收到了查理父母的一封来信。信中说，查理已经获得了学位，当上了工程师，也有非常成功的职业生涯，最近还刚刚结了婚。尽管查理仍在努力提高自身比较低的自尊水平——毕竟他在年轻时经历了太多的失败，他的父母在信中还是将他评价为一个善良、上进、坚强的超棒的年轻人！不管谁和他在一起，都能收获到单纯的快乐。（这可是在被他折磨了那么多年后，他父母说出来的话！）

这些方法能够非常有效地改变家长和子女的相处模式。这些方法好处多多，也会鼓舞家长，让他们更有信心。但我们也希望大家清楚，对于极度焦虑的孩子来说，不管他们年龄多大，专业帮助都是至关重要的。虽然在不够理想的情况下，他们会拒绝外界的专业帮助，但仍有一线希望：通过像SPACE这样的项目，家长可以找到方法，先帮助自己，再帮上孩子。

---

○　1英里＝1.609千米。

## 大脑里的真相

很久以前有这样一个公益广告，上面写着"这是你的大脑；这是你吸毒后的大脑"，还在后者图像中搭配了一颗吱吱冒油的煎蛋。这其实还挺准确。药物和酒精的短期影响包括认知能力受损，认知处理速度减慢，记忆力、协调性和情绪功能受损等。青少年饮酒的长期影响会更糟，因为其持久的负面影响会一直持续到成年阶段。对大鼠的研究表明，在青春期大量摄入大麻也会影响成年后大脑的发育水平，直接损害大脑未来的功能水平。[10]然而，出于对真实性的尊重，我们也要诚实地承认，对于酒精和大麻究竟对大脑有哪些长期影响，我们的认识也存在着局限性。[11]因为我们不能通过实验干预，主动把青少年分成"重度摄入组"和"绝不摄入组"来进行科学研究。这就使得学者们很难区分究竟哪一个是原因，而哪一个才是结果。[12]

然而，研究和简单的常识都表明，我们在情绪能力上的成长，比如培养出更强的压力耐受性和抵抗力，靠的是感受并处理我们的情绪，以及成功应对压力情景的经历。[13]对长期靠吸食大麻、酗酒来逃避自身感受的孩子们来说，那些能让他们情绪能力得以提升的经历则被剥夺了。

虽然我们可以用一整本书来阐述毒品如何影响了青少年的大脑，但我们还是在此先提出我们认为最具备说服力的五个要点：

1.青春期强化了大脑的"可塑性"，也让大脑对愉悦感更敏感——与成年人相比，青少年的大脑更容易受到压力激素、毒品和酒精的影响。[14]青少年的大脑也更容易陷入成瘾问题，绝大多数的成瘾问题都是在青春期初现苗头的。[15]吸食大麻的普通年轻人中，有相当高的比例会越陷越深，直到想戒都戒不掉。[16]不幸中的万幸是，已经有研究表明，年轻人的大脑可以从大量使用大麻的负面影响中得到一定程度的恢复。在一项对年龄在 16～25 岁、经常吸食大麻的人群的研究中，停吸 4 周后，实验对象会在语言记忆能力方面表现出了显著的改善，尤其是在第一周里，改善最为明显。[17]

2. 即便仅仅是短期服食大麻，恶果也不容忽视。这么做会导致学业出现困难——一部分原因是记忆力和专注力会受影响。大麻中的四氢大麻酚会影响海马体，也就是说会影响大脑记忆功能的正常发挥，降低大脑存储记忆的能力。持续服食大麻，则可能会影响青少年时期那些塑造成年大脑的重要的"雕刻"过程。大麻还会影响眶额叶的功能，损害学生们思考、学习以及执行认知任务时的能力。此外，它还会扰乱大脑中与调节平衡、协调合作与反应速度有关的系统，进而对运动表现和驾驶安全产生影响。[18] 长期使用的话，大麻会导致攻击性变强、滥用其他药物或酒精、危险的性行为增加、潜在心理健康问题恶化等问题，还会放大处方药物的负面影响。[19]

3. 许多年轻人会服食大麻应对焦虑，尤其是那些有社交焦虑障碍的人。[20] 比尔接待的十几岁少年们经常告诉他，要是抽点大麻，他们就能表现得更好，不过这通常意味着他们其实并不太在意事情有没有被真正地做好做完。虽然大麻确实对缓解年轻人的某些焦虑有短期效果，但已经有研究表明，长期服食大麻与焦虑水平的升高有相关性。[21]

4. 酒精对发育中的大脑来说尤其可怕。不管是动物幼崽，还是人类青少年，反复接触酒精都会影响脑白质的发育和功能。脑白质让脑细胞之间可以相互交流，对前额叶皮质和情绪调节相关的脑回路尤其重要。[22] 此外，一个人开始饮酒的年龄越小，他在余生中就越有可能陷入药物滥用的泥潭。[23]

5. 豪饮对大脑害处也很大，尤其是喝完之后的宿醉，甚至比喝酒本身更可怕。要是你天天喝酒，每天五小杯，可能会伤肝，但对大脑来说，影响不会负面到难以挽回的地步。可一旦碰见了机会，青少年和实验室环境下的动物幼崽，就会在短时间内比成年人和成年动物摄入更多的酒精。

青少年和年轻人群消费的酒精类饮品中，有百分之九十是通过狂欢式饮酒的形式下肚的，其标准是女性在两个小时内连喝四杯，男性在同样时间里连喝五杯。[24]情况非常不容乐观，他们在用最差的方式喝最多的酒，这会招致极大的风险。

对于药品和酒精，也许我们能给到孩子们的最好信息便是：能不碰就千万别碰；就算碰，也要尽量在年龄大了以后碰。[25]不幸的是，目前并没有什么优质的教育项目，能帮助青少年们在毒品和酒精方面做出更明智的选择。[26]就算孩子们知道了我们在此分享的科学事实，他们也无法真正减少自己追求冒险、新奇和愉悦的生理驱力。不过，从我们的经验来看，父母其实也能做到更有效地去和孩子沟通毒品与酒精，前提是他们能带着对孩子的尊重去沟通，把自己当作能帮助孩子的资源，鼓励孩子多和自己或者其他信得过的成年人沟通，或者也可以跟孩子好好分享你在这几页看到的内容。因为很多药物滥用问题都跟压力感受有关，所以作为成年人，你怎么说，恐怕要比说什么影响更大，所以我们建议家长去当值得孩子信赖的顾问，而非满口说教和责难的教官。[27]

## 今晚怎么做

我家 12 岁的女儿既健康又外向，也很友善。她非常聪明，很有责任心，成绩也不错。但她就是不去尝试新事物，尤其是对那些她认为自己可能不擅长的东西，更是不会去勇敢尝试。就算是她喜欢的运动项目，她也不去参加相关比赛。如果她想参演某个戏剧，但需要提前试镜的话，她也会直接放弃。有没有什么办法，能让我们帮助她培养出敢于冒险的勇气呢?

我们建议你可以从励志访谈的角度切入,跟孩子来探讨这个问题。你可以先问一些开放式的问题,比如,"你觉得咱们今年参加一下足球比赛,怎么样"或者"这个夏天你想做点什么",然后再用反思性倾听技术来让她知道,你在试图去理解她,而非评判她。在你提出问题、表达肯定时,要留意倾听任何能反映出她对改变持开放态度或对目前处境有所不满的谈话内容。如果她说她想参加学校的演出,那就对她的感受进行反馈,这样去问:"是什么阻碍了你去参加学校的演出呢?"如果她谈到她对试镜的恐惧或因为跟其他孩子不熟所带来的焦虑,你可以这样问:"如果你肯定能在剧目中得到一个角色,或者在团队中有自己的位置,你会怎么想?你会想试试吗?"你也可以问:"你希望不希望自己能更大胆地去尝试新鲜事物?"还要肯定在她抗拒背后隐藏着的恐惧——"要是真的出现这种情况的话,那的确挺可怕的。如果试镜被拒了,你觉得会怎么样?"要记住,在提问时不要表现出认为她就一定能最终获选的样子。请注意,你并不是针对她的恐惧提供答案。恰恰相反,你是在使用励志访谈技术来帮助她确立自身动机。她首先需要的是动力,然后她才会靠自己找到或提出跨越障碍的解决方案。

如果她表达意愿,不想继续那么焦虑,那可以考虑让孩子看看相关的书籍,来帮助她面对自己的恐惧,在此,我们推荐邦妮·朱克博士的著作《不焦虑的孩子》(*Anxiety-Free Kids*),与此同时,也可以让孩子知道自己有机会去跟专门治疗焦虑的咨询师会面。如果孩子有所抵触,其实也很正常——只要确保你没有以任何方式迁就她,从而逼着她进一步回避就好。你不能也不该去强迫她做任何尝试。但请留意,如果你无意间的举动,导致她在家庭生活中出现了更多回避行为,那你可以考虑找一个受过 SPACE 项目特训的咨询师来介入。

如果我通过简简单单地改变几个行为步骤就能起到这么好的效果,

那这是不是意味着孩子的焦虑或者其他问题，其实都是因为我做得不够好？

不，绝对不是。我们并不想让父母陷入对自己的惩罚。任何养着两个及以上孩子的人都知道，孩子跟孩子不一样，有些孩子就是要比其他孩子更脆弱一点。不过，我们应对孩子们焦虑的方式的确会影响他们焦虑的持续时间。虽然我们总是赞成要勇于向孩子道歉，向他们展示我们曾犯下的错误，以及这些错误怎么转变为重要的人生教训，但对父母来说最重要的还是要专注于改变自己现在的行为。

我八年级的儿子只关心两件事：体育运动，以及找朋友玩。他最不用劲的地方，就是功课。他说自己想进高中的校棒球队，但我很担心，他成绩太差，校队都没法收他。除了一直盯着他，我还能怎么帮他？

这种情况非常适合做励志访谈。别忘了使用"引发－提供－引发"框架。你可以这样问："你真的有自己所期待的那样努力吗？你认为自己努力的情况怎么样？"然后再向孩子提供一些信息，比如："咱们一起看看，进高中的学业门槛方面，有什么规定。"随后再让他自己把这些关键点联系起来，然后说："如果有什么我能支持你的，就告诉我。"如果他的成绩导致他没法上场打球，要共情他的失望情绪，而不是讲"我早就说过"这样的风凉话。看他遭罪，家长当然心疼，但一定记住，这其实是人生的重要一课。你可以主动提出为他提供帮助，好让他在下个赛季能满足进队的资格要求。然后继续开展"引发－提供－引发"对话。如果他加入了球队，但成绩还是不行，那你需要给教练打个电话。让教练去做那个和儿子谈成绩的人，而不是你自己冲上前，这样效果会更好。

## 有效沟通实操案例分析

泽诺比从小学到初中一直都是好学生，可她上高中后，成绩开始不断下滑。她的父母不想干预太多，但他们看着成绩每况愈下，也十分紧张。

他们注意到泽诺比经常抱怨老师——尤其是科学课老师，而且功课总是匆匆完成、得过且过，从不真正努力去做。孩子究竟怎么了？父母也很纳闷。她以前非常在乎自己的成绩，可现在她只要碰见不想干的事，就绝对不做。他们首先排除了使孩子学习动机突然下降的两个最常见原因：①接触大麻或其他毒品——她甚至连一口咖啡都不喝；②抑郁——她没有什么抑郁的表现。那她到底怎么了呢？

泽诺比的父母越是过问功课，她的戒心就越强。她坚持认为得"中"就表明她已经达到了平均水平，也就意味着她是个"中不溜"的普通学生，对她来说，这没什么问题。她的父母知道他们不该质疑孩子的品格，但他们也知道孩子其实很有潜力，所以孩子这样放任自流，让他们痛苦不堪。父母的评价涉及各种短语，比如"懒散""不努力"，而从泽诺比的角度来看父母，则是"控制欲过强"。

泽诺比的爸爸决定率先尝试改变他在舞蹈中的舞步。他说："在你学业这件事上，我是真的想改变一些我们彼此的交互模式。"，接着又说："对我们来说，你的成绩远远不及你重要。咱们不要再为这事吵架了。"

"听起来可以啊。"泽诺比说。

"尽管我们看上去非常在意你的成绩。"爸爸补充道，"但其实并非如此。我们真正关心的，是你会怎样去生活。你当下正在学习的那些知识，就能教你学会做需要做的事，去过自己想过的生活。"

"听上去你还是在说我要认真学习嘛。""不，并非如此。不管成绩是'良'还是'中'，它都不至于毁了你的生活，甚至不会彻底剥夺你接受更好教育的机会，如果你真的想接受的话。""嗯，行吧。"

"我认真的。"他坚持道，"要是你满意于成绩得'良'甚至得'中'，别人谁也没办法。但我其实从没真正问过，你对这样的成绩究竟作何感受？""你是问我满意不满意成绩是'良'或者'中'吗？我觉得，我还是挺开心的。我反正也得不了'优'，那讨论我对'良'和'中'的感受，又有什么意义呢？"

"我感觉你其实想拿'优'，但又做不到。这的确挺糟心的，真让人不爽。"

"没错，的确糟心。"

"那你知道让你拿不到'优'的原因是什么吗？别忘了，亲爱的，这问题跟我没关系，我只是好奇而已。"

话题就这样转向了泽诺比的老师们，有几位老师她实在是接受不了。尤其是科学课老师，她一点都不喜欢这个老师，所以一点努力学习的动力都没有。她的父亲对此表达了自己的共情，他们便继续谈论起来，有没有什么办法，不用接触科学课老师，也照样可以努力学习这门课。之后泽诺比又谈到了自己历史课的学习进度已经落下了太多，现在要往回赶会非常困难。而她爸爸再次做出了共情的表达。他不停地问女儿问题，让她自己去探索，如果她真的能努力挺过去，赶上学习进度，她会有怎样的感觉，以及"放手一搏"有着怎样的利弊。最终，泽诺比在那个学期还是没有回到成绩优异的状态。但通过和父母谈论学校里的糟心事，她收获了更多安全感，而父母又帮助她想办法改善了情况。

泰迪是一个焦虑的九岁男孩，出生以后的一大半日子都是和自己十二岁的哥哥住在同一个房间。全家人搬进新房子后，泰迪和哥哥分别得到了属于自己的房间。泰迪的哥哥很高兴拥有了属于自己的隐私空间，但泰迪一个人躺在卧室里却十分害怕，也很难入睡。为了确保他能在晚上睡个好觉，他的父母同意在头几个晚上坐在他的房间里，直到他睡着。他们原以为，一旦孩子习惯了新屋子，就能自己舒服地好好睡。

每次泰迪躺在床上，爸妈都向他保证，没什么好怕的，他们要么在楼下，要么就在隔壁房间。

但这似乎并没起什么作用。他们试着鼓励孩子，还说很多九岁孩子都已经能自己睡了。可好像也没什么帮助。然后，他们和泰迪一起努力，试图找一些方法帮他不再那么害怕。他试着听听音乐和有声读物，做正念呼吸，在指导下做冥想，甚至试着数夜灯照在天花板上的小星星。虽然这些策略对许多孩子都很有效，似乎也能帮泰迪平静一些，但只要父母离开房间，他还是会非常害怕，一再表示他们不在他就睡不着。

父母不得已，只能继续坐在泰迪房间里，直到他睡着，可他在睡前的焦虑问题非但没有好转，反而愈加恶化了。他们认识到，这种新情况是个亟待解决的大问题，他们觉得这种情况下，就算找个保姆来带孩子，自己也没法放心地在晚上外出。他们怀念过去的自由时光，同时也担心泰迪与日俱增的睡前恐慌。

幸运的是，泰迪的妈妈在书中读过这样的知识：有时候，孩子们最害怕的，其实是他们没有处理自身焦虑的能力。这似乎很契合泰迪的情况。于是有一天，泰迪在房间里玩的时候，父母开始了一次与他的谈话。

妈妈："我们知道，你真的很害怕自己睡觉。其实很多和你一般大的孩子都有同样的恐惧。尽管如此，我们还是认为，能自己睡觉对你有好处。我们已经意识到，坐在房间里陪你并不能让你的焦虑情况变好——事实上，好像还更差了。所以从这个周末开始，我们不能再坐在你房间里等你睡着了。我们很愿意每过半小时，就来看看你，直到你睡着为止，但我们不会一直和你待在屋子里。我们知道你其实很棒，我们也百分之百相信，没有我们，你也肯定能熬过夜晚。"

泰迪："可是我做不到啊！没有你和爸爸，我就睡不着！"

妈妈："我们理解你现在的感觉，但咱们可以一起努力呀。"

基于这一点，泰迪和父母一起针对他制订了一个计划：他可以在父母卧室的门口睡，爸妈晚上不会关门；如果他愿意，可以随时回自己房间。

头一晚并不顺利。泰迪哭着喊着说他自己睡不着。在父母看电视的时候，他好几次下楼去找他们，央求他们能坐在他房间里，陪他直到入睡。

妈妈："泰迪，我以前担心过你自己独处时会害怕，但现在我不担心了，因为我知道，你能做好的事，要比你想象中的多很多。所以，爸爸和我要继续看节目了。而且我们会像约定的那样，每三十分钟就过来看你一次。"

泰迪不断恳求父母，可他们一直努力保持着冷静，这样他们就可以帮助孩子看到，他们可以应对他的焦虑。尽管如此，他还是拒绝回屋睡觉，一直到父母要上床睡觉了，还是不愿妥协。不过他最终还是在他们门外的走廊上睡着了，次日早上，他们就是在那儿发现了熟睡的儿子。

次日晚上发生了同样的事情，不过泰迪的哭泣和哀求程度明显弱了很多。他的父母还是说会每半小时检查一次，不过他还是等爸妈进卧室后，才在走廊里睡着。接下来的几天，泰迪很累，实际上，全家人都很累。可他的父母还是告诉他，他们为他感到非常骄傲，他非常勇敢，熬过了漫长的夜晚。他们还告诉他，只要他需要，他想在父母卧室的门外睡多久都可以。在他们房间外面的地板上睡了一周后，泰迪第一次在自己的床上睡着了，很显然，他终于认识到，还是自己的床更舒服！他的父母注意到，他自己打开了夜灯——也许是要数星星吧。他似乎真的知道了，他能够控制自己的担忧与恐惧。

## 有效沟通的关键点

如果你正在因为有一个焦虑的孩子而烦恼，或者正为有一个问题很大却不愿做出改变的孩子而烦恼，那我们非常理解你的感受有多么糟糕。正如我们所说，看到你所爱的人身陷痛苦，自己却没什么能帮上忙的法子，你会有莫大的压力。你认为自己多少该做些什么，这样才说得过去——但这种想法是错的。请记住，父母不为孩子做的事，并不比为孩子做的事更次要。沉默有它的力量，倾听也有它的力量。不要带着孩子陷入周而复始的恶性循环，同样有力量。因为只有这样，他们才能获得为自己而改变的自由。想想沉默与坚强的力量，想想沟通的力量：我陪伴你，不离不弃；另外，我再也不想跟你吵架了。

第 6 章

# 如何与孩子好好沟通对未来的期望：

探索孩子自身潜力和内在动机

> "他们从来不过问他想要什么，只是告诉他该做什么，久而久之，他便什么都不想要了。"
>
> ——托芙·杨松《夏日书》

几年前，奈德辅导过一位名叫咪咪的年轻女子，她才17岁，却已经完全受制于自己的生活，以及她认为每天都要做的各种各样的事情。她说，父母希望她全科得优，而且要在标准化考试中拿高分。为了让申请大学时的简历好看，她还得参加很多课外活动。她认为自己的老师也对她抱有同样的期望。为了在沟通中找到突破口，搞清楚究竟是什么让这个姑娘时刻不能松懈，奈德问她平时都对什么感兴趣。

她想了一会儿，然后说："你知道吗？我不知道我对什么感兴趣。"

"一点都没有？"奈德示意她继续说。

她耸耸肩："我没想过自己对什么感兴趣。光想着满足别人对我的期望，就够我忙了。"你可能知道，我们二人非常喜欢搞笑的事。所以这番对话让我想起了我俩画的漫画里，我最喜欢的一幅——画中有一对家长，跟他们十几岁的女儿坐在一起，说："我们一直在思考，打算拿你的生活来做点什么。"

"好的。"奈德跟咪咪说，"我无意给你的待办事项再加一条，但考虑考虑自己的兴趣究竟是什么，可能的确是你要做的一件事。"

几周后，他得知咪咪的学校要举办一场大型时装秀，她也报名参加了。咪咪和其他几个学生为这个时装秀专门设计和缝制了服装，还亲自出马，为这场大型走秀做模特。奈德也参加了，正好坐在咪咪妈妈身后。在咪咪展示自己服装设计的整个过程中，她妈妈一直在低头玩手机。奈德估计，咪咪对时装时尚的兴趣可能从来都没被家人注意过，更别说专门庆祝一下了。

咪咪找到了可以让她更真实地去生活的方式，但执行起来，还需要点时间。后来，在一所并非她本人首选的大学读了差不多一年后，咪咪还是转学去了一所时尚业学校，研修时尚商业业务。她内心其实一直都有兴趣所在，但没有一个人，甚至包括咪咪自己，能真正留意到兴趣所发出的声音。因为周围种种期望带来的嘈杂声，实在是太大。

本章中，我们会追问，"对孩子有所期望"到底意味着什么？如果孩子说"我爸妈对我期望太高了"，又意味着什么？父母该认为孩子要达到爹妈设下的目标，还是该认为孩子要达到他自己定的目标？父母要相信孩子能够表现优异，还是要始终坚持孩子必须表现优异？父母究竟是不是总能知道，到底什么对孩子才是正确的、最好的？如果是的话，那这种情况在孩子多大的时候，就不再适用了呢？我们这样追问，部分原因是事实往往会证明，父母对孩子的期望最终会跟孩子对自己的期望产生分化。


## 两种期望：两件运动衫的故事

　　普利策新闻奖的获得者，记者罗恩·萨斯金德（Ron Suskind）在他的著作《深渊中的希望》（*A Hope in the Unseen*）中描述了这样一位母亲：生活在收入水平非常低的社区，却给儿子买了一件带有哈佛校徽的运动衫，就是为了表达她对儿子的希望与信心。这一行为得到了浓墨重彩的歌颂，因为既强调了对孩子能力的认可，同时也凸显了孩子可能要面对的那些负面刻板印象与既有成见。不过，要是把类似的举动放进另一个环境，则可能出现负面的效果。我们最近参观的一所位于西南地区的独立学校，就鼓励小学和中学阶段的孩子们穿印有他们想去读的大学标志的运动衫。学校的辅导员们不无理由地担心——许多学生的父母就毕业于哈佛大学或者斯坦福大学这样的名校，所以穿这些学校的运动衫很可能会对孩子们的心理健康产生一些负面效果，因为他们不一定真能考上这些学校。简单地说，期望可能非常健康，也可能极其有害。作为家长和老师，我们的挑战便是识别、坚守、推崇那些健康的期望。

　　买哈佛运动衫的那位母亲所传达的就是一种健康的期望。现在有很多研究都在探究类似于她所表达的这种期望有着怎样的力量。[1] 研究发现，父母经常向孩子传达对高学业水平的期望——比如说"你能做到很好"而非"你必须做到很好"——对学习成绩所起到的积极影响，要远远超过任何其他行为，比如严格监督孩子的空闲时间、盯着孩子做作业。单从安慰剂效应的角度，就可以很好地解释这一现象。针对安慰剂效应的研究都发现，信念或期望在对身体和情绪的疗愈中发挥着强大的作用。[2] 除此之外，还有更积极的消息：有研究表明，14 岁以下的人群对安慰剂的反应要比成年人更强烈——比如说，在涂抹了其实是安慰剂的药膏后，他们更有可能报告说疼痛问题得到了缓解。[3]

谈及成人的期望对孩子的影响，其中最广为人知的研究与教师期望有关，其中一项研究揭开了罗森塔尔效应（或称皮格马利翁效应）的面纱，该研究表明，如果教师对学生抱有更高的期望时，那学生的表现就能更好。尽管这些研究大多是在 20 世纪 60 年代进行的，但它们的影响绵延至今。我们接待的每个有色人种家长都说，他们最关心的问题之一，就是孩子的老师可能会对孩子的能力有偏见。用一位家长的话说："如果我家孩子通过鼓励本来能得优，而老师又觉得他得良就挺好，那我会很有意见。"对此我们表示理解，所以我们才建议老师们，不管面对哪个学生，都要先在内心做出两个基本假设：①孩子现在已经是尽力而为了；②总有办法能让孩子做得更好。

奈德的一大工作目标，就是帮助学生们提升成绩，而罗森塔尔效应帮了他大忙。奈德最喜欢的孩子之一，在一所很难进的学校的十一年级就读。虽然她已然是个"学霸"，但她姐姐却是个"学神"，所以这个女孩认为自己所有的朋友都跟她姐姐一样，学习要比她好很多。有一次做作业的时候，她答出了一道对所有人来说都颇有难度的题目。奈德漫不经心地念叨了一句："真是有意思。"

"怎么了？"她从作业中把头扬起来，问他。

"就是绝大多数人做这道题的时候，都没你理解得正确。你这人平时不显山不露水，没想到还是个低调的高手。"

女孩嘴角挂上了一抹不易察觉的微笑，赶紧重新低下了头，用功（甚至比之前还用功）去攻克作业中的下一道题了。

毕业后，她给奈德寄来一封亲手写的信，告诉他自己有多喜欢读大学，还表达了谢意，因为奈德"让我成为一名低调的高手"。事实上，她是通过努力学习才让自己成为高手的。但奈德随口的一句评价，传达了一种来自他的积极期望。

比尔的工作是通过评估孩子们在一系列认知能力和学习能力测试中

的表现，给出客观真实的反馈。对他而言，利用罗森塔尔效应更需要技巧。比尔知道，要是他夸大了孩子们的分数，他们就会对自己的未来有更高的期望，也可能因此表现更好……所以自从他在研究生阶段学习了罗森塔尔效应后，他就不得不一直抵御这种冲动。不过，要是他想让孩子们能在难度较高的测试项目上全力以赴，还是会说："我几乎能肯定，要是你坚持下去，就能做得到。"果不其然，这话很有效。

但有意思的点就在这里：比尔说，当孩子们因为害怕失败而好像不太愿意尝试更难的测试项目时，使用罗森塔尔效应的"套路"则刚好相反。他会说："你现在做的这个项目，其实是给更大点的孩子做的。给你这个年龄的孩子准备的测试，你其实已经通过了。我其实也不太指望你能通过这个项目，但反正你已经赢得了拼一把的权利，我倒是很想看看你试一试。"只要听到比尔这么说，100% 的来访者都会付出巨大的努力，以求解决他们之前不想碰的问题。奈德在接待那些特别害怕失败的学生时，也会使用这种方法。这也让他更多地被认为是一名"备考状态治疗师"，而非普通的心理导师。

乍一看，这样的说法似乎传达了一种低期望，对吧？但实际上这样的说法刚好能起到减少威胁感的效果。三十多年来，我们一直都知道，对孩子们来说，最好的学习环境有两个要素：高挑战、低威胁。这意味着，如果孩子们能感到挑战而非无聊，如果父母和老师能对他们的能力表示信心，并且如果就算犯错、一开始搞不明白情况甚至遭点罪，他们也依然安全，那孩子们就能达到最佳的学习状态、有最好的表现。[4] 要是孩子们感到了恐惧，那他们的大部分精力就会集中在消除威胁而非好好努力上。在沟通中传递信心而非对成绩或成就的硬性要求，需要同时强调两件事："我信任你"和"你很安全——无论你做得如何，都没关系"。

家长们总是无意间就在这个问题上栽了跟头。例如，在一项最初针对德国中学生及其家长，后来又将美国纳入研究范围的研究中，家长被问及："你希望孩子能取得多好的成绩"，以及"对于让孩子取得好成绩这件事，你有多大信心"。如果家长对成绩的期望超过了正常的水平，孩子的成绩就会相应地成比例下滑。过度期望的代价，很可能就是更糟糕的表现。且正如我们在第 1 章中所提到的，其负面结果完全可能更加严重——在过度期望中长大的学生在青春期和青少年时期出现心理健康问题的风险也相应更高。[5] 因此，作为父母或老师，第一步就是要弄清楚孩子的状态与水平究竟怎样。他们是不是承担着并不理智的期望？他们是不是非常害怕失败？要想得到这些问题的答案，最好的方法其实也最简单——问问孩子便好。

## 通过语言表达健康的期望

毕业于华盛顿大学，现在养育着三个子女的希尔斯滕·比克斯马说："在我还是个小姑娘的时候，我爸爸就总说'我喜欢你的思维方式，亲爱的，你是怎么想出来的呀''你的脑子转得真快，真是聪明''你真是个深谋远虑的小思想家'。而我也总感觉他认为我很聪明，什么都能干好。高中时期我学习不好，毕业成绩只有 3.4 分，但我还是觉得自己挺聪明的。上大学后，我开始发现好好学习越来越不容易，但我再一次没把这事放心上，最后的毕业成绩也只有 3.5 分。到了四十岁，我发现自己有阅读障碍。确诊时，有人问我在成长过程中，对求学生涯的感受如何。我说，'我一直很喜欢上学，觉得自己啥都能学会，虽然学业不轻松，我也认为我的成绩从来没有真正反映出我的能力，但我还是爱学习'。给我做出诊断的医生说，在那些像我这样的病例中，能有我这种内心感受的简直屈指可数。大多数之前没有得到确诊的阅读障碍患者都表示觉得自己很笨，厌恶学校，而且往往读不到大学毕业。也是从那时起，我才意识到，我爸对我的信任，要强过我拿到的任何一张成绩单。是他对我的信任，在我最需要的时候给了我支撑。"

如果父母、教练和老师们使用这样的表达——"我想看你把成绩里的'良'都提高到'优'""只要你再努力一点，就能得'优'了""你永远都不主动出击，因为你就是不愿努力"——那他们所传达的期望就是有害的期望。这些语言中有一种挥之不去的威胁感。但更微妙的是，即便父母在沟通中表达了"我信任你"，这种信任也必须真实存在才能起到积极效果。我究竟信任你哪方面呢？以后能当上最高院的大法官？还是不会辜负自身潜力？这两种想法，其实都有问题。

来以案例说明一下：皮帕是个聪明的小姑娘，她有 ADHD 及焦虑症病史，也曾经一度有过抑郁倾向。但比尔最近给皮帕做测评的时候，她已经是一所名牌寄宿学校的高年级生了。在一次临床访谈中，皮帕向比尔透露，她觉得自己很失败，因为就算她的智力水平超过了百分之九十九的人，但她要在成绩上得到'良'还是要费很大的劲儿。她报告说，她会陷入自我折磨，因为她知道自己没能发挥出别人认为她所拥有的非凡潜能，也没能达到父母和老师期望的水平。比尔回应皮帕："让潜能滚蛋去吧。"事实上，他用了另外的脏话而非"滚蛋"。请注意，这话可是从比尔口中说出来的。

他说："能像你这般聪明当然很酷，其中一部分原因，就是你能把很多事做得非常棒。等你想清楚该如何利用自身的才能，自然就能做一些既有意思又有价值的事来谋生。可要是你让自己担上了太多担子，天赋就真的没有出头之日了。"

她说："大家都觉得我很聪明，对他们来说，只要成绩不是优，就是失败。"

比尔问："那你也有同感吗？"皮帕回答："一直都有。"

"再过五个月，你就满十八岁了。"比尔指出，"你认为，一旦你成年了，是不是可以更多地去关注自己想要什么，而非别人为什么失望？"

"可以。"

"那从现在就开始，是不是也可以？"比尔问，"我希望你能考虑一下这两个问题——'在这个世界上，我怎么才能好好利用自己的力量？'以及'如果活在这个星球上，我只有一个目的，那这个目的是什么？'。有可能，这个目的并不要求你时时刻刻把你147的智商全调动起来。"

我们经常见到像皮帕这样的孩子，他们的父母会担心，要是不一直推动他们，他们的潜力就无法得以发挥。这种担忧背后有着这样的想法：要是一个人在能力测试中表现出色，那他就该去当医生；如果他仅仅当了老师的话，那就亏大了。我们认为这种想法在很大程度上成了一种动力，逼着孩子们整个学年忙忙碌碌，就算放了暑假，也觉得要做点有收益的事情才行。虽然我们希望孩子们的生活是充实的，既别感到无聊，也别陷进麻烦，但我们不希望他们生活在恐惧中，因为担心没法发挥自己的潜能而担惊受怕。不管怎样，能让孩子们最大限度发挥潜力的方式，是让他们去创造自己想要的生活。我们还需要确保一件事，那就是任何施加在我们孩子身上的压力，都不应该跟我们自身的诉求相关，或者和我们投资过的社会群体有关——比如一定要留在某所特定的学校读书，或者绝不能放弃某个特定的体育项目。家长其实可以通过很多种方式去为健康的期望设定基调：

- "无论如何，我都爱你。"
- "总有备选计划的。对于成功的人生来说，没有什么事是绝对不可或缺的。"
- "我想要的，就是你能好好提升你自己；这样一来，你才能更好地服务于这个世界。"
- "你能处理好生活中的挑战，我有信心。"（要好过"你总能成功，我有信心"。）

- "我手上没有你的人生剧本，因为我也不知道你想在成年后成为怎样的人。"
- "我说我希望你能做得好时，真正的意思其实是我认为你能做得好。你作为一个学生、一个独立个体能做得好，我对你充满信心。"
- "我考虑的是更长远的事。世界上到处都是没当过尖子生的成功人士，所以就算你不是大学霸，我也并不介意。我知道你很聪明，完全能通过接受教育掌握有用的技能。"
- "不管你在学校努力与否，你都是一个很棒的孩子。"
- "我很期望能看到你决定成为怎样的人。"

读到这里，你可能已经开始翻白眼了。你可能会想，我家孩子可从来都不逼自己。难道我应该告诉他，这没什么大不了？我们理解，我们提出的建议会显得跟生活现实有点不协调。而我们自然对此也有一些反驳。

如果你真的逼孩子，是不是就能有效果？

还有，你的所作所为，到底有没有展现出大多数家长口中那种"孩子高于一切"的无条件的爱？

请记住，我们并不是建议说甭管你家孩子说什么，都放纵他去做。所谓无条件的爱，并不意味着你就要包容孩子的不努力。如果他没有尽自己的一份力来证明自己可以好好开车，就不要再替他上汽车保险。如果他在私立学校里混日子，就不要花钱送他去读私立学校。你总可以在设定界限的同时也传达这样的信息："我爱你，而且我认为你是一个很棒的孩子。"

最后，我们的建议基于这样一个假设，即所有的孩子都希望自己的生活能顺顺利利，他们想要成功，他们想要幸福。如果不能完全相信这一理念，那你很可能会认为我们的建议缺少意义。如果你对此很是纠结，那可以翻回头去再看看本书的第 2 章。再读一遍试试看。

## 拇指规则：如果要竖大拇指的话，就竖得高高的

上一章，我们谈到了孩子们在克服自身的矛盾心理时，家长"退后一步"也很重要。在期望管理方面其实也是如此。确保期望健康的最佳方法就是鼓励孩子去设定自己的期望——而不要受制于严重的完美主义情节、对失败的恐惧感和害怕他人对自己失望。

该工作的很大一部分，就是鼓励他们去制定自己的目标。目标设定并不是让他们简简单单地宣布"我要进大学篮球校队""我要在下一部校园音乐剧里当主角"，或"我想今年拿到 3.6 的平均学分绩点"。虽然这些都是非常可取的长期目标，但要想达成，我们还需要更小且更容易实现的阶段性目标。我们应该教给孩子设置目标的 SMART 原则——目标应该具体（Specific）、可衡量（Measurable）、可实现（Attainable）、符合现实（Realistic）以及有时间限制（Time Bound）。比如说，进大学篮球校队有可能是"不可实现的"。但连着五天，在篮球练习中五次罚球进四个，更可能"可实现"。如果孩子的绩点现在是 2.0，那直接提升到 3.6 并不符合现实情况。但承诺在四周内，每晚好好做一小时家庭作业，可能就是符合现实的。

设定目标还有一个重要的前提，那就是：孩子们真的认为自己能达到自己设下的目标。认知行为疗法中的一个重要工具，就是通过鼓励积极的自我对话来促成目标设立，口头肯定也能起到类似效果。近一个世纪以来，这一直是"自助心理学"领域中的重要内容。

对于六零后和七零后来说，这个建议很可能会让他们想起这样一个角色：斯图尔特·斯莫利（Stuart Smalley）。只要你在 20 世纪 90 年代看过《周六夜现场》，你就会记得由喜剧演员、前参议员艾尔·弗兰肯（Al Franken）扮演的斯莫利。斯莫利是一个没有受过正式训练的"自助达人"，他给人们留下深刻印象的台词就是"我真棒！我真聪明！我咋这么厉害呢！"通过这一角色，弗兰肯讽刺了在心理学层面上

满是胡言乱语的自助行业。我们特别喜欢幽默短剧，弗兰肯的表演很滑稽，有些讽刺作品也的确一针见血。

然而事实证明，虽然像这样的自我对话很容易遭到取笑，却并不意味着它就起不到积极作用。我们都有一个基本需求，那就是体验到胜任感——记住，这是我们在第4章中探讨自我决定论时，所提到的"三腿凳"的一条腿。我们在这本书中自然也非常关注人们对另外两条腿——自主感和归属感——的客观需求，但如果不给胜任感分配恰当的注意力的话，凳子必然稳不住。如果一个孩子对胜任感的需求遭遇了威胁——比如感到失落，或者陷入争吵，或者被他人霸凌——他们自然就会产生一种更加戒备的倾向。自我保护机制开始发挥作用，导致他们不太可能以特别有效的方式对外界做出反应，也不太可能设定健康的目标。孩子和青少年特别容易掉进"我永远都无法……"的双曲螺线中。而积极的自我对话恰恰能给孩子提供一个缓冲带，用来对抗这些消极反应。好的自我对话练习能有效减少戒备心并降低指责他人的倾向，同时在孩子和威胁之间嵌入一层柔软的棉花以供缓冲。如下一些短语的效果就很好，也推荐你跟孩子分享一下：

- ·"我擅长做很多不一样的事。"
- ·"我能搞定。"
- ·"我只要尽力而为，就能获得成功。"
- ·"我有不少值得跟别人好好分享一下的奇思妙想。"
- ·"我不一定要做最好的那个，但我要做够好的那个。"
- ·"但行好事，前程自然来。"
- ·"这学期，我期望自己能成功。"

研究表明，当你用第三人称去跟自己对话时，这些短语的效果会更好，比如"比尔，你能搞定的"或者"奈德，你只要够努力，就能够成功"。[6]

你也可以跟孩子谈谈如何训练他们的大脑以正确地期望成功。在比尔职业生涯的早期阶段，他因为工作条件差，从一家大学医院离职了。之后他就开始自己做临床实践——这需要一点魄力，因为当时他的自信心遭遇了一些打击。他不知道自己能否靠私人执业取得成功，但他还是想说服自己的大脑，去期望自己能够获得成功。所以他把自己对与成就相关的心理学知识的兴趣和自己对大脑的了解结合了起来，还写了一份清单，列出了他从小学一年级开始，所有做得成功的事。不骗你，真的是从一年级开始的！当然，你也应该知道，比尔上一年级的时候就很优秀了。这份清单树立了他的信心，因此他便可以对自我和执业的未来发展设下比较高的期望。同样的技术其实也适用于孩子们。当比尔给孩子们提供治疗时，会问孩子们是不是愿意看到自己变得能力更强、是不是愿意训练他们的大脑以做得更好。如果他们表达肯定，比尔便会要求孩子们写下他们能想到的，从小时候到如今，所有做得好的事，或者获得了积极反馈的事。他甚至还会让父母帮忙补充孩子们没记起来的事，也会要求孩子们定期检查和更新这个清单。通常而言，仅仅靠这种简单的练习，就能帮助孩子朝着更积极的方向前进。

我们希望孩子们获得胜任感，但我们也希望他们能知道，他们完全能胜任比自己以为的更多的事情。而这一历程，就进入了"自我肯定论"的范畴——它创建在积极进行自我评价的基础之上，而且更加强调价值观。[7]比如说，在考试前，或者做别的会给你带来威胁感的事情前，先写几句跟你最强调的价值观（诚实、家庭、风险、友谊、忠贞）有关系的话语，就能提高你的表现水平。因为这么做能让你的杏仁核退居幕后，前额叶皮质走上台前掌控全局。[8]因为你意识到了考试表现远远不能定义你的全部，就自然没那么害怕失败了。因此，问孩子这样的问题——"你的朋友认为你最大的优点是什么"或者"你最喜欢自己的哪些品质"——其实也是在鼓励他们去进行对自我的认知，这有助于帮他们拉开自己和挫折的距离，进而从更宏观的角度看待那些麻烦事。其最终结果，是孩子们变得不太可能反复纠结于过去的失败，反而更愿意为自己设定健康的期望。[9]

## 期望建模

威廉·H. 杰恩斯（William H. Jeynes）研究了几十年家长们的种种期望。他说，最健康的期望不是通过命令表达的，更不是这样表达的："你最好明年在越野跑项目上好好表现！因为申请大学的时候用得上！"健康的期望往往并不是靠言语表达出来的，而是通过塑造强烈的工作道德感、对未来的坚定信念感，以及"愉悦又坚定的精神状态"来传达的。[10]

父母传达健康期望的最佳方式之一，就是跟孩子沟通他们自己是如何在健康期望和有害期望之间做权衡的。你可以回忆一下自己的人生历程，讲讲你的父母对你的期望，以及你是如何处理的。或者你也可以跟孩子分享你为自己设下的某个目标（它是某件对你而言非常重要的事情），以及你如何推动自己去实现了这一目标。如果你在家人或朋友需要帮助时，信守承诺贡献了自己的力量，那你也是在向孩子展现你对于他如何对待这个世界有着怎样的期望。

商业团体和企业家们都很仰仗"智囊"——这是一群由有共同目标、致力于解决问题，且能够彼此帮衬的人构成的组织。[11]其实，"智囊"机制也可以解决人们在家庭中碰到的问题。可以每周安排一次家庭会议，人们可以分享他们为自己设定的目标，目标主题可以是健康、学业、工作等。就算你的家庭智囊团只维持了几个月，那也很好，这照样能让孩子意识到全家人都能够做到以目标为导向，而且也能够互相扶持，帮助彼此达成目标。如果你犯了什么错误，也请大大方方地跟孩子明说，并寻求他的建议。把犯错看成一种避免不了的平常事，可以有效地避免完美主义带来的过度纠结。在你进行自我对话或者和他人交流的时候，也可以练习使用积极的自我对话技术。你可以这样说——"我今天要做场报告，我准备得非常充分，所以我觉得一切都会很顺利"，或者"我要下点功夫，好好练练这段钢琴曲"。

## 如果孩子对自己的期望过高：完美主义带来的问题

经过几周的努力和大量的练习，奈德的学生爱丽丝最终取得了很高的 SAT 成绩：总分 1600 分，她得了 1590 分。她放声大哭，却不是喜极而泣。她的分数有了巨大的飞跃，大多数人对此求而不得，这也让她进了心目中最好的大学。奈德带着困惑的眼神看着她，过了许久才说："你有瘾。"

"什么意思？"

"你已经连续得了 437 个优，倘若这时你得了个中，你肯定要大哭一场。"

她停下来想了想，勃然大怒，反驳道："我永远都不会得中！"

奈德和其他孩子分享这个故事时，他们都会笑。但爱丽丝的反驳其实并没有居高临下、趾高气扬、狂妄自大的成分，甚至也并不暗示说："拜托，你这个还要找家教的'学渣'，你根本就不知道我是哪号人。"相反，她的语气所表达出的是一种非常接近于可怜的恐惧感。所以奈德告诉她："成功的人的确勤奋努力、目标很高，但有时就是会达不到预期——这本身就是过程中的正常一部分，所以没什么问题。有时候，事态并不完全由他们控制。"

"什么意思？"

"想象一下，上学路上，你碰见大堵车，结果考试迟到了。可你的老师根本不同情你，你就剩下一半的考试时间可以拿来答题，最多只能做完三分之二的题目。"

"我会提前出发。"爱丽丝坚持说。

"那要是车爆胎了怎么办？或者碰见一棵树，倒在你的车前？""我
会掉头转弯，绕过去！"

"好吧。"奈德知道她不好对付，"假设一棵树倒在车前，然后又有
一棵树倒在车后。就好像这些树给你设下了陷阱一样。"

她呆呆地坐着，脑子已经糊涂了。只要想到事态失控，她就会变得
手足无措——这种情况很可能会在她的生活中一再出现。树不重要，失
控才重要。

奈德温和地再次表示，他对她的能力很有信心，也赞扬她敢于追求
卓越，但还是建议她要尝试从不同的角度看待事物，尤其要从一种没那
么担惊受怕的角度去看待。他解释说，追求卓越和不允许自己犯错，这
两者是有区别的，前者是好的，后者是坏的。要是事情没能按计划发展、
需要做出调整，追求卓越的人往往更能适应好。大多数成功人士都为自
己设定了很高的标准，但他们并不需要用过多的恐惧来驱动自己。[12]

相反，完美主义者们力求完美，以避免负面的评价以及别人眼里的
缺漏。他们觉得自己只要做就得做对，绝对不能犯错。对有适应不良问
题、强迫性完美主义倾向问题的儿童和青少年而言，如果在考试中得了
98 分，都会感到崩溃。他们尽一切努力去避免或掩盖错误，而且还对
意味着自己可能并非"最佳"的种种迹象保持着高度警惕。完美主义通
常还伴随着其他的心理僵化迹象，比如过于关注秩序、过于强调遵守规
则、要求过分严格以及过度挑剔。自 20 世纪 80 年代以来，大龄青少
年和年轻人群中的完美主义倾向性显著增加。近几代人对自己的要求更
严格、对别人的期望也更过分，同时他们感觉到别人对他们的要求也更
高了。

这不是什么好兆头，完美主义与许多心理障碍都有关联性，包括焦
虑症、抑郁症、强迫症和厌食症。[13]

正如布琳·布朗所指出的，完美主义并不是为了自我提升，而是为了试图获得认可，同时避免负面评价。她指出，那些因成绩和表现而受到表扬的孩子会更容易拿"我完成了什么，我完成得有多好"来定义自己。这些孩子的行为框架是"取悦，表现，完美"。[14]

布琳·布朗的描述当然也适用于爱丽丝。她还觉得自己碰见的导师虽然有好心，但是太无知，根本就不了解她。在所谓的高考"失利"后，过了几年，奈德在一次逛杂货店的时候又碰见了爱丽丝。她刚读完大二回到家，跟奈德讲，一切都很顺利。"还有，"她自己提起了这个话茬，"我觉得你可能想知道，我终于学会了怎么放松下来。"

"太好了，"奈德回应，"怎么做到的呢？""吸大麻呀。"

我的老天爷啊。我们要强调一下，这可不是奈德希望爱丽丝最终找到的方法。比起在她聪明的大脑还处于发育中时，自己给自己灌药，奈德更愿意看到她正面解决自己的完美主义问题。

完美主义的残酷讽刺之一，就是它实际上阻碍了人们进步。对爱丽丝来说，吸上了大麻已经很能说明这一点，但毒品问题并不是唯一需要担心的事。不管是在学校里，还是在工作场所中，追求卓越的人都比那些有着严重完美主义倾向的人表现得更好。他们也更加幸福，更能享受努力的过程。而完美主义者对杜绝犯错的过度执着往往会导致他们更加拖延，为了达到"完美"而花费过多时间，并因为害怕失败而逃避挑战。他们也会试图把自己的错误给隐藏起来，这也使得他们无法得到成长和进步所需的建设性反馈。要从根本上解决孩子的完美主义问题非常棘手。甚至有研究表明，其中还有部分遗传原因。其实这很正常，因为我们身上几乎所有的特征都受遗传的影响。有完美主义倾向的父母也倾向于做出强调完美主义的行为表率，这会让情况愈加棘手。如果你一定要把床铺整理到挑不出一点瑕疵，最好还是别让孩子看见。除此之外，父母所传达的一些信息也有意无意地表露出了对完美主义的偏爱。如果父母对孩子的认可取决于孩子的表现的话，孩子是能感觉到的；就算家长试图掩盖，孩子也照样能觉察。[15] 过分强调孩子的成就也很容易导致孩子认为成就要比自己更重要。[16]

那怎么办呢？该跟孩子怎样沟通呢？当孩子已经因为自身的完美主义问题而有了一些强迫行为，甚至伴随有相当强烈的焦虑感和其他的强迫行为倾向时，请及时寻求专业帮助。如果还没有达到这个程度的话，那就可以去跟孩子分享一下你自己犯过的错误，并解释一下你从中学到了什么。尽量选择以一种轻松随意的方式去表达，以免听起来像是说教。比如这么说："生活有的时候还挺怪。我上周开会的时候，说了几句话，当时我就觉得讲得有点蠢。但在分析我是怎么把事搞砸的过程中，我却收获了一些非常棒的新想法。"

年龄较小的孩子也有可能表现出完美主义情结的相关迹象。作为老师，可以知会他们，你允许他们犯下一定数量的错误，并会在他们发现错误以及纠正错误时给予他们额外奖励，这样就可以改变犯错在他们心中的意义。在孩子执行任务阶段，以及感到压力太大时，父母也能很容易地在家使用这个方法。不过对于大一点的孩子和青少年来说，干预起来的难度较大。反复告诉他们"允许犯错"不太可能有什么实际效果，也不太可能让他们意识到，自己要是不那么强调尽善尽美，焦虑会减少很多、表现也会好很多。还有一些陷于完美主义的孩子则还没有准备好去做出改变——他们生活受到的影响还不足以敦促他们去尝试一些不同的东西。面对这些孩子，你要分外留意干预的时机。不要在他们设下的高期望突然落空的时候去跟他们讨论完美主义的问题。要先等他们平复一些以后，再用反思性倾听技术和肯定的话语来帮助他们感觉到自己能够被他人理解：

- *"在这件事上付出了这么多努力，却没有得到你期望的分数，真是很令人沮丧。"*
- *"你担心要是自己不是最好的那个，其他孩子会看不起你。"*

· "一想到那些没你努力的孩子却会得更高分，我也很痛心。"

· "听上去你把这个音弹错了，的确很尴尬。"

告诉孩子，你很看重他的执着与热忱——这样表达，也能强调你看到了他的努力。你可以这样说："你是个特别勤奋的孩子，根本就不是那种不管做什么事都要父母督促的孩子，这真的让我很是宽慰。对于你的决心以及精益求精的精神，我深深敬佩。"

一旦孩子觉得自己被倾听、被接受，你就可以进一步使用励志访谈中的策略，提出一些问题，触碰他们对自我的核心要求：

· "我知道，对一些小孩来说，努力追求完美——起码在某个阶段——很有用。不过我还是想知道，你如何看待追求完美对你的影响。"

· "如果某个人得了一个'良'就觉得自己一无是处，或者说，要是有人在代数、写作或网球上比他强，他就觉得自己低人一等，我想知道，你认为这会对他的表现产生什么影响呢？"

· "你认为，能以不同的方式去看待事物的话，可能会有哪些好处？"

· "我知道，如果你不知道自己是否擅长某件新事物或者某项新运动，你就不太愿意去尝试。你觉得这可能是因为什么呢？"

如果孩子愿意去考虑他们矛盾心理中的两面，那根据心理学家希拉·约瑟夫斯（Sheila Josephs）的建议，你可以继续问孩子一些与完美主义有关的问题，这也是让孩子对完美主义情结的利弊加以考虑的一部分，比如：

· "这会不会提升按时完成学校作业的难度？"

· "这是不是总能引起考试焦虑，让你更难在考试中好好发挥？"

· "这是不是会导致你因害怕犯错而错过了某些成长的可能？"

> ·"这是不是会让你为了规避失败的风险，而不愿尝试一些新挑战？"[17]

根据孩子表现出的态度，你可以进一步解释，有一个效果更好、更可持续的好方法，能够替代孩子的完美主义心态，并且同样可以让他拥有上佳表现，这个方法就是"追求卓越，而不是追求完美"。对这些孩子，你可以这样说："这就意味着你既能给自己设定高标准，也可以随着时间的推移，去改变你对于错误和你现在所认为的那些不完美的态度。"

你也可以鼓励他们更专注于自身最好的一面，因为专注于个人进步可以帮他们把注意力从跟别人攀比这件事上挪走。你还可以帮他们去扩大人际圈，多在竞争激烈的地方之外结交朋友。你也可以鼓励他们参加社交圈之外的志愿服务工作。开普敦的一位研究员，艾丽西亚·诺杰博士专门推荐过一种感恩练习，其中亮点在于，该练习强调人要与不同时间阶段的自己相比较，而不是与其他人相比较。[18]这样一来，孩子们就不必拿自己跟其他孩子比，以至于"人比人，气死人"，而是可以将自己当下的表现去和人生中更为艰难的时期中的表现进行比对。他们可能会因此表达："情况不是非常棒，但我现在的表现已经要比七年级时好多了。"

## 大脑里的真相

完美主义者更容易遭遇焦虑和抑郁，青春期女性要比儿童期的男孩女孩以及青春期的男孩更容易受到这种负面影响，这也让我们很揪心。导致孩子患上焦虑症或抑郁症的，从来都不是某个具体的独立事件。内心不断经历压力的进进出出，才是真正的原因。当压力流入的速度超过了流出的速度，便会腐蚀心智，最终导致身心系统过载。孩子们还往往会低估或者忽视睡眠不足、过量摄入咖啡因、服用药物和饮酒给大脑带来的负面影响。奈德接待过一个毫无内驱力的学生。他调查了她的睡眠情况，发现她平均每晚只能睡上5个小时，然后又问她，在这种情况下，她是怎么保持清醒的。原来，上学路上她就能喝掉一大杯拿铁咖啡，午饭时会再喝一杯，放学后还要再喝一杯。轻而易举地，她每天就能摄入超过700毫克咖啡因。因为她还小，这些咖啡因给她带来的影响也更为明显。

像她这样的孩子可能其实也知道，喝太多咖啡不是好事，抽大麻、喝酒、缺觉也都不是什么好事。但他们却不能从宏观上觉察到，这些问题在一点一滴地削弱他们的幸福感。这可不是耸人听闻！[19] 在青少年时期，哪怕只经历过一次抑郁发作，也会使大脑在日后的生活中更容易遭受抑郁的影响，所以我们真的很想帮助那些完美主义的孩子更好地控制压力。

还有许多完美主义者，他们的肠胃也不好。这其实并不奇怪，因为大脑与肠道有密切的联系。事实上，有一种叫血清素的神经递质，既能影响情绪，也会影响肠胃功能，而人体95%的血清素储存在肠道中。[20] 因此，科学家们也把肠胃称作"第二大脑"或"腹部大脑"。就是因为存在这种密切联系，我们吃的食物才会影响我们的思维方式和心情；我们在紧张或焦虑时，才会有胃痛或消化不良的问题。比尔在五年级的那个春天，从西雅图搬到了华盛顿州的贝尔维尤。搬家后的第一个月里，他每周有四天会因为肚子疼而提前回家；直到交上了新朋友，情况才有所好转。如今看来，这种症状很明显是过大的压力带来的身体反应。尽管孩子们对焦虑、抑郁的易感性的确可能受遗传影响，但跟ADHD等其他疾病相比，其遗传性还是小很多。[21] 而且还有很多进一步降低其发生概率的机会。所以，对于青春期的女孩来说，充分地休息、充足的锻炼、花时间和不会带来压力的人共处、尽己所能地照顾好自己，这些对在前额叶皮质和杏仁核之间构建强大的神经联结，都非常重要。

## 今晚怎么做

我和妻子都是名牌大学毕业生，这让我们过上了前所未有的好日子。其影响不仅仅在于收入——因为上过好大学，我们能做出其他人没机会去做出的选择。要是我们高中没拼命，我们就考不上那么好的大学。如今我们该怎么让孩子也明白这道理，又不让这一期望伤到他？

想上名校，这并没有错。名校求学的经历显然能提供不少好处——很多时候，好文凭是块敲门砖，你也能因此结识更多有才干的人。我们并非建议你对孩子隐瞒这些好处。但我们想问问，你真的确定自己就是因为上了好大学，才过上了更好的生活吗？你又是怎么知道的呢？

你就算不是名校毕业，我们也相信你能拥有美好的人生。记得向孩子表达你的信心，但尽量避免通过恐惧营造动力。让孩子知道，可以把目标定得尽可能高，可万一他没冲进那所录取率只有2%的学校，也完全有机会得到良好的教育、过上同样美好的生活。此外，虽然名校文凭是块不错的敲门砖，但如果为了这块砖，某个高中生有了失眠问题，经历着慢性压力或焦虑，那他就更有可能发展出一个容易陷入慢性焦虑、抑郁和化学药品依赖的大脑。不管他的那块敲门砖好使不好使，这种大脑的脆弱性都将伴随他们一生。请牢记，我们希望孩子们可以塑造出能享受成功的大脑。

我一直觉得父母当年对我的期望不够高，如果他们之前能对我期望更高些，我在人生路上会走得更远。

说实话，这个问题是一个德高望重的医生问我们的，她还是两个孩子的母亲。我们很好奇，她究竟想走多远的人生路？诚然，有研究表明，对孩子的低期望会导致孩子的成绩差。但这位女士的父母当年其实对她充满了信心——他们就是没有想着让她去当钢琴家或者奥运会选手而已。我们不仅鼓励她，也鼓励有此疑虑的任何人去诚实地回答这个问题：如果当年你的父母多推了你一把，会怎样呢？你是会说"行啊！太棒了！谢谢你们又推了我一把！"，还是会叛逆地对抗父母？正如这位医生所承认的，其实她当时的反应更有可能是后者。

我没有给孩子任何压力，但他仍然感觉外界对他有巨大的期望。我发誓，这是大环境使然，学校氛围和同龄人都实在太"内卷"了。我该怎么办呢？

你没有给孩子设定有害的期望，这非常好。但诚如你所想，光靠你不一定够。所以这需要你更积极主动地出击——你可以去培养孩子的能力，让他为自己设定健康的期望，并通过你自己的示范作用，向他展示该如何击退外界的有害期望。跟孩子在这一主题上保持交流：他有没有意识到学校环境让他觉察到的外界期望，其实是有害的呢？如果是的话，①他是否愿意考虑转到其他学校？或者②要是他想留下来，那又该如何修正自己的校内体验？

除此之外，还要确保一点，那就是不仅要你认为自己没有给孩子施加过量的压力，还要你的孩子也这样认为才行。我们和家长的对话中，起码有过几十次，家长确信自己没有给孩子压力，而孩子则坚称大量压力正是来自家长。当然，这两种相左的看法其实可能都正确，真正需要改进的，其实是沟通方式。为什么不直接去问孩子呢？"你感觉到我对你的期望高过头了吗？"如果他的答案是肯定的，那这便是一个消弭误解的好时机。

我试着帮女儿为自己树立健康的期望，但不管我怎么做，她最后总要拿自己和姐姐比。我觉得她这么做其实也很正常，相信假以时日，她能克服。但我还能做些什么帮帮她吗？

马克斯·埃尔曼（Max Ehrmann）在《渴望之塔：生活之诗》中写道："如果你总把自己和别人相比较，你可能会变得虚荣，也可能会变得痛苦；因为总有人比你更伟大，也总有人比你更渺小。"[22] 不过话说回来，自该隐和亚伯以降，兄弟姐妹间就总是比来比去的。虽然随着时间的推移，大多数人都能从兄弟姐妹的竞争中获得成长，但这也会伤及孩子独立于他人、自己给自己设定健康期望的能力。在你的女儿设定个人目标时，你可以使用一些励志访谈的技术。比如这样问："你认为姐姐的成就剥夺了你的哪些机会？为什么会这样想呢？"把她表达的感受反馈回去，再肯定她对独特身份的追求完全正常。然后，如果你们聊得投机，你可以接着问"那你现在对这件事的感觉会让你快乐吗"以及"这是你对这件事唯一可能有的感觉吗"。去和她一起努力，了解她眼中的威胁究竟是什么，然后再帮助她对自己能控制的事情保持专注——别紧盯着自己的兄弟姐妹做了什么或不做什么，而是盯着自己实现目标的能力如何。注意，这次对话不能一劳永逸地抹去兄弟姐妹间的竞争的影响。相反，随着孩子们逐渐长大，有了更加独立的自我，能更好地设定健康的期望，这种对话可能会重复进行很多次。

## 有效沟通实操案例分析

西德妮是一个十四岁的女孩，她非常聪明，也很有才华，但父母却很担心她的自负以及完美主义倾向。他们不断地告诉她，要学着放松点。她有望加入国家体操队，还在一所精英独立学校就读，成绩在全校都名列前茅。有一天，她沮丧地回到家，因为在最近一次考试的成绩单上，英语之外的所有科目都得了优，唯独英语得了良。

西德妮：我觉得自己好蠢啊。

妈妈：你究竟为什么觉得自己蠢啊？你几乎科科都是优啊！你已经很厉害了！

西德妮：是啊，但英语没得优。我的文章写得不好。班上至少还有五个孩子比我写得好。我都能看见他们一看到我写的东西，就品头论足的情景。

妈妈：嗯……我能理解，我也知道这很糟糕。要不要帮你找个家教？你们学校不是有家教项目吗，就是高年级的学生来教低年级学生的那个项目？要是这个项目不行，我们也可以专门帮你请一个。

西德妮：行啊！好主意！

西德妮的妈妈处理得很好，对不对？她在努力培养女儿，却没有设下什么期望，期望是西德妮为自己设定的。但她还是隐晦地承认了这样一点：在这所当地竞争最激烈的学校里，女儿必须是一个全科得优的优等生，她才该对自己真正满意。这位妈妈提出花钱请家教的主意，其实也是在迁就西德妮的完美主义。

如果换一种说法呢？

西德妮：我的文章写得不好。班上至少还有五个孩子比我写得好。我看得出他们看到我的东西就在心里评判我。

妈妈：感觉很糟糕，是吧？我能理解，你真的很喜欢对自己高标准严要求。

西德妮：是的，这种愚蠢的感觉，我真是讨厌透了。你能给我请个家教吗？

妈妈：你如此追求卓越表现，非常棒。但我想知道，你是否愿意让自己的感觉更好，而不是时时刻刻为有没有得优提心吊胆？

西德妮：妈妈！得优这件事很重要。我就是要找个家教。我能在自己的日程上安排接受家教上门的时间。我觉得周六上午是不是就可以？

妈妈：我很想继续讨论这个问题，但我们不妨先把周末的时间留出来做点别的事吧，要是你那个时候已经不再因为成绩的事感到难过了，咱们还有机会干点别的。

（几天之后……）

妈妈：我不是说得不得优无所谓，西德妮，我知道好成绩对你很重要。想把事做好，这很棒，一点错都没有。但如果你因为有门功课没得优就倍感折磨，那就是另一回事了。

西德妮：你就是不懂。

妈妈：那不一定。我无法说服你放弃自己的感觉。我也不能阻止你去找免费的资源来帮你提高成绩。但我不会为我认为对你有害的事情出钱，因为我感觉这么做不太对。我想做的，是时不时地和你谈谈，我能做些什么来帮你放松下来，因为我担心你压力太大，影响你的持续发展。

随着她们越聊越多，西德妮的妈妈问她是否愿意不再那么完美主义。西德妮承诺了她会对纠正自己的完美主义保持开放态度后，妈妈说："要是我真的担心在工作上表现不够好而想改善，首选的方法，那就是想一想，除了工作之外，我还有什么。我是个妈妈，我是个女儿，我还是个妻子。我在以很多不同的方式帮助他人，而非仅仅靠着工作中的表现。去想想你身上那些让你变得很棒的各种要素，看看对你有没有帮助，怎么样？"

西德妮答应了，于是母女二人合写了一份清单——上面既有西德妮喜欢的、自己身上的品质，也有家人和朋友在她身上看到的品质。西德妮还是继续敦促母亲给她找个家教，但在母亲明确表达不会让步后，她终于放手了。尽管她们还是一致同意，要是她的老师觉得她的确在写作方面需要额外帮助，母亲还是会重新考虑请家教的事。注意，这不是一劳永逸的一次性对话，而是母女之间持续对话的重要开端。

## 有效沟通的关键点

关于要说的话、要问的问题、要做出的表率，我们在这一章写了很多。但我们最想留给你的，是这样一个想法：通常，传达正确期望的最好方式，就是信任你的孩子。

一位与我们交谈过的母亲告诉过我们，她很想向她上中学的儿子展示她有多么信任他。有一天他用微波炉热东西，发现五十秒不够长后，直接就调到了三分钟。结果可乱了套！失火警报铃声大作，厨房里一团糟，还有很多善后工作要做。但就在第二天晚上，这位母亲不得不外出办事，所以安排儿子把晚餐吃的千层面放进烤箱，等做好了再拿出来吃。她说："晚饭由你自己负责。"

儿子在前一天晚上刚刚闯了大祸，所以他从这个简单的行为中感受到了极为强烈的信任感，这也带来了显而易见的积极影响。"他感觉非常棒。"他的妈妈说，"晚饭后，我们去了学校，第二天要开学，所以前一天要开一场家长会。这一路上，他一直想着要和我聊天。我珍惜和儿子的整个谈话时光——和他整整畅谈了一个小时。这孩子平时不爱沟通。但那天他却聊得十分尽兴。那种感觉，真是美妙。"

记住，不管是为了表达期望，还是有其他的教育目的，要想让方法有用，家长最先要关照的是跟孩子之间的关系，具体怎么正确使用话术，反而次要很多。最重要的，往往是我们带给孩子的感受。

第 7 章
# 如何与孩子探讨对幸福的追寻：
## 增强孩子构建幸福的能力

　　每当我们问父母对孩子的未来有何期许时，大多数的人所给出的答案都不难猜到："我想让他们能幸福。"他们还会表示，希望孩子们拥有善良、诚实、勇敢、责任心和同情心等优良品质。他们不会说"我希望他们日后富得流油"，或者"我希望他们未来能身居高位，统领众人"，又或者"我希望他们声名显赫，受人尊敬"。

　　可如果你问问孩子们，他们认为父母对自己的未来有何要求的话，答案却通常是"考上好大学"或"能进医学院"。

或者干脆耸耸肩说："别玩游戏？"

我们曾在西南地区的一所精英独立高中里和一群学生干部讨论过与身心幸福有关的议题，我们当时提出过一个问题——他们中有多少人希望在成年后能过得幸福。所有人都举起手，给我们呈现的表情也高度一致，感觉在说"必须的"。学生们当然想要幸福，幸福的好处甚至都不用靠科学来说明，单靠直觉都能猜得到——幸福可以带来更好的人际关系、更好的健康水平，以及更长的寿命。[1]幸福如此重要，以至于美国宪法都保护我们"追求幸福"的权利。除此之外，幸福也往往能带来成功。因此，不管你的孩子想要什么，通过关注孩子的幸福感，你实际上提高了让他达成愿望的可能性。[2]

我们和这些学生达成了共识：幸福是件好事。我们对此非常欣慰，那么接下来，我们就要把话题转移到怎样才能幸福。我们接着问他们，成年人有没有告诉过你们，怎么做才能在成年后获得幸福呢？一个男孩回答："我们得到的信息是这样的，要是我们能考进一所足够好的大学，那接下来的一切就都安排好了。"其他学生纷纷点头附和。他们是从哪里获得这种奇谈怪论的呢？我们究竟能做些什么，才能向孩子们传达一种更健康、更准确的观点，以让他们知道怎么做才能幸福呢？

我们认为，出现该问题的部分原因，是许多父母根本没有明确地和孩子谈论过幸福这一议题。如果从来不把幸福当作一个话题去讨论，孩子们对其的印象自然就只能来自父母对成绩重要性的一再强调，以及自己撰写的大学申请书。来自同伴、老师或周围文化的信息则进一步补充了他们对幸福的认知，这些信息很容易受到物质主义和影像信息的影响，进而造成这样一种认识：嘿！你看呀！我的生活特棒！于是，孩子们得到的信息局限于：有钱很重要，幸福需要财富和事业上的巨大成功做前提，幸福感还高度依托于他人对你的财富及地位的看法。

我们遇到过的许多家长都认为，通往好生活的钥匙只有一把，那就是进入一所好大学。原因无他，好大学意味着好工作、经济上的保障乃至于无止境的幸福。很多孩子被过早地灌输了这种观念。比尔最近问过一个二年级的女孩，都有什么事令她担心。她回答说："我最担心成绩，因为我知道，成绩影响了我上什么大学。"她后来接着解释："我想进美利坚大学这样的好大学，学校里有家很棒的汉堡店，我爱吃他家的薯条！"这话说出来，比尔倒是松了口气。

问题是，我们往往不能很好地预测究竟什么才能真正带给我们幸福。我们往往认为拥有更多财富，获得大幅度的晋升，或者花钱买新东西就会让我们幸福；但事实上，如果我们更强调利用时间而非享用物质，更在意付出而非获得，更珍惜我们拥有的，而非索取我们没有的，我们才会更幸福。[3] 所以，当我们把学业成就和事业成功等同于幸福时，我们其实也隐隐牺牲掉了孩子们的安宁快乐。考虑到过去几年里，获得高成就的儿童及年轻人的自杀率显著增加，成绩好、成绩高似乎并不能阻碍抑郁和绝望的发生。[4]

成就成功当然重要——我们并不鼓励人们搞砸自己的学习成绩。但如果我们想让孩子们幸福、健康，真正享受他们的成功，那就不能只把个人成就当标准，否则很有可能出问题。有些家长认为，孩子为了拿到梦寐以求的录取通知书，高中生活苦一些，这没啥问题，成年后的幸福，总要在少年时付出代价。但我们还是有两点担心。一来，如果大脑在年轻时就总是感到有压力、疲倦和不快，那等到了要靠长久的牺牲去赢得成功时，大脑还是会习惯并保持之前的状态。二来，如果我们仅仅把孩子的成长期看作奔赴未来的准备期，我们又会错过什么呢？教育理念倡导者乔纳森·科佐尔（Jonathan Kozol）认为，应该把童年看作"生命中很容易就消逝的一部分"，进而更需要去关注其在当下的价值。我们认为这一观点十分睿智。[5] 毕竟，我们难道不是希望自己的孩子不仅能在成年后幸福，而且也能在童年和青少年时期幸福吗？

在这一章中，我们将认真审视大人向孩子们传递的关于追求幸福的种种信息，以及我们该怎样有效地向他们传达，如何去在生活中找到心满意足的感觉。我们所说的"心满意足"，是那种真正的、持久的、能转化成幸福感的满足。我们也不想让孩子们脸上挂着肤浅的微笑游来荡去，那会很可怕！我们希望孩子们能体验并接受人类的各种情绪，这其实对心理健康至关重要。[6] 所以，我们有必要去推动和孩子间的关于幸福的更深入的对话。然而，在我们弄清楚幸福到底是什么、实现幸福需要什么之前，我们还没法跟孩子好好去聊。

## 幸福的公式

与幸福相关的科学类书、谈论追求幸福的书，再算上探究幸福之道和幸福艺术的书，合起来能有几十本。有很多研究人员、演讲家、作家和思想家，花费了生命中的大部分时间，去回答这样一个问题：究竟怎样才能收获幸福。在耶鲁大学甚至还有一门广受欢迎的课程，就叫作"心理学和美好生活"——这也是该校三百年校史中最受欢迎的课程。在哈佛大学，本·沙哈尔（Ben Shahar）博士的积极心理学课程在 2004 年至 2008 年间也非常受欢迎，以至于斯坦福大学、麻省理工学院、密歇根大学等许多学府都相继开设了以追究幸福为主题的相关课程。对这些课程的需求告诉我们，高学历的孩子们其实非常渴望知道如何才能幸福。但为什么他们非要等到上了大学才想把幸福搞明白呢？我们其实想帮助孩子们更早地开始与幸福有关的对话，但我们不打算再专门写一本关于这个主题的书了，而是准备在本章直接切入重点。

谈及幸福，首先要明白的就是，它并不等同于愉悦。愉悦更强调满足感——吃一块巧克力蛋糕、赢下一场比赛、考出好成绩、拿到一个奖、买了你很想要的东西，甚至是打开一封来自大学的录取通知书，从中得到的刺激就是满足感。愉悦感很棒，但无法持久。如果某个十来岁的孩子买了件新夹克，或者第一次被邀请参加酷孩子们的聚会，这些事带来的情绪波动并不会一直持续，孩子们还是会回归到自己正常的幸福水平。这叫作"享乐适应"，是完全正常的心理现象。相比之下，幸福感其实更加缥缈。幸福是一种永远伴随着你的安宁感受。它不仅和你有关，还跟你的身边人有关；相比于接受，它与付出的关系更大。[7]

此外，愉悦感和幸福感涉及的神经化学原理也非常不同，愉悦感总是涉及多巴胺这种神经递质，而幸福感则取决于血清素——这种神经递质对长久的心满意足更为重要。其问题在于，虽说愉悦感显然不是什么坏事，但愉悦感在涉及多巴胺分泌的同时，还会抑制血清素水平。这就导致人们会反复寻求快感，甚至达到成瘾水平。相比之下，人们不会对幸福感上瘾，产生幸福感所依赖的血清素不具有成瘾性。[8]考虑一下，这甚至可以很大程度上解释，为什么在来自高等学府、家境殷实的青少年和年轻人群中，物质滥用障碍的发生率相当高？因为他们显然学会了用追求愉悦来代替追求幸福。[9]

不少研究幸福的学者都认为，存在着一个"幸福公式"，其中也包括心理学教授、《幸福有方法》一书的作者索尼娅·柳博米尔斯基（Sonja Lyubomirsky）。[10]公式中的一个部分，便是基因。如果你看着半杯水，却只是注意到空着的那一半，这种相对消极的观点很可能是你大脑中的化学机制产生的，但这并不意味着你就对此无能为力——你只是多了一段不同于他人的上坡路要走。我们之所以这样认为，也是因为我俩在基因层面都是乐观的人。柳博米尔斯基认为，大约50%的情绪——不管是积极的，还是消极的——由遗传决定。不过最近的一些研究发现，遗传因素的影响占比更可能是33%。[11]柳博米尔斯基还估计，大约有40%的幸福感来自有意识行为。这其实是个好消息。学弹尤克里里、小睡一会儿、做个冥想、顺手与人一些方便、随心所欲地烹饪、和心爱的人共处，甚至逗逗狗——这些有意识行为都能让你更幸福，而且都在你可控的范围中。在本章中，我们将更多地去了解这40%（当然也可能超过了40%）的幸福动因，因为这才是父母能发挥最大作用的领域。

还有最后的 10%，由你的生活环境构成。这一类影响因素包括发生在你身上的事情——有没有考进心仪的学府，有没有交男女朋友，有没有获得奖项，有没有丢掉工作，有没有痛失所爱。这些只占百分之十！这些事，也恰恰是我们——从父母到孩子——老拿来和别人比的事。无论比的是大学录取、评选职称还是其他任何事情，跟别人比生活环境，就意味着我们在拿自身经历和我们所感知到的他人经历相比较。然而现实是，生活中的诸多事宜并不如大多数人所想象的那么重要。还有数十项研究表明，生活事件的影响会随着时间流逝趋于稳定，就如同我们前文提到的"享乐适应"。不管人们所经历的生活事件带来了哪种极端体验——美好如中了头彩，让人兴高采烈，失意如遭遇瘫痪，让人痛苦非常——人们的幸福水平都会返回至原来的基线水平。[12]

如果你从逻辑上去看这个公式，那么那些让我们感受到巨大压力的事情（而我们又进一步把压力传递给了孩子），那些我们为了让孩子争取到登台的机会、进入大学的名额、挤进入选名单的空缺而特别在意的事情，往往就都不如我们所想象的那么重要。如果你真的发自内心地想让孩子幸福，你就会认同，这些事其实都没那么重要。如果孩子们被灌输的信息是，他们要全力以赴搞定自己的生活环境上的诸多事项，那他们就只能关注这 10% 的幸福影响力，也相应失去了机会，无法努力投身于更容易出效果、影响力超过 40% 的"有意识的行为"上。毕竟，考试从来不考"去海滩玩"；和朋友一起开心，也不会设立"演讲代表"的头衔；跟奶奶一起做饼干，也不会设立"队长"的职位。

那到底要怎么做，才能更幸福呢？有许多伟大的答案——不仅来自玛哈里希、埃克哈特·托勒（Eckhart Tolle），也来自索尼娅·柳博米尔斯基和丹尼尔·吉尔伯特（Daniel Gilbert）。然而，我们最喜欢的，针对幸福主题的思想家之一，还是马丁·塞利格曼（Martin Seligman），他在 20 世纪 90 年代末创立了积极心理学。塞利格曼曾强调，几十年来，心理学的主要焦点一直是"如何规避痛苦"，但我们其实可以，而且也应该把重心调整到构建幸福上。他还据此确定了五个要素，即PERMA：

积极情绪（Positive emotion）

全情投入（Engagement）

正向关系（Relationships）

意义（Meaning and purpose）

成就感（Accomplishment）[13]

以上这些要素大多落在幸福公式中的"有意识行为"的范围之中。的确，你体验积极情绪的能力有一些被基因限制了，但尽管如此，你还是可以通过锻炼、睡眠和冥想来促进"积极情绪"的产生。而且，任何时候你都可以靠主动营造心流状态来做到"全情投入"。在心流中，时间飞逝，你的注意力也能完全投入。奈德能在院子里完全沉浸于园艺，花上几个小时修剪树木或者重建石墙；可如果他是被逼着干的，体验就会截然不同。你可以投资提升人际关系的质量。你还可以追求能带给你生命意义和目标感的事物。的确，成就很重要，但成就并不一定都是物质上的成功——相反，它更关乎一种掌控感，一种能做到能做好的感觉，而且它也只是PERMA的五分之一而已。

很多时候，我们在观察普通孩子或青少年的生活时，都会发现其中并没有什么PERMA的痕迹。例如，奈德接待过一个十六岁的中学生，她原本打算用暑假时间来准备考试，这样她就可以在开学第一周就参加ACT考试。奈德很困惑，不太明白她为什么要这么早考试，尤其是要考的很多数学知识，正是学校要在新学期里教授的内容。但她对奈德表示，别操心这个。

"反正我现在必须得这么干。"奈德追问后，她如此反馈，"新学年里，我肯定没什么空余时间。"

"嗯，感觉你是在做前瞻性的思考，为了有备无患。不过出于好奇，我问一下，你周末怎么安排的？难道都没法挤出哪怕一个小时吗？"

"肯定挤不出来，我的周末时间安排得满满当当。"

奈德能想象出来，这样的孩子的典型周末，就是在足球班、机器人班等类似的兴趣班、辅导班中度过的，从一个班再到下一个班，不断奔波。或者还有一种可能，就是她现在就读的天主教学校非常重视每周日的教堂服务工作，所以周六一大早，她就要开始参加相关的筹备服务。不过事实并非如此，她告诉奈德，每周六她反而会起得更早，因为要做十个小时的家庭作业。她还说，周日也是同样的过法。其中怎么没什么跟"意义"有关的事？怎么也没有对"正向关系"的投资？而且为什么也没有那能带来美好心流体验的"全情投入"？

"我的天，你这周末还真的挺忙！"奈德惊讶地回应。"每个周末都如此？"

"嗯，是啊。"

"有没有可能，有那么几次，就做八小时作业，这样你就能拿出几个小时，跟你的朋友、家人，或者和你的狗待一会儿？"顺便说一句，如果跟孩子聊放松的时候，他却总强调要学习，或者"为了考得好，我要……"，这不是什么好事。

"不行，"她很坚持，"我不能这么干。"

当然，也有一种可能，就是大量的学习能使她快乐。有些人就是很爱刻苦学习，也因此能茁壮成长。比如比尔，出门度假的时候，他经常因为还在读与大脑有关的书而被别人调侃，但他就是喜欢读书嘛。而且奈德也经常能开心地回忆起自己年轻时，有着满满的日程表，和一大堆的"待办事项"。不过对于现在奈德面前的小姑娘来说，情况并非如此，她的压力其实很大。

当然还有一种可能，那就是她表达得有些夸张了。的确，在耶鲁大学开设"美好生活"一课的劳丽·桑托斯曾评论说，缺乏睡眠和耗费大量时间来学习，这两者经常被高中生和大学生奉为"荣誉勋章"。不过就算奈德接待的这位女生夸大其词了，那也是个严重的问题，其严重性并不低于"真的在周末花 20 个小时学习"。因为她在暗示自己的最大价值就是"达成周末能学二十小时的成就"——但请记住，这其实属于幸福影响力中仅占 10% 的那部分，也就是属于"发生在你身上的事"。

如果她父母给她的未来所设下的目标是"生活幸福"，如果她本人也以此为目标，那她就是在缘木求鱼。不过，有人告诉过她真相吗？我们怎么帮她扭转方向呢？而有太多的文章，光靠标题就已表明态度——这不是我们该管的事：《想让孩子幸福是一种被误导的欲望》《家长们，让孩子幸福并非你的工作》《我们痴迷幸福，却给我们的孩子带来痛苦》。我们深知这样的舆论反弹因何而来。我们显然支持家长把孩子的生活跟自己的生活区分开来。作为家长，我们默认自己要保护孩子，让他们远离那些若是沉湎其中就难免会痛苦的事物。然而，典型的情形往往是孩子遇到失败，家长便马上把孩子抱起来，抱着孩子跨过重重挑战。要知道，这会剥夺孩子学习应对挑战的机会啊！因此，我们不能也不该阻止孩子去经历不安、压力、悲伤或失望——这些其实都是有用的情绪，有助于他们培养高水平的压力耐受性和韧性以及学会做出明智的选择。我们不希望给孩子传递这样一个信息，那就是他们理应一直幸福。有一点点的烦心事、压力和失望情绪，与终日经受着慢性压力、痛苦和疲惫，这两者截然不同。

奈德的学生经历着的那种慢性压力，其影响可能非常深远。长期的压力让孩子处于发展出焦虑、情绪问题以及物质滥用问题的高风险之中，也会使得孩子在成年以后，更容易经历反复的焦虑或抑郁发作。正如神经学家们所说，青少年们无时无刻不在"雕刻"着他们成年后的大脑。我们不希望他们雕刻出习惯了在大部分时间中经受压力、疲惫和不悦的大脑，也不希望他们雕刻出工作狂的大脑——倘若不工作，就没有安全感。我们想起劳丽·桑托斯与耶鲁的学生们同住在寄宿学院时，她的观察：大多数学生都表示，他们无法充分利用学校所提供的绝佳资源和机遇，因为他们太忙、太累、压力太大。五年后，这些学子将加入劳动力大军，而且其中许多人还会成为我们社会中各个领域的领头羊。如果他们的大脑不知道怎样才能幸福，这势必会影响到我们所有人。预防儿童和青少年的心理健康问题，这是给他们成年后的幸福感铺平道路的最好方法，也是唯一方法。[14] 与教给他们享受愉悦不同，指导他们追求幸福是我们能做的，可以确保孩子未来健康安宁的最好的方法。

## 我们该如何跟孩子谈论成功与幸福

和孩子探讨幸福的第一条规则，就是"探讨幸福本身"。很简单，对吧？但再次提醒一下，这类对话的发生可能并不像你所想象的那样频繁。以下是一些可以用来切入话题的问题：

- 你在什么时候能感受到真正的幸福？
- 真正幸福是怎样的感觉？这种感觉能持续多久？
- 从 1 到 10 打分，如果 10 就是真的很幸福，那你平时的感受是哪个水平？最高能到几分？最低又能到几分？如果你情绪低落，那种不好的感受会持续多久？
- 有人说体验幸福不同于享乐。你觉得有道理吗？
- 你觉得在这个世界上，做一个幸福的人都需要什么？
- 你认为我是个幸福的人吗？

还有，要主动分享一些你自己对于幸福的想法和经验。告诉你的孩子，你在什么时候会真正感到幸福。还要跟孩子们讲讲，你曾经经历过的某件事——你原以为可以让你的幸福感永远得到提升，但实际上并没有这样的效果。

## 探讨"全情投入"

奈德总想知道，真正能让自己的学生步伐加快的动因是什么。所以他经常跟学生们探讨对方的热情所在，也讨论学生们会在怎样的时刻感到心潮澎湃。奈德的学生玛丽亚喜欢踢足球，但她父亲认为这纯粹是浪费时间。他曾说过："又不会有足球队要她。光和朋友们混在一起耗时间……怎么可能成功呢？"唉，这种心态其实很让我们揪心。玛丽亚的生活中其实有很多压力，她承受的压力越大，她需要释放的压力也就越大——无论是踢球还是和朋友共处，都是释放压力的手段。幸运的是，玛丽亚的内在动机战胜了来自父亲的反对——她坚持踢球，靠着自己的直觉去寻求能带给她幸福感、能把她的压力带走的东西。这让我们放心很多，不少青少年都知道做什么能给他们带来幸福。不过每当他们谈论"全情投入"时，最后聊到的，都是回应父母所表达出的担忧。这种对话差不多是下面这样的。

> 奈德：哇，莱利，你这么喜欢烘焙，真是太好了。你觉得自己会继续坚持，更上一层楼吗？
> 莱利：（耸耸肩）做得再好，能赚钱吗？

一听这话，奈德的脸色立刻就不好了。更糟糕的是，其实莱利的父母很可能是支持她对烘焙有热情的，但这种支持存在确定的上限。如果烘焙妨碍了她的学习，或者影响了她参加有益于自己简历的课外活动，那莱利的父母就跟玛丽亚的父亲一样，不会继续鼓励孩子在这方面多花时间了。他们的担忧其实就是莱利的担忧——能赚钱吗？

这样一来，我们要想讨论"全情投入"，就必须要讨论横亘在它前面的主要障碍——"物质主义"。大多生活在西方工业化世界的个体，都会经常接触到这样的信息：幸福等同于金钱、地位、声望、外表和财产。

这种想法在过去几年间被不断强化。[15] 这并不是说这些事物本身不好，但我们确实知道，过于重视它们，与焦虑和抑郁水平的升高、生活满意度的降低都密切相关。[16] 最起码，对于这些事物的关注，会导致我们更优先考虑一些表面的东西，而不是"全情投入"本身。

例如，我们认识一个十几岁的孩子，很喜欢打高尔夫球。之所以喜欢，是因为她能走到户外，还可以和朋友及家人一起打。但最终，她不想打了，因为她认为自己的皮肤因为打高尔夫球而被晒黑的部分"看上去很蠢"，而与此同时，Instagram 上的"其他所有人"都"晒得很好看"。就算父母不提倡物质主义，它也无孔不入——同龄人、媒体和我们的文化都在传播这种理念。倘若我们还生活在十九世纪，就不会有这种问题。那时，我们在雨中艰难地收土豆，并不知道还有人能惬意地躺在沙滩上喝椰子。现在的我们，知道得太多了。富人和名人的生活方式能为你所知，不再靠着每周一小时的电视时光，如今的孩子们每次打开Instagram，都会看到这类纸醉金迷的生活方式。这就是为什么，作为父母，仅仅不提倡物质主义还远远不够——你必须积极地与之斗争。

谈论物质主义本身及其缺陷，就是一种好方法。鼓励孩子们全情投入自己热衷的事情，也是一种好方法。这两种方法都需要给孩子提供一个现实中的合适的榜样，以及一个并不总是与声望有关的现实环境。例如，我们可能平时总跟孩子聊威廉——某名校的高才生，后来进了一家顶级律所工作，还在汉普顿地区落下了脚扎下了根。但我们其实也该多跟孩子聊聊 A.J. 夏皮罗这样的人——现在在特艺集团做音频工程师，曾经在大学里苦苦求学三年，最后还是辍学去上了技术学校。A.J. 说过，如果他能注意到自己对音乐技术领域的热爱，从大学一出来就直接去职业学校学声音工程，那不仅能给家人节省数万美元，还能在事业上发展得更好。尽管如此，他在 2020 年还是因在广受好评的 HBO 剧集《守望者》中的杰出工作获得了艾美奖，所以我们猜他做得其实还很不错。你可能认识很多像 A.J. 这样的人，他们的职业生涯道路并非正统，而是稍显迂回。多讲讲这些人的故事。

　　基拉是个刚从大学毕业的应届生，告诉了我们她还在上高中时，她的父亲是如何与她一起处理这个问题的。她先是列出了所有自己认为在上了大学后，并在事业上取得成就后要做的事情。而作为回应，父亲给她讲了约翰·莱恩的寓言，讲的是一个知足的渔夫在钓鱼的时候碰见了一个商人。商人告诉渔夫，他有各种各样的方法来提高产量，使渔夫变得富有——不管想要什么都能买得起的那种富有——这样他就可以做任何他想做的事情了。但渔夫说自己想要的，就是做他已经在做的事情。"所以，"基拉的爸爸说，"不要等你有了事业以后，才做那些事情。现在就去做。要让这些事情，成为你的事业。"正是这些建议，指导了她在高中做出了选择，也指引了她在大学中的求学道路。

　　几十年来，我们参观过无数的学校，其中许多都会在悬挂的横幅上写下"让孩子们准备好迎接非凡生活"。不用多做解释，我们其实很担心这样的横幅所传递的信息，因为如果把"非凡"列入期望，那么不可能所有的学生都能取得真正优异的成绩——他们的成绩，更有可能是"上不了台面"的。相较之下，我们更喜欢洛杉矶阿切尔女子学校的愿景，他们支持的是"培养幸福女孩"。除了严格的学术课程外，学校还提供为期六周的专门课程，就是为了让学生们找寻热情所在——不管是投身神经科学，还是当驯犬师。若有忧心忡忡的父母争辩，驯狗就是浪费时间，管理人员会回复："六周后，再来看看你女儿能做什么，然后再下定论，究竟是不是浪费时间。"课程结束，学生学会了教原本桀骜不驯的狗狗跑完障碍赛时，他们会萌生非常强烈的自我意识。也难怪阿切尔女子学校在实施这一项目后，迎来了该校史上最高的大学录取率。

除了赚大钱、当第一之外，这个世界上还有很多做出贡献的方式，有很多获取幸福的方式——这才是真相。多年以前，比尔在读研究生的时候学到了这一课。一开始，他的教授们给他带来很大的压力，他们比他聪明那么多，而且每一个都有着卓越的研究天赋。虽然一开始的好几个月里，他都觉得自己低人一等，但随着对教授们的了解日益加深，他逐渐意识到自己的生活实际上要比他们的更幸福，他最终得出这样的结论：我想过我的生活，我不想过他们的生活。

有一些话术，可以拿来跟孩子探讨"全情投入"这一议题：

- "你有没有一直在做一些让你感觉很得心应手的事？你有没有听说过科学家们说的一种叫作'心流'的东西？在你做一件需要你用上全部精力、能力和注意力的事情时，你就会有那种'心流'的感觉。甚至在做了一个小时后，你感觉才只过了十五分钟。你什么时候会有这种感觉？"（很多孩子会回答"玩电子游戏的时候"，我们下一章会专门加以讨论。）
- "我重视每一件你全情投入去好好做的事，因为充满激情地投入生活是幸福感的源头之一。"
- "你觉得自己用了多少时间来真正投入到自己在做的事情上？"
- "在什么时候，你会觉得自己做事只是走走过场罢了？你试着同时做两件事或几件事的频率有多高？"
- 跟孩子谈谈你自己曾有过的全情投入的经历，以及那些激励过你去投入、给你带来心流的事情。"伙计，我昨晚弹吉他，学了一首新歌。我原以为自己就弹了差不多四十五分钟，结果实际上我弹了两个半小时。我真喜欢那种彻底投入我所做的事情中的体验。"另外还要告诉他们，你也有过没那么专注投入的时候，以及你是如何处理这种情况的。

- "你爱做什么？你爱在哪些事上动脑筋？"

- "你觉得自己什么时候最幸福？"

- "对有的人来说，在小池塘里当大鱼，感觉最幸福、表现也最棒；还有一些人更喜欢当小鱼，因为这样更有活力，更为灵动。有的孩子愿意参加篮球队、去打联赛，但也有的孩子喜欢随时攒点人打篮球，因为他们更喜欢跟朋友一起打，也觉得这样更有趣。你觉得你更喜欢哪种？还是会根据自身需求去灵活改变？"

- 跟孩子探讨价值观与人生目标，并专门在其中安排探讨物质主义价值观的环节，了解它在孩子的价值观体系中占据了多大的比重。心理学家蒂姆·卡塞尔（Tim Kasser）对物质主义负面影响的研究持续了 25 年。受其研究结果的启发，我们建议家长跟孩子谈论这一话题。如果其中物质部分的占比太大，那给真正让你幸福的事物留下的空间就相应少了很多。

- 卡塞尔还建议说，有一种方法可以有效抵消物质主义对孩子们的诱惑，那就是向孩子们解释，广告商其实并不关心他们。比如这样说："虽然广告商不是坏人，但他们并不打算让你的生活更美好，只是想尽可能多地销售他们的娃娃、游戏或应用程序而已。所以我们必须自己考虑，这些东西究竟能不能让你的生活变得更美好。"[17]

# 与孩子探讨"意义"

事实上，和孩子与青少年谈论"意义"非常容易，因为他们中的大多数人其实也想要讨论这个话题。不过，在针对"意义"的对话中，不要使用"你该关心这个，你该在意那个"这样的表述。要想针对"意义"做有益的对话，必须先承认有的事就算对父母有意义，对孩子则不一定——反之亦然。

　　为此，父母的角色其实是要帮助他们的孩子确定究竟什么对自己来说是重要的、为什么重要，以及如何利用自身优势来实现他们认为重要的目标。此时父母可以跟孩子做的对话练习之一就是励志访谈，我们已在第5章讨论过。除此之外，威廉·米勒及其同事们还研发了"个人价值观"卡片，也颇值得一试。这种卡片的每一张上都写有某个价值及其定义——比如"冒险""独处""传统"。你可以将这些卡片分为三类："对我重要的""对我特别重要的""对我不重要的"。对于那些位列"特别重要"中的特质，你可以进一步将其排序，然后再向其他人解释一下，为什么这些特质对你来说至关重要。[18] 我们认为这是一个很好的交流切入点，它几乎不需成本，你只需要能上网、有台打印机就行。

　　虽然不是每个孩子都要当社会中的正义勇者，但能不能以一种积极的方式影响他人，对每个人的使命感而言都是举足轻重的一部分。芬兰哲学家弗兰克·马泰拉（Frank Martela）的研究领域就是生命的意义，他也经常发表这一主题的相关演讲——他把生命的意义描述为"做对你有意义的事，使你对其他人也能有意义"。这种表述直指善良的行为，而且研究也发现，这些行为与幸福的感受存在很强的相关。[19] 简单地说，帮别人就相当于帮自己。在一次干预性研究中，街上的路人被赠予了5美元或20美元。其中一半人被告知可以把钱花在自己身上，另一半人则被告知要把钱花在别人身上。一般来说，不管他们被告知如何花掉这笔钱，他们都会预测，要是把钱花在自己身上会更开心，花掉20美元会比花掉5美元更开心。但一周后，那些把钱花在了别人身上的人会报告说，他们的幸福感显著提升了；而且事实证明，钱的多少——不管5美元，还是20美元——并没起到什么影响。[20] 同样的干预研究也在其他的地方被执行过，其中甚至包括乌干达的农村。在那里，就算只花很少的钱，也能给别人的生活带来巨大的改变。而研究人员们得到了同样的实验结果。

　　我们也要帮助孩子认识到，他们所做的事情不一定能对每个人都有意义。许多孩子通过参与跟环境或社会有关的声势浩大的活动，找到了巨大的人生意义（想想在反枪支大游行中，年轻人的参与程度和热情状态）；不过还有许多孩子，是在比较小规模的社区中，比如教堂或学校俱乐部里找到人生意义的。你的思考甚至可以再微观、再具体一点，其实对大多数孩子来说，所谓"意义"只与少数个体有关——比如他们的朋友，或者当个志愿者去照料收容所里的小动物，或者就是孝敬自己年迈的爷爷奶奶。一个在几代人都从军的军旅家庭中长大的孩子可能更喜欢秩序感，也能在社区服务中找到强烈的意义感；而一个"文艺调调"很重的孩子则可能会在纷杂的刺激中更加茁壮地成长，他的人生目标，可能是要让空间变得美丽，或用自己的歌声打动他人。

与孩子沟通"意义"时，我们还有如下的话术建议：

- "如果在这个星球上，你只有一个目的，你觉得可能是什么？"
- "是什么带给了你意义感？"
- "你希望人们如何记住你？你有哪些东西，是想被人们记住的？"
- 还要分享一些你的亲身经历。"我不知道你有没有同样的经历，每次我没有缘由地为另一个人做点好事，我就能真切地体验到自己充满活力。这让我对自己和世界都感觉非常棒。"
- "我和别人共同演奏音乐时，我会感到跟别人之间的共鸣，并有更多的灵感与启迪。再算上我的家人和我的事业，这些都是给我生活带来意义的事物。"
- "对我来说，去犹太教堂做礼拜真的很重要。这让我觉得自己不孤单，我还有父母、祖父母以及社区里的教友与我同在。而且那里每个人都致力于变得更好、改善世界。我也很喜欢这一点。"

## 与孩子探讨"正向关系"

我们的一位朋友曾受邀参加一个小型论坛，论坛的主题是给本科生提供职业生涯发展方面的建议。她和论坛的其他参与者一样，谈了自身职业生涯发展的轨迹，也解释了这一路走来，做出的一些抉择。论坛快结束时，主持人请发言者们给年轻的自己一些建议。我们这位朋友陡然紧张起来。她知道自己真正想说什么，也知道她说的内容可能不受人待见，甚至会被人觉得是误人子弟。因为在她刚刚二十出头时，决定了要找一份能离男友近点的工作。而当时的男友，就是如今的丈夫，他们的婚姻已经将近二十年。轮到她发言了，她说："我会告诉年轻时的自己，根据我身处的关系去做出职业生涯的决定，并无不妥。因为事实如此，对我的幸福来说，最重要的就是与我选择的人共度一生。"若是这样的表达会让人觉得说出来会有风险，那我们的世界一定出了问题。我们的朋友凯瑟琳·奥康纳是一位德高望重的大学招生顾问，几十年来，她一直都说，如果你决定结婚的话，那么你和谁结婚，要比你在哪里上大学更重要。积极的伴侣关系好处多多，消极的伴侣关系亦是影响深远。想象一下，今天你要跟伴侣一起居家隔离了（咱们可能的确要为这种可能性做好规划），伴侣是让人根本无法忍受，还是让人非常享受与之共处的时光，这给幸福感带来的影响差距会有多大！配偶能提供一个避风港，进而让个体更愿意去迎接挑战以及争取成长的机会。[21] 想想看，有那么多的成功人士都认为，配偶在他们的人生旅程中给予了大量的支持。我们并非建议每个人都得结婚，也不是说所有的关系都应该向婚姻方向发展，更不是说所有的婚姻都能有积极的结果。但是，如果我们过度优先考虑职业发展和成功路径，以至于把人际关系部分完全排除在我们的注意范围之外，那这是个不容忽视的问题，因为人际关系对我们的安宁幸福做出了巨大贡献。[22]

你不需要逼着孩子坐下来，跟他说："儿子，咱们得谈谈你该找个怎样的伴侣。"恰恰相反，你需要强调各种各样的关系——友情、爱情、亲情，它们都很重要。幸福的人往往会给社交更高的优先级，花更多的时间和他人共处。[23] 即便和你对话的是个陌生人，你的幸福水平也能有所提升。[24] 哪怕逗逗狗，也能增加内啡肽、催产素和多巴胺的分泌，也许这就是为什么有一则深受喜爱的《花生》漫画，画的是鲁西和史努比亲密玩耍的场景，还写着"幸福就是一只温暖的小狗"。[25]

不管父母是不是强调社会关系的力量，其影响都一直客观存在。比尔接待过的一个学生，特别想上印第安纳州的巴特勒大学，就是因为他觉得那里的人特别好。他的母亲对此不敢苟同："他那么聪明，完全能上圣母大学，但他竟然想着巴特勒大学！我丈夫和我都上过好大学，我们也希望他能上好大学。"比尔经常见到带有这样困惑的年轻客户：他们因为不愿离开朋友，所以不想转到一个更顶尖的学校——他们为此感到困惑，好像这样想意味着什么扭曲的价值观一样。

别误会我们的意思：学业成绩、经济状况和致富机遇，这都很重要。的确有些孩子会因为非常害怕离开老朋友，甚至拒绝去一所可能更匹配他们学习需要的学校就读。如果你的孩子没有做出考虑到所有重要因素的明智决定，那你必须帮助他们迈出下一步。但在引导我们的孩子走向幸福时，我们还是应该教给他们深刻理解人际关系的重要性。

和孩子谈谈你生活中那些让你更幸福的人际关系，以及你又是如何围绕这些关系做出各种决定的——即使简单如只是为了陪在一个需要你的朋友身边而在某天请了个病假。和你的孩子谈谈有别人陪着时，有着怎样的感受，以及他和别人间的关系如何让他更幸福。

下面是一些话术上的建议：

- "在这个星球上，你觉得自己和谁最亲近？"
- "你觉得和谁在一起的时候，你最能做你自己？你觉得和谁在一起的时候，你能真正放松，不用担心自己说错话？和谁在一起，你最有安全感？"

- "你想拥有更多能让你真正得到安全感的朋友吗？"

- "如果你能把更多的时间和精力投入到这些让你感觉良好的人际关系中，会发生什么呢？"

- "每次你给朋友发短信或跟朋友面对面交谈，会不会觉得跟朋友的联系变得更紧密了？"

- "重视朋友超过成绩并不是什么不可思议的事，尤其是朋友真需要你的时候。如果我最亲密的朋友，比起我来更关心他的工作，我也会很受伤。"

- "昨天给工作上的朋友发了一封邮件，但我感觉他可能对邮件中的内容有点误会。所以我今天要在办公室和他见一面，确保他知道，虽然对这个项目我俩有不同的观点，但他还是我的好朋友、好同事。"

要让孩子知道你的人际关系——包括他们和你的关系——对你有多重要。告诉孩子们，你从你所信任的朋友关系中得到了什么，以及为什么保持与他人的亲近联系对你的幸福感很重要："工作干得好，诚然很棒，但有几个真正知心的朋友，则是另一种美好的感觉。"

## 跟孩子探讨"习得性乐观"

比尔第一批客户中，有一个名叫莱拉的十二岁女孩，她有抑郁和悲观的问题，也很难和其他七年级的同龄女孩建立关系——她一直坚称自己的生活中从来就没碰见过好事。当时的比尔刚刚读过很多与成功心理学有关的书，这些书会强调我们该把注意力集中在我们想要的东西上，而非我们不想要的东西上。于是他让莱拉每天都把三件进展顺利的事情记录下来。对这项练习，塞利格曼有一个专门术语加以定义：ＷＷＷ，即"有什么好事发生"。不过比尔很快意识到他还是应该进一步降低标准，于是他让莱拉每周记录三件顺利的事就可以。莱拉逐渐振作起来，大约六个星期后，已经能每天记录下来十二件积极的事情，抑郁的症状也得到了缓解。更让莱拉震惊的是，随着她所散发的能量不再那么消极，其他孩子也开始想和她打交道了。虽然并不是每个案例都这么容易迎刃而解，但这个案例还是指出了存在这样一种潜在的转机，那就是我们可以在多大程度上训练大脑去主动进行积极思维。[26]塞利格曼还提出了"习得性乐观"这一概念，确切地表明乐观是可以学会的——人能够通过锻炼，获取看到事物积极一面的才能。对于青少年来说，拥有乐观，就能减少一半的失落和抑郁。[27]

　　还有一个促成"习得性乐观"的策略，就是做感恩练习。经常去统计一下自己的幸福源头，已经被证明对提升整体幸福感有很大作用。[28]不少家庭都有组织感恩仪式的习惯——也许是在宗教团体中举行，也许是在家庭聚餐时安排。但家庭还是不应在感恩练习上过度投入——针对这一方面的研究发现，如果你每周做一次感恩祷告，要比做三次更能让你感到幸福美满。[29]还有个更好的办法，那就是鼓励你的孩子跟别人分享自己对对方的感激之情，可以直接跟他们说，也可以给他们发一条短信，或者给他们写封信，甚至还可以再读给他们听。这种信就是名副其实的"感谢信"，有一项研究发现，尽管送出信的人往往自认为这么做会有些尴尬，但收到信的人通常都会非常感动，而且写信者的幸福感会在未来的一个月内保持在非常高的水平。[30]

　　习得性乐观的另一个重要组成部分则涉及与负面想法的对话，以及重新描述负面事件。你的思想所拥有的掌控力往往超过你的想象。为了帮助自己家里上小学的孩子理解这一概念，我们的朋友伊丽莎白会把消极的想法比喻成《哈利·波特》中的怪物"博格特"。博格特总是以它所面对之人最害怕的形态出现，为了与之对抗，巫师们要动用自身的思想力量，让这种怪物变得非常滑稽。要是某个年轻的巫师最害怕蛇，他可能会去想象变成蛇形态的博格特一直在费劲涂口红。这并不是说你该把令人不安的事件变得有趣，但也确实指出了你的大脑有力量去承受一些可怕的事情，并将其改造得更容易加以控制。在日常生活中，我们一直在采用这种方法。我们将葬礼重塑为一种尊重生命的庆典，我们告诉有公众演讲焦虑的人，想象观众只穿着内衣，能让你放松许多。正如我们在第3章中提到的，认知行为疗法的基本理念，就是要挑战像"全或无"这样不经思考、妄下结论的扭曲信念；希腊哲学家也提到过这一点——发生了什么并不重要，思考了什么才重要。

在这一方面，各个高校都在迎头赶上，试图帮助那些经受过压力的学生们，把曾经的失败重塑为人之常情和成长机遇，修正他们看待"失败"的心智，将其重新定义为"在学习中的初次尝试"。[31] 史密斯学院的学生们会受邀撰写及分享"失败简历"。[32] 宾夕法尼亚大学的"宾大面孔项目"（Penn Faces Project）则创立了一堵"拒绝之墙"（Wall of Rejection），希望以此解构"一个人必须无时无刻不表现出忙碌、快乐和成功"的成见。[33] 哈佛大学的学习顾问委员也提出了"让失败成功起来"的五个步骤，其中就包括感到挫败、从中学习、敢于再次失败等。[34]

如果我们在教育中用更高的视角看待"失败"，就能把现实世界中的重重困难重构为教孩子获取韧性的机会。2019年新冠疫情带来了一系列负面影响，许多家长还想知道，国家层面的动荡是否会对孩子造成心理上的伤害。在2020年那个困难重重的夏天，一位听过我们某次线上演讲的妈妈指出，尽管许多家庭蒙受了巨大的损失，但我们可能并不用担心孩子们会永远蒙受这次新冠疫情的伤害。我们称那些经历过大萧条和二战的人为最伟大的一代人，不也正是因为他们所承受过的牺牲和苦难吗？

适合用来跟孩子探讨习得性乐观的问题有如下这些：

- "今天有什么特别顺利的事吗？"
- "你在哪些时候做过特别困难的事？在你努力的时候，你都跟自己说了些什么？跟自己的交流怎样影响了你努力的状态？"
- "要是有朋友把什么事给搞砸了，你会跟他们说什么？"
- "对于这件事，你认为还可以有其他看待方式吗？有没有一种让你感觉不至于特别糟糕的看待方式呢？"
- "你愿意更多地去关注发生在自己身上的积极事件吗？如果我们每个人都记录一下这周发生的好事，并在周五晚餐时分享一些其中的亮点，会不会很有趣呢？"

告诉你的孩子，其实你也不一定天生就特别乐观，你也正在致力于练习自身的乐观水平。你可以通过留意（理想情况下，其实是写下来）周遭发生的积极事件，以及把感知到的挫折或失败重新解读为某种发展的路径。你也可以跟孩子强调自己在做感恩练习，你可以这样说："我注意到，要是我花上几分钟时间去想想值得感恩的事，就会更快乐，也不再那么为生活担惊受怕了。简直就是一百八十度大转弯。"

## 跟孩子探讨生活方式

健康锻炼非常重要。每天做半小时的有氧运动跟摄入 75 毫克的左洛复，对于心理状态有着同样的改善效果。事实上，要是早上做有氧运动，能让你的情绪状态在接下来的 22 小时（甚至更长时间）里得到提升。[35] 睡眠对幸福感也有很大的影响，不过我们将在下一章再进一步讨论。来自顶尖公立高中的管理人员告诉过劳丽·桑托斯，他们的学生通常每晚只睡四五个小时。桑托斯还指出，耶鲁大学的本科生也是同样缺少睡眠；她说，要是我们能让学生们好好睡觉的话，我们就能解决大学校园里的大部分心理健康危机问题。[36]

还有就是我们所说的用脑卫生问题。伟大的正念老师都强调"体悟当下"带来的好处。同样，全世界率先提出先验冥想的玛哈里希·马赫什·约吉（Maharishi Mahesh Yogi）曾简练地说过"不要分裂心灵"——意思就是要专注于你正在做的那件事。事实上，通常我们只把大约一半的时间拿来关注我们正在做的事情。[37]如今我们时时在做的"登录在线"不会让我们更好地体悟当下。还有研究表明，我们在集中注意力的时候，要比走神的时候更快乐，即便走神的时候头脑中有着积极的想法也一样。[38]奈德在录制儿子参演的戏剧时，就非常深刻地体会到了这一点——他想，如果我完全投入，就在这里看孩子的表演，而不是为了未来去记录它，会不会让我更幸福呢？

积极心理学一直都强调冥想对幸福的重要作用。正念冥想可以通过训练我们的头脑对当下保持感知与足够接纳来帮助我们。先验冥想能有作用，则是因为它让我们更容易体验到自身心灵的最深层次，即安宁、平和和幸福的所在。我们都练习了多年的先验冥想的方法之一便是重复默念一段话语或某个没有具体意义的词。反复默念会把你带往心灵的更深层次，这样你就能同时做到耳清目明与祥和平静。四十多年的研究表明，如果人们能经常经历这种心灵的安宁，在日常生活中也会拥有更多的平和喜悦，而这又进一步表现为更低的压力、焦虑和抑郁水平，以及更高的幸福水平、更强的自我意识和控制感。[39]

几年前，比尔给米尔顿做了测评，他是一个很聪明的六年级学生，有轻微的学习障碍，而且非常抑郁。几个月后，因为米尔顿越发抑郁了，又对自己满是失望，比尔应约再跟他见一面。比尔想去提醒米尔顿，他其实特别有能力。于是，比尔跟米尔顿以及他那出色的心理治疗师有了一个小时的会面。这一个小时里，米尔顿一直在哭，因为他始终纠结于各种他做的自以为让父母和老师失望的事。会面结束后，米尔顿的母亲问，为了帮孩子，她还能做些什么，治疗和药物此时显然已经不够。比尔建议她可以看看米尔顿能不能学习一下先验冥想。

大约九个月后，比尔打电话给米尔顿的母亲，问孩子最近情况怎么样。她说儿子今年的情况非常好。他在学校生活和体育活动方面都表现很棒，也有了好朋友，情绪上也比过去的几年愉快了很多。比尔问米尔顿有没有学先验冥想。他的妈妈则回答，实际上，他不仅学了，而且这一年来，每天都要做两次。突然之间，她恍然大悟："天哪！就是先验冥想让他开心起来的！"

根据我们的经验，孩子冥想时，他们收获的益处并不亚于成年人。虽然让孩子做冥想并不总是那么顺利，虽然冥想可能成为父母和孩子之间争吵的新话题——我们当然不希望这样，但我们还是愿意鼓励孩子去学习一下，然后自己决定要不要坚持去做。我们也可以自己去做冥想，给孩子示范冥想带来的益处。我们两个正在努力支持学校向学生提供冥想资源，因为许多研究发现，学生的心理健康和学习成绩都会因为做过冥想而显著改善。[40]

健康的生活方式和良好的用脑卫生都需要努力。这毋庸置疑，因为我们正在不断地为之努力。人们常说比尔是他们见过的最幸福的人之一，这是真的。人们每每谈到比尔，开口第一句话就是夸他"很棒"。但他其实也曾是一个焦虑的孩子、一个非常愤世嫉俗的年轻人。不过四十多年来，他一直致力于练习冥想，这带来了改变。当然，他也会把人际关系的优先级调高、做瑜伽、完成对他来说有意义的工作、积极地转化消极想法。而奈德也一直在努力。奈德的大脑很容易受抑郁影响，所以他不仅经常冥想，而且几乎每天都锻炼，还学会了以真正的自律去对待睡眠。他的日历中有一个"就寝时间"设置，每天晚上10：15开始，但是不设结束时间。他发现，如果自己每天能睡足8小时，那生活中的大多压力都能得到有效控制。如果他没睡够，对他来说，世界看起来会很不一样。所以他每天都在努力通过各种方式去改善自己的心理健康水平。

下面是跟孩子谈论生活方式的话术：

- "冥想好像对差不多所有人都有益，就像睡眠和锻炼一样。我想自己学习一下。也很想让你学学，看能不能成为你用得上的工具。我不会逼着你去冥想，只是希望你也能试一试，比如先做上三个月。"
- "你有没有注意到，游泳完或锻炼后，你的情绪有什么变化？什么运动最能影响到你的感受？"
- "我发现，要是我每天睡 8 小时而非 6 小时的话，我就感觉更快乐，做事情也更成功。你注意到我睡足了后，有什么不一样吗？"
- "只要冥想几分钟，我的头脑就能清醒很多，也可以更有效率地工作了。"

## 向孩子示范如何健康地自我对话

向你的孩子展示你如何追求幸福——这可能是你为了影响他们，所能做的最好的事了。你可以跟孩子谈谈你心怀感激的事情。比如那些给你带来满足感的时光（而非那些单纯让你体验到"愉悦"的事情），比如某次令人兴奋的划船经历，或者就在附近散散步，甚至是赠人玫瑰手有余香的体验。

还要用语言去跟孩子表达，你也在试图训练自己的思维去主动寻找事物的积极一面。比尔和他的孩子就一直这样进行交流。他还记得有这样一天，当时孩子们才十几岁，他跟孩子们说："我今天状态不好。原本该交给客户的报告，我没有准时拿出来，我感觉我辜负了他们的期望。我要看看有没有什么办法补偿我的客户。但我也意识到，我其实不该要求自己凡事尽善尽美。我可能无法把每件事都做到完美，但这并不妨碍我该好好努力。为什么要无端折磨自己几个小时，又给世界徒增痛苦呢？"他的女儿乔拉听完之后，嘟囔着说："真受够你说这种心理学废话了。"这种反感倒也正常，所以在那之后的一段时间，比尔会比较克制自己的表达。但在接下来的几周甚至几个月里，比尔还是偶尔能听到乔拉用跟他完全一样的语言，去跟一个面对自身问题的朋友交流。所以说，榜样真的很重要。

## 今晚怎么做

我当然希望我儿子更幸福，但是不是太小题大做了——他正上中学呢！他正经历着太多跟激素与社会交往有关的变迁，而且还喜怒无常，甚至还有不少其他需要留意的事情。这时候还期待什么幸福感，感觉很不现实。

你说得没错，中学生正在经历着各种各样的生活变迁。平均而言，孩子在中学阶段的幸福度基线水平，要低于人生中的其他任何阶段。[41]而且期望身处任何年龄阶段的任何人一直幸福，也并不现实。但当涉及应对少年及青年人群时，我们已经大大降低了要求标准，我们也认为这个人生阶段更需要强调忍受挫折以及平稳度过，而非拿来享受幸福。

不过我们也不会太过关注中学生们的情绪状态或起伏，除非他们的消极情绪在程度上过于极端或时间上持续太久。他们的大脑此时发展极其迅速，我们更希望通过鼓励，去帮助他们靠着体验与思考来保持幸福感。当然，在某些情况下，这也意味着他们可以不那么难受与痛苦！即使是正上中学的孩子，要是有带着善意的举止、充足的睡眠、充沛的精力、能够帮助他人、关注生活中的积极事件，并有时间跟大自然亲近的话，也会同样拥有幸福感。对于很多中学生来说，参加户外夏令营给他们带来了生活中最快乐的时光。

在这个人生阶段，焦虑感与强烈的满足感其实可以共存，中学生们也应该去同时经历这两种截然不同的体验。G. K. 切斯特顿（G. K. Chesterton）曾写道："美德不是罪恶的反面，美德就是美德，本就生动。"如果我们不那么"非此即彼"地看到幸福与不幸福，而是选择把"幸福"看作本就"生动"的某种事物，就会打开更多的可能性：让孩子学会接纳不适与失落，进而茁壮成长。

我本身就在跟抑郁症作斗争，又怎样才能为我的孩子树立起幸福的榜样呢？

我们要做的，只是尽力而为。如果你本身就患有抑郁症，那你很有可能已经有了一些来自基因的脆弱性，比如负面情绪、悲观心态和睡眠障碍，所以必须比大多数人更努力才能保持一个说得过去的状态。让孩子知道你也经历过抑郁，这并没什么不妥，这是你的家事，所以也该告诉家人。你在情绪上经历的挑战也给了你一个很好的机会，去向孩子示范战胜负面情绪的过程——怎样做才能最大限度地减少痛苦、提振情绪。比如，你可以选择练习乐观和感恩的心态，直到它们可以产生积极效果。你也可以靠优化睡眠、保持锻炼、学会冥想、帮助他人来给孩子做榜样，如果孩子足够大，也可以带领孩子一起做。

我女儿总是因为鸡毛蒜皮的小事感到难过。每当我提醒她说，她已经非常幸运，我们已经拥有很多，她就特别生我的气。如果她一门心思就要生气，我又该怎么向她传递乐观心态呢？

探讨乐观和感恩诚然重要，但承认对方身上失落的感受也很重要。这与我们在第 2 章中讨论的内容——以顾问身份跟孩子沟通的重要性——有关。倾听，提问，重述她的感受。然后，你可以说——也只能这么说——"对这件事，你想听听你可以有的另一种看法吗？"如果她拒绝，请尊重她。你完全可以另找时间来培养孩子的感恩心态，如果你想建立起跟孩子谈论"有什么好事发生"的沟通习惯的话，可以将沟通安排在每周日的晚餐上，或者再晚一些的时间里。要是孩子一直沉浸在负面感受中出不来，你也可以说："我觉得咱这次谈话没起什么作用。我很想在你准备好了以后，再和你谈谈解决方案，而且我认为现在你的大脑一遍又一遍地纠结在这个问题上，谈话起不到什么作用。"

我们家非常富有，那我家孩子应该为他们所拥有的大量物质享受而感到内疚吗？

我们并不希望那些在富裕家庭里长大的孩子对自己财务方面的优势感到内疚。我们希望的，是他们能幸福！然而，读好学校的孩子中，富裕家庭的孩子要比中产阶级家庭的孩子更容易遭遇焦虑症、抑郁症和药物滥用问题，因此你可能要尤其注意培养他们拥有健康的观念、价值和个人经历，这样才能帮他们体验到真正的幸福，以及拿财富换回来的那些快乐。尤其需要强烈关注的，是奉献付出以及帮助他人的重要性。要支持你的孩子跟同龄人发展关系（而非只关注拥有那些最酷的东西）。再有就是跟其他的建议一样，要跟孩子保持强大且具有支持性的情感联结，不要过分强调高成就对幸福安康的重要性。

我家孩子总是垂头丧气的——你真的认为靠我就能让他幸福吗？

你绝对做不到"让"你的孩子幸福，就像你没法替他们做作业、替他们吃西兰花、替他们睡觉一样。你能做的只是创造条件，让他们能去关注到自己幸福的那 40% 的影响因素，也就是那些有意识的行动。

当然，你也要结合孩子当下的阶段。如果你家孩子身陷抑郁，那首先要做的是解决抑郁问题。带他们去看心理医生，必要时，还要跟医生谈谈药物选择的问题。比尔给一个叫罗斯的女孩做过测评，她四岁时，跟父母和哥哥在日落时分的海滩上散步，突然停下来，蹲下身，告诉父母，她不想活了。罗斯的父母倒也不是特别震惊，因为他们俩一生中的大部分时间其实都在经历着抑郁症的折磨，他们自己的父母和兄弟姐妹也都是如此。在这个家族中，负面情绪的遗传倾向性显然非常高。于是罗斯跟当年的父母一样，开始求诊于心理治疗师，治疗方案中还包括服用百忧解，这样可以提高她大脑中血清素的利用程度。比尔给罗斯做测评的时候，她已经 6 岁了，既乐观又风趣，和她相处起来也非常快乐。因为在基因上有缺陷，所以她需要一个能起到作用的具体方案来解决她所面对的问题。

与此同时，对所有的孩子来说——无论他们要不要用到药物治疗——我们都应该继续跟他们探讨幸福是什么、它是什么样子，以及通往幸福生活的诸多可能。

如果我家孩子所有的时间都已经被他该做的那些事占满了，我怎么再给他挤出时间，去追求那 40% 的有意识活动呢？

我们理解你的困惑，这问题并不好解决。对幸福的追求离不开做出艰难的抉择。假设某个孩子加入了一个很有竞争力的足球队，每周末出门打比赛，每晚都有训练。他还上着一所特别强调学业成绩的学校，被布置大量的家庭作业，压力肯定也不小。那首先要问这样一个问题：做这一切，是在追求什么？他踢足球，是因为他喜欢足球，足球给了他心流的感觉，所以他才全情投入吗？如果真是这样，那就继续努力，也许他可以接受成绩有所下降，或者转去另一所没那么严格的学校。或者说，他其实更想留在学校里，这样能更轻松地完成学业要求。那他能换个耗时更少，但仍能让他享受比赛乐趣的足球队吗？人生的重要一课，便是学会做出这样的选择——我们遇到过很多成年人，他们忙着把每件事都做好，却什么都享受不到。我们会希望孩子也是如此吗？那些更优先考虑时间的人，也就是专注于"时间财富"的人，要比优先考虑金钱财富的人更幸福。[42]

## 有效沟通实操案例分析

一天晚上，哈维尔的爸爸在凌晨两点被吵醒了，因为他听到哈维尔正在客厅里踱步。他问正在上高中四年级的哈维尔，他是否想谈谈自己的想法。虽然哈维尔平时不太喜欢坦露内心想法，但这一次他并没有拒绝。

哈维尔：我就是觉得神经很紧张。明年的好多事还没定下来。我还是不明白，为什么我首选的学校还没有回复我的申请。而且可能在接下来的几周，甚至几个月里，另外几所我申请的学校也不会有什么消息。我知道我长大了，不能再住在这里了，可我能干什么呢？要是没有学校录取我，我该怎么办？

爸爸：我明白，哈维尔。你现在处境艰难。生活给你的压力也很大。不过你还有时间申请第三志愿顺位的学校。也许你申请的学校还是不够多，就算你一开始去的学校不是首选，未来也可以争取转学到你最想去的学校。

哈维尔：你在说什么呢？只要是我愿意申请的学校，我都申请了。爸爸，你根本就不知道我现在什么感受。所有人都在问我申请了什么学校、有没有被录取。现在这样，简直太丢人了。

爸爸：你就说你还在等消息嘛。你也不必把每次申请被拒的事告诉他们。

哈维尔：那我就是在撒谎。爸爸，你根本不明白，这压力有多大。

哈维尔的父亲完全是好意，但他向哈维尔所传达的世界观，很可能反而让他更焦虑。通过提出建议以及提供问题解决方案（也就是建议哈维尔申请更多的学校，然后再考虑转学），他其实暗示了自己也对哈维尔的前途感到焦虑。他还在沟通中说出了一条过于具体的发展路径：最终要从心仪的学校拿到文凭。他在玩弄一种幸福的迷思，便是"要是……我就会幸福"。他还建议哈维尔撒谎或回避他人针对录取情况的问题，这其实也说明了他自己同样对儿子没被录取的事情感到难堪。所以这样跟儿子沟通，很可能无法说到他心坎里去，也不能让他平复下来。

如果换一种说法呢？

哈维尔：我就是觉得神经很紧张。明年的好多事还没定下来。我还是不明白，为什么我首选的学校还没有回复我的申请。而且可能在接下来的几周，甚至几个月里，另外几所我申请的学校也不会有什么消息。我知道我长大之后不能再住在这里了，可我能干什么呢？要是没有学校录取我，我怎么办？

爸爸：心里事儿挺多啊。难怪你睡不着。

哈维尔：是啊，情况糟透了。我满脑子都在想这些。所有人都在谈论，都在问我申请了哪里、申请到了什么学校。太丢人了，所以我睡不着。

爸爸：哇，觉得很气馁，是吧？一定不好受吧，尤其是还有那种所有的事都没定论的感觉。我能跟你讲讲我现在是怎么想的吗？

哈维尔：我觉得可以。

爸爸：我非常肯定，你一定会找到自己在这个世界上的位置。找到自己的位置不仅仅跟在哪上大学有关，也不仅仅跟学什么或者简历有多突出有关。你能做到的事简直太多了，哈维尔。你很外向，很有创造力。人们喜欢跟你在一起，因为你这人特别有趣。你还是那种总能为别人着想的人，你为人处世强调公平，也有很强的社会正义感。其实有很多方法，可以让你利用你所拥有的天赋来追求幸福的生活。我知道，被大学录取这件事感觉上真的很重要、很关键，可事实上，上大学并不能决定你的一生有多大成就，不上大学，也无法阻碍你达成人生成就。

哈维尔：也对，可如果人们一直问我申请大学的事，我该怎么说呢？

爸爸：嗯，你可以自己琢磨一下，看看自己是不是愿意分享对这件事的感受。所以如果对方是你的好朋友，你觉得跟他交流很安全，这是一回事。但如果对方是某个孩子的父母，那就是另一回事了，你要是不想告诉他们，就诚实地说，比如"非常感谢你关心。但这事很复杂，说来话长，比起谈论这件事，我现在更想把注意力集中在别的事上"，然后换个话题。

## 有效沟通的关键点

要让我们的文化规范与我们所知道的幸福科学所提出的指导相一致，我们还有很多工作要做。但因为我们两个人都有着乐观的认知框架，所以我们认为很有希望。新冠疫情大大动摇了这些文化规范，虽然它带来了令我们心碎的疾苦，但我们也从中看到了一丝希望的曙光：由于无法获得即时的满足和愉悦，许多人反而找到了一种更抽象的幸福——这种幸福来自每天晚上跟至爱一起吃晚饭，来自能睡足觉，来自放慢生活节奏，以及在面对危机时专注于能赋予人们生活意义的东西。作家与诗人索尼娅·蕾妮·泰勒（Sonya Renee Taylor）说得好："我们再也无法拥有正常的日子了。其实，从来就没有什么所谓正常的日子。新冠疫情之前的日子，其实也并不正常，彼时的我们习惯了贪婪、不公、疲惫、枯竭、榨取、孤独、混乱、愤怒、囤积、仇恨和匮乏。我们马上就要回到正常的生活中了，我的朋友们。此时的我们，恰恰得到了机会去缝制一件新衣服，一件能容下人性和天性的合身的衣服。"[43] 也许，现在的我们正获得了寻找真正幸福的新助力。

第 8 章

# 如何与孩子沟通睡眠问题与
# 电子产品的使用：

## 理解、有效引导和设立边界

　　有一位姥爷，在陪女儿听完我们的一场讲座后，转向女儿（同时也是一名小学生的母亲）跟她说："哦天哪，在 80年代，为人父母可要容易得多。"这话很有几分道理。在过去，父母和孩子最难沟通的话题是性，就算如此，也总有专门的课后支持项目或者一本朱迪·布鲁姆（Judy Blume）写的书能帮上忙。现如今，当我们问父母最担心跟孩子们沟通哪些话题时，他们会说"我怎么才能让他别玩游戏、别一直看手机"或者"我怎么才能让他多睡会儿"。（他们还会问及该如何跟孩子谈论种族相关的问题，对此，我们建议更多地听听那些经验更丰富的人怎么讲——可参考本书第3章。）电子产品问题和睡眠问题既棘手，又彼此交织，也无疑会让养育变得更为复杂。就算孩子在大多数事情上通情达理，往往也会激烈地为这样的观点辩护：社交媒体并不会让他们更嫉妒别人、更容易焦虑；就算每天只睡五个半小时，他们也能表现很好。然而，与孩子有效沟通的原则实际上自20世纪80年代（甚至19世纪80年代）以来，就没有改变过。那就是要认真地倾听孩子、理解孩子、给孩子提供建议，同时不要试图把我们的观点强加给孩子。带着对孩子的尊重去解决问题——不管哪代人，在养育中碰到了什么挑战，这些原则都同样适用。我们要做的，就是别忘了在新领域中去利用这些原则找到好方法。

虽然我们在本章中会提供大量话术来帮助父母跟孩子讨论这些话题，但我们的指导从始至终都脱离不了这样一个重点：作为父母，你的职责究竟是什么？是为了控制孩子对电子产品的使用吗？是为了强制孩子保障充足睡眠吗？希望你不会这么想，因为你其实也根本做不到。你可以给他们找不痛快，逼着他们就范，但纵然如此，也不是长久之计。**你的工作并非控制孩子，而是帮助他们学会控制自己。**

做到这一点可要比阅读加粗的金句难得多，所以咱们先从"可视化"开始。想象一下在未来，你的孩子的生活——暂且假设他们在上大学，住在宿舍里。对你来说，孩子正身处一个很需要花钱的时间段，学费高得离谱，生活费和书本费也需要大量预算。你希望这一人生阶段对你的孩子来说能够既有意义，又有趣味；你也希望他们认真对待这段时光，这样就可以在四年内完成学业，走上足够安全稳妥的人生道路。可现在已是凌晨3点，你的孩子还在打Xbox游戏机。要是第二天没课，倒也没关系，可实际上明早9点还有考试。宿舍管理员不会跟他说"该熄灯了"，甚至都不会劝一句："嘿，小伙子，你不该休息会儿吗？"因为这并不是他们的工作。与此同时，你也不在他身边，就算你在身边，你的孩子也很可能会说"我都 19 岁了，别管了"或者"别担心，我能搞定"。

所以说，你的职责其实就是要让你的孩子为这种情况预先做好准备。在他们的童年阶段和青春期中，你会无数次产生冲动，跟他们说："马上从屏幕前离开，快去睡觉！"但我们还是鼓励你每一次都要先稍加克制，用"可视化"的方法想象一下孩子离开家后可能碰到的情况。这样你才能一直不忘初心——要在孩子离开家之前，教会他们三样能力：在自己失衡的时候，能觉察；在自己需要改变的时候，能调整；在父母不在身边的时候，能保持自己的生活良好运转。

## 逼孩子睡觉，注定徒劳无功

通常不需要多长时间，家长们就能明白，自己没法逼着孩子入睡。大家都知道，蹒跚学步时的孩子以及年纪尚幼的孩子在眼睛都睁不开的时候，还会坚持说"我一点都不累"，然而任何鸡毛蒜皮的小事都能把他们惹哭。孩子一直不睡，我们就要为之承担很多。而如果我们此时和他们陷入对抗，孩子们就会更倾向于坚持拒绝执行任何我们提出的解决方案。这种情况下，跟孩子讨论"睡眠"就容易沦为只是争论谁对谁错的困局。所以，我们的目标应该是以一种能引发孩子改变兴趣的方式去和他们交谈，传达你对他们的信任，并鼓励他们去进行自我选择。

对于年龄很小的孩子来说，我们显然该担起责任，帮他们培养健康的睡眠规律。但即使是婴儿，我们也必须要考虑他们自身的节奏。当然，随着时间推移，我们也可以逐步改变他们的节奏，但我们让孩子入睡并保持睡眠的能力始终很有限。对于小学生，则要跟他们解释，我们的目标是为他们找到合适的入睡时间及睡觉时长，这样他们在白天才不会感到疲劳。我们也可以和他们谈论夜猫子型睡眠跟云雀型睡眠（也就是早睡早起）。能不能在子夜时分还保持旺盛精力，以及会不会在九点前就想早早就寝，这很大程度上是由基因决定的，所以我们要对那些有"夜猫子型睡眠规律"的孩子尤其多加关照。随着孩子越长越大，我们希望家长能扮演起顾问的角色，帮助孩子们去找到最好的休息方式。

　　从经验角度跟孩子阐述睡眠有多重要，可能对讨论效果来说不是很有用。大多数父母和孩子都知道睡眠对身体、情绪、心理健康以及学习至关重要（尽管还有许多人没意识到，但睡眠其实对运动表现达到最佳状态也至关重要）。每年都会有又新又好的研究报告发布，阐明睡眠的重要功能；而且已有非常具有说服力的证据表明，如果我们在社会层面上更重视"好好休息"，不管是大人还是孩子，正在面临的很多问题（就算不是大多数，也一定不少）都会得到解决。如果你想了解关于本话题的最新科学进展，可以参看本书结尾的"注释"部分。[1]

　　如果否认睡眠的重要性并非孩子睡不足的主要原因，那第一步就是弄清楚问题究竟出在哪里。最常见的问题是失眠——包括难以入睡和难以保持睡眠状态，不过有的时候，孩子就是不想睡觉。以下是我们最常遇到的一些问题：

· 焦躁不安。"我的脑子就是静不下来。"比尔之前给焦虑的孩子们做治疗时，见过许多睡眠问题，他总会先提醒这些孩子，我们从来都是"入睡"。我们不是向睡眠进军，也无法强迫自己睡着——我们是放松下来，放开意识，然后就睡着了。但对许多孩子而言，说起来容易做起来难，他们还是会因为这种问题而失眠。

· 对于无法入睡的焦虑。许多成年人都会碰到这种形式的失眠问题。对孩子和青少年来说，他们可能更难说清楚这种入睡问题，其实大人也偶尔会这样。相应地，他们会在该睡觉时各种拖延。如果他们年龄很小，很可能会提出各种要求，比如再讲一个故事，再喝一杯牛奶，要找某条特别的毯子，甚至专门布置摆放他们的毛绒玩具。他们可能会坚持让妈妈爸爸中的一人或两人跟自己一起躺下（或者至少是坐在他们的房间里），直到他们睡着。睡眠专家把这种情况称为"行为性失眠"。等他们年纪再大一些，他们就可能会尝试转投于某个电子游戏或某种互动性 App 中——"再打一局"就是新版本的"再讲个故事"。他们会熬到深夜，直到过度疲惫，撑不下去。

· 把睡得少看作一种荣誉勋章。奈德一直都能观察到这种文化上的压力，在强调完美主义的十几岁女孩身上尤甚，她们总要告诉他，自己睡得有多么少。而且有时候，她们的父母也好不到哪去。她们会说："我一直学习到凌晨 2 点！"可她们真正想传达的却是："看看我，比其他人努力得多！"她们往往还会先发制人，把这当作给自己开脱的说辞——"我都学到凌晨两点了，还能怎么办？"

· 对休息代价的焦虑。这一问题在完美主义者身上尤为常见，因为他们总是认为，总有东西还要学。我怎么知道我真的准备好考试了呢？要是我不学习而去睡觉，那考上南加州大学的就是别人了！

· 害怕错过。再次提一句，我们在每个年龄段的孩子身上，都能看到这一点。五岁的孩子不想在爸妈睡觉前上床，是因为他们害怕错过任何有趣的事情。我们认识这样一些父母，他们会习惯性地提前假装睡觉，以减轻孩子的这种恐惧。再大一点的孩子，以及大学生们则是不想错过群里的聊天或晚上的聚会，要是真发生了特别重大的事件呢？或者，如果他们因为错过了这次聚会而被未来的聚会排挤，那可大事不好！

· 难以区分事物优先级以及时间管理问题。我们在前面的章节中谈到过这一点，但是把日程安排得过满的孩子、青少年、大学生、成年人，要比那些敢说"你知道，我为了有充足的睡眠时间，拒绝了这个机会，也拒绝了那个机会"的人常见得多。所谓健康生活的很大一部分，就涉及做出选择——决定该做什么，不该做什么。此外，还有很多孩子——尤其是男孩——在评估某件事需要多长时间方面的能力很差。他们太强调期待又太忽视经验，一而再再而三地认为某项要用四个小时来完成的作业只要两个小时就够用。只有亲身经历，只有那些家长看着揪心、孩子学起来不易的亲身经验，才能纠正这一错误认知。当然，就我们个人而言，随着年龄的增长，我俩都认识到自己在预估任务用时这方面的表现越来越好。

· 自我评估困难。大多数孩子，特别是青少年，其实不能很准确地判断自己究竟有多累。这是因为前额叶皮质的重要功能中包含自我感知及自我评估，而前额叶皮质在疲劳状态下，根本无法评估自身的警觉状态。有件事让比尔很诧异，那就是他自己的孩子们在十几岁和二十岁出头的时候，总是坚持说自己不累——尽管他们的情绪已经很暴躁，也不愿承认。然后他就看到孩子们刚过中午，躺在沙发上看电视的时候，没到五分钟就呼呼大睡，而这其实代表了相当严重的睡眠不足问题。

· 其他睡眠障碍。我们的许多客户都有与呼吸相关的睡眠问题，通常要靠切除扁桃体、腺样体来加以治疗。此外，还有许多青少年出现了一种睡相延迟睡眠障碍，他们直到凌晨才会感到疲劳，而且很难睡醒。患 ADHD、自闭症、焦虑症和情绪障碍的孩子们都有更高的风险遭遇睡眠障碍。

## 你该如何跟孩子沟通

如果存在任何严重的睡眠问题，最先该做的是跟你的儿科医生谈谈。他们可能会推荐使用褪黑素来治疗失眠，比尔的客户中差不多有一半会通过服用褪黑素来协助入睡或调节睡眠周期。你也可以查阅一些书籍，如 V. 马克·杜兰德（V. Mark Durand）的《睡得更好！》（*Sleep*

Better! ）和科琳·卡尼（Colleen Carney）的《青少年的晚安好心情》
（Goodnight Mind for Teens）。不过有些睡眠问题，你完全可以通过沟通
来帮助孩子解决。

比尔的女儿乔拉十岁时，有一天晚上非常明确地宣布："我不睡觉。
我不累。"比尔的第一反应是给她上一课，告诉她睡眠有多重要，或者
逼着她上床睡觉去，但他最终还是决定不这么做。他说："我知道，你
其实也知道睡眠不足是什么感觉，我对你做出好的决定很有信心。我
要睡觉去了，我相信，你能在需要的时候也去睡觉。"直到乔拉上了高
中，需要上学的日子里她每天晚上依然十点半准时上床，比尔再也没有
跟女儿讨论过睡觉时间的问题。这种方法并不是对每个孩子都有效，或
者说不会第一次就那么有效，对那些自我调节能力较弱的孩子来说尤其
如此。但能用得上这个方法的孩子，还是要比你预期的更多，它使得
睡眠不再是一个亲子双方就其进行拉锯的问题。要是孩子们觉得他们
可以控制自己的睡眠，他们就会采取措施，以得到高质量的休息。想
想看：一个人在睡觉前——也就是一段本来该让大脑安静下来的时间
里——最不应该做的事，就是投入一场争执——更别说争执主题还是按
时睡觉了。最后，对于很多孩子来说，家长最该做的事，其实就是自己
去睡觉。这招非常管用，因为很多孩子在只有自己醒着的时候，会感到
焦虑。

但对其他孩子来说，他们还是会继续维持缺少睡眠的行为模式，与
疲惫感相关的问题也只会越积越多。可以肯定地说，在你发现究竟是什
么让他们不睡觉之前，你根本不可能就睡眠话题进行富有成效的对话。
究竟是什么让他们睡不着，是疲惫的身体、焦躁的头脑还是焦虑的情
绪？[2]孩子们又会如何描述这些原因呢？很多孩子会说，他们无法关闭
思想、静不下心来。首先，家长此时要表现出来的应该是好奇心。去问
一些能进一步缩小范围，聚焦于他们的经历和感受的问题，比如：

- "平时该上床睡觉的时候，会不会觉得很累？"
- "当你感到特别疲惫时，你觉得能靠什么使精力重新充沛起来？"
- "你想把睡眠时间延长一些吗？"
- "你认为生活中的哪些事影响了你获得更多睡眠？"
- "当你听到朋友们谈论他们不怎么睡觉，你会有什么感觉？你会佩服这样的同学吗？你会不会觉得自己也该少睡点？你是不是想知道他们为什么要学到那么晚、是不是每个人都这样？"

其次，家长应表现出同理心而不是批判。多加利用第1章中的反思性倾听技术，重复你所听到的孩子们说的话，让他们觉得自己正在被倾听。

- （对于年龄较小的孩子）"我知道你觉得自己被冷落了。我还记得在我小时候，我妈让我睡午觉，可我的大姐姐就能玩。"
- "所以你在该睡觉的时候并不累，你的意思是不是这样？那我们是不是应该试着找一个更适合你的上床时间？"
- "那一定很不容易，感觉你很想睡觉，但又担心睡不着。我也讨厌这种感觉。"
- "你有太多任务要完成——听上去你觉得白天的时间根本不够用。"

下一步则是使用第2章中的沟通方式，让孩子们能接纳你来帮他们解决问题。问题不同，问题的解决阶段显然会相应有所不同。但是，把对改善道路的摸索当作实验，而非命令，往往会是不错的主意。[3] 例如，你可以这样说：

- "咱们一起来找到解决方案，既满足你自己解决这个问题的需要，也能让我尽己所能帮你保持大脑的健康状态。"
- "有没有这样一种习惯——或者不止一种习惯——让你可以因此而更

容易上床睡觉呢？需要我帮你想想吗？如果有什么我能做的，我很乐意提供支持。"

- "比如，做睡眠日志会不会有好效果？把上床的时间、入睡的时间、半夜醒来的次数和时间记下来。要是想得到一些数据来了解你的睡眠情况，这可能是个很好的方法。如果数据显示你的睡眠问题已经不是我们能解决的，咱们可以去看看儿科医生。"

- "很明显，我不能逼你睡着，我也不打算尝试这么做。我知道，你其实知道在白天感到疲劳是怎样的感觉。我也知道，你并不想感觉那么糟糕，也不想在学校里表现得比你休息好的时候差得多。我别无他意，就是想帮你找找解决方案。"

- "让咱们设定一个家庭目标吧，那就是不要在白天时感觉很累。为了达到这个目标，我们就需要晚上好好睡觉——早早入睡，一觉睡到天亮。这个目标还能帮助家里的每个人弄清楚，自己需要怎么做才能更好地在想睡觉时拥有平静的身体与心态。"

- "你可能不同意我的观点，但从我的角度来看，你在晚上九点上床睡觉的情况下，往往表现得更好。但如果你不这么看的话，咱们可以跟踪一下你每天什么时候睡觉、什么时候醒来、你的感受如何，以及那天你跟别人争执的程度。我们可以设立一个评判标准来衡量你的敏感程度。等两周后，咱们就可以看看记录的结果，你也就可以决定怎么做才最适合自己。"

- "如果你知道晚上9点以后，就不会有人再给你发短信或在社交媒体上发布新内容的话，不带着手机上床，会不会让你更容易入睡？如果是这样的话，和你的朋友就此达成协议，是不是能对大家都有所帮助？如果你们认为这样有效果，那大家的父母也都可以在协议上签字，以示承诺。"

- "如果你可以按照自己喜欢的方式安排自己的日程，把睡眠放在哪里才最适合？"

- "如果让你给自己上学的时候、午饭前、午饭后、放学后和晚上的敏感警觉程度打分的话，你会分别给出多少分呢？如果能知道自己什么时候最敏感、什么时候最疲惫的话，再结合必要性做出一些改变，这样就很好。比如，你早上提前半个小时起床，要比晚上延后睡觉一个小时，更有助于你提高做作业的效率。"

- "我读到这样的讯息，孩子们在社交媒体上遇到的问题，有95%都发生在深夜，因为他们那个时候其实已经很累了，所以很多问题没法想清楚。你注意到这一点了吗？"

- "有没有那种拥有自己希望的睡眠量，或者拥有你所希望的睡眠量，同时还表现非常棒的孩子？我很想知道，他们有没有一些你没有试过的小技巧。"

- "我总是读到这样的信息，有很多高成就的小孩都会吹嘘他们睡得特别少。你和你的朋友们注意到了这一点吗？从我读到的内容看，这是因为这些孩子想向他们的朋友和老师们展示他们有多么努力。可问题是，每天只睡5小时对他们的大脑来说很不好。你知道吗？当你持续清醒18个小时之后，你的思考能力会比你以后能合法饮酒了、喝醉的时候还要差。"[4]

- "既然你的棒球比赛总会打到很晚，让你没法得到充足睡眠，那如果你试着在放学后、比赛前的时间表里安排一个小憩时间，怎么样？不妨试上一个星期，看看是否能让你的感觉有所改变。"

多年以来，我们掌握了许多有助于孩子睡眠的好策略，其中我们最喜欢的一个就来自本书第5章所提到的SPACE项目的开发者伊莱·勒布维茨。这种能帮焦虑的孩子在自己床上睡觉的方法，会要求孩子和他们的父母共同来一场精彩的演出，演出中的一部分，就是让孩子假装睡着。[5]当然，无论使用什么策略，你都应该尊重孩子，而非批判孩子。可以问他们：对于评估自身睡眠质量，他们有什么想法；为了帮他们结合自己的身体状况调整生活节奏，你又需要做些什么。为了避免一遍又一遍地就睡眠问题对孩子说教，你也可以把真正想让他们知道的那些内容用短信或电子邮件发给他们，或者选择更好的方法——亲手给他们写张便条。

## 大脑里的真相

大脑实际上并不会在真正意义上"入睡"——其实它整晚都在活动。它会对记忆加以编码和巩固，加强前额叶皮质和海马（也就是新记忆形成的地方）之间的重要联结，并重新过一遍经历过的事情。假设有人要求你完成一个涉及动作的简单任务，比如尽可能又快又准地输入一串由五个数字组成的数列。刻苦练习可能会让你的成绩提升，但你知道还有什么方法也能起到同样效果吗？那就是睡觉，不需要任何额外的练习，也能让你成绩提升！[6]

我们在思考的时候，应当把休息的价值与睡眠本身分开来看。我们在此所说的休息并不是指玩电子游戏，而是指激活大脑的**默认模式网络（DMN）。DMN 是你大脑中的一个网络系统，只有在你并不专注于任何一项具体任务时，才会被激活**；在你躺在床上快要睡着的时候、刚刚醒来又暂时没起床的时候、洗澡的时候，它都会处于激活状态。很多人管 DMN 叫作"天才大厅"，因为在你并不专注于某项特定任务时，你往往会突然获得极富创造性的灵感，并想出解决问题的新方法。它同时也是自省发生的地方，也是大脑用来分析和比较各种想法的地方。DMN 对健康的大脑有着举足轻重的贡献。奈德经常和孩子们交流，说他们需要给自己的大脑留下"什么都不想"的时间，因为这恰恰是大脑内部创建联结的机会。有一个备考 LSAT 的学生问奈德，他应该如何度过考前的最后几天。

而奈德反问，他本人对此有什么想法。"通常情况下，"这个学生说，"我会做一堆模拟练习。"

"嗯，我提供些我的想法，"奈德说。"做模拟练习的确很辛苦，也能给大脑从题目中看到各种模式的机会，比如'哦，是呀，这次的类比问题跟上周碰见的一样棘手'。做做模拟练习，你就不会把考试看成一种充满了各种挑战、难以应对的暴风雪，而是能把它看成一场不同题目有不同打法的组合测验。所以做一点模拟练习，然后去跑步或散步吧！不过注意，不要去煲电话粥！因为这样一来，你的大脑就可以自然地创建与考试相关的神经联结。"

## 由电子产品构建出的互联网

如果我们生活中的兴趣和习惯对我们开始产生负面影响，大多数情况下我们都能选择彻底远离——纵然可能不易做到，终归也算是一个可选项。我们可能喜欢抽烟，但其实可以做到不抽烟；我们可能喜欢喝酒，但其实可以做到不喝酒；我们可能喜欢赌上两手，但其实也可以不碰牌桌。但电子产品可不一样。虽说如果有必要，我们还是可以抛弃其中的某些部分，但身处二十一世纪，要想在世界大部分地区过上好日子，我们还是离不开它们。这就是为什么我们与科技的关系的最好类比，便是我们与食物的关系。每个人都需要吃东西。可吃什么、吃多少，则需要判断、克制、自我觉知，以及培养良好的习惯。我们的目标是帮助我们的孩子培养出一种与新技术之间的健康关系，以便他们能对用电子产品干什么、什么时候使用电子产品等问题做出明智的选择。所以有这样一个用于引导的问题可以用在孩子们身上：我们该如何让电子产品成为你要做的事情里的一部分，而非全部呢？

睡眠方面的挑战，在于要找出是什么阻碍了孩子们获得充足睡眠的能力。而新技术方面的主要挑战则在于，新兴科技层出不穷，还有一批世界上最聪明的心理学家和行为学家竭尽全力地工作，就是为了让孩子们不停玩游戏、发帖子、看手机。这种利用科学的方式在业内为许多人所不齿。2018年，儿童屏幕时间行动网给美国心理学会主席提交了一封抗议信，并且获得了两百名心理学家签名支持。[7]这封信呼吁人们注意一种不道德的行为，也就是抗议者所认为的利用"说服技术"（也称为说服设计或行为设计）让孩子们无法脱离电子产品。这些设计利用了儿童的发展弱点，甚至包括他们对被社会接受的渴望和对被社会拒绝的恐惧。心理学家们都很清楚，孩子——尤其是青春期前的孩子和青春期中的孩子们——对被社会接受还是拒绝尤为敏感。但是，在电子游戏行业工作的心理学家和其他行为科学家们，恰恰利用了青春期前和青春期中男孩的发展驱力来提升产品效果。他们所打造的电子游戏会间歇性地给予玩家大量奖励，这也使得年轻玩家（尤其是十几岁的男孩们）相信，他们正在通过打游戏学着掌握某种重要的能力。

跟上该领域的最新进展，跟上各种对新技术的新研究，甚至跟上技术本身，都是一项相当艰巨的任务。所以我们建议你去多了解你的孩子，而不是把精力投入到收集各种有关新技术的信息上。电子产品到底满足了他们的什么需求？是否还有其他方式可以满足这种需求？我们当下的首要任务是帮孩子们探索他们对于电子产品的矛盾心理。就算新兴技术的确在某种程度上满足了他们的一些需求，但几乎所有的孩子也同时能在某种程度上意识到，自己在使用电子产品方面也的确有需要留心的问题。

### 让孩子知道，你们其实处境相同

没有谁是完美之人。

大多数家长其实也都在管理自己对新技术的使用方面很费劲。英国的一项研究发现，60%的父母认为子女在屏幕上花费了太多时间，而70%的青少年对他们的父母也有同感。[8]我们接触过的孩子中，不少人都有过这样的经历：他们有要事需要与父母相商，而父母在"尽力"倾听他们的同时，却又不断地看手机。其实我们与孩子在很多方面都有着相同的处境。而且我们可能还没意识到，大人都非常善于对自己看电子屏幕的时间做出合理化解释："这真的都是为了忙工作。""辛苦工作了一整天，我得放松下。""因为我们都太忙了，导致很难聚在一起，所以跟朋友保持联系实在很重要。""我是个成年人。电子屏幕对我的影响比不上对青少年的影响。"尽管这些表述的确准确无误，但你仍然可能与自己的手机建立起不健康的关系。所以还是要留意自己使用电子产品的习惯。尤其是在你难以保持这方面的平衡时，更要跟孩子交流一下，坦率承认自己的错误，并做出这样的分享："我今天实在是太累了——我留意到晚上刷剧导致我睡得太晚了，我真得改掉这毛病"，或者"你知道吗，我今天搞砸了件事，我一气之下给同事发了一封怒气冲冲的电子邮件，我现在甚至都不敢再打开看看我写了什么。真希望我当时能先让自己冷静下来再去处理这事"。

## 不该说什么，以及不该做什么

如今的父母，管得最严的事可能就是孩子对电子产品的使用冲动了。而我们大多数人至少犯过以下所有过错中的一种。

- 说这样的话："一天到晚泡在社交媒体上，能有哪怕一丁点好处吗？"或者说这样的话："你怎么会花这么多时间玩这么一个破游戏？"
- 在不告知孩子的情况下监控他们使用电子产品。
- 在孩子们有机会在社交媒体上结束对话或告诉其他玩家他们要下线之前，就强迫他们立即放下电子产品。这么做不会给我们带来什么压力，因为在我们看来，我们只是在尽家长的责任而已，但这么做却可能会给孩子添麻烦。

· 如果他们在社交媒体上犯了什么错误，就用语言吓唬他们，比如："你想让这件事伴你一生，甩都甩不掉吗？"

· 居高临下地评判他们所关注的内容，比如："呃，这个博客讲得也太荒谬了"，[9] 或者"这游戏就是个垃圾，纯粹浪费时间"。如果父母对孩子本身对新技术的兴趣不屑一顾，那他们就失去了帮助孩子解决任何与新技术有关的问题的能力。

· 将事物过度简单化，在回应孩子与社交媒体相关的问题时回应："那就别用了"或"直接把 App 删掉不就好了"。

所有这些反应的共同点，就是父母没有表现出该有的尊重——他们没有传达出这样一种信念，即孩子们本身很聪明，而父母希望他们的人生能有好发展，并且就此两点而言，父母也希望孩子对电子产品的使用也能既得当又健康。这样，他们才能真正做到。比尔最近问询了来自休斯敦的 25 名九年级学生，他们是不是经常使用手机或电脑。他们都做出了肯定的回答。比尔的许多客户都有过在中学阶段沉迷游戏的经历，不过在上了高中后，他们往往能意识到游戏会对学业与社交产生负面影响，便能够控制自己的游戏时间，甚至彻底不玩。尽管有些孩子确实有电子游戏成瘾的问题，以至于需要专门的治疗，但通过合作解决问题的流程，大多数孩子的家长都能帮助他们打造玩游戏的健康模式。

## 首先，就是要真正地去努力理解对方

想象你是一个刚抵达陌生大陆的旅人。既来之，则安之，你自然要了解一下当地居民的喜好以及禁忌。他们对什么有冲动？什么东西能驱使他们有所行动？他们这片土地上的货币是什么？要知道，青春期过后，社会联系对人的驱动力会激增，而其剧烈的程度，大人们又很少能精确回忆。青少年不仅可以从与其他青少年的相处中获得大量多巴胺，还能获得血清素和催产素，这两种神经递质可以增进幸福感并提升社会联结感。

现在，再想象一下，新大陆的居民是如何与电子产品互动的。他们的世界中可能的确有你比较熟悉的部分，但别以偏概全。他们对新技术的观感态度跟你很不一样，他们童年的环境也跟你的童年很不一样。

例如，青少年经常用手机、用电脑，就是因为其他青少年也经常用手机、用电脑。还记得你以前在上课的时候给别人传纸条吗？现在不用纸条了，都用电子产品。还记得你以前和朋友们结伴去商场闲逛吗？现在的孩子们用电子产品做同样的事。还记得你当年整天泡电影院、泡电子游戏厅吗？现在的孩子靠电子产品做类似的事。电子产品已经俨然成为一个中心广场，供全世界的青少年栖身。

青少年天然就会呵护友情，也会感到要不断跟同龄人保持联系的压力，即使他们自己不想这样做，压力也客观存在。哈佛大学有一个致力于解决数码困境问题的项目，叫作"从零到三"，该项目负责人艾米莉·温斯坦（Emily Weinstein）指出，孩子们普遍认为，只有处于随时可以联络他人的状态，他们的人际关系才不会受到威胁。他们会担心，要是一段时间里没给朋友发过消息，朋友们就会想出借口和他们断绝关系。而且，他们不想因为不跟对方保持联系而伤害到任何人的感情，他们觉得与正在承担压力和挑战的朋友保持联系是一种巨大的责任（同时也是一种负担）。他们还担心，如果自己不及时做出反应插手其中，他们的朋友就可能会做出什么坏事来。[10] 简言之，在你开始讨论如何为孩子设置电子产品的使用界限之前，你必须先真正理解你的孩子为什么要使用这些平台，以及他们使用各个平台的目的。

理解过程中的一部分，甚至还包括你也要把某些 App 用起来。这对你开始用 Pinterest 的信息板来说是一个绝佳的机会！你会不会对 Snapseed 和 Instagram 的区别有所困惑？现在是注册一下的时候了，如果你的孩子愿意的话，你还可以"关注"他们一下。对电子游戏的解决之道也是类似。在你设立观点或开始沟通之前，请先保持思想开放，对不同的情况与态度多加包容和理解。比如可以问一些像这样的问题：

- "给我讲讲吧——我看得出你特别喜欢这款游戏。给我看看，你喜欢的是这游戏里的哪些东西。"
- "我能看你玩一会儿吗？"
- "你能教我玩吗？你可能会打爆我，但我还是想看看，这游戏怎么玩。"
- "和你一起玩的人都是谁呀？他们是什么样的人呢？"
- "你喜欢关注 Pinterest 上的哪些信息板？上面有什么吸引人的内容？"
- "为什么你更喜欢 Snapseed 而不是 Instagram？"
- "为什么那个 YouTube 上的网红这么火？这事你怎么看？"
- "你最爱抖音上的什么内容？"
- "《堡垒之夜》里面最难的部分是什么？这游戏有规律可循吗？最后的拼杀时刻靠的是技巧还是运气？"

曾有很长一段时间，奈德一边为自己花在手机或笔记本电脑上的时间做辩解，一边或明或暗地质疑、指责女儿对电子产品的使用。他问过这样一些问题，比如"你在看什么呢"，以及"你要在那里待几个小时才够"。这些问题与好奇无关，却与责问大有关联。随着时间的推移，他开始更努力地参与其中。"柯林斯·基？我超粉他！""疯子诺里斯那帮家伙今天发什么内容了？""26 季《犯罪心理》你全看过？嗯，我觉得这部剧里的人物发展情节线的确比我看过的《梦幻岛》要多，比我总是重刷的《三人行》里的也要多。"这并不是说奈德希望女儿花在电子产品上的时间能一直这么多。但他必须先了解她在看什么、她有哪些需求通过电子产品得到了满足，然后才有希望帮助她找到一些更好的方法来满足这些需求。

我们对技术所能提供的事物的理解每天都在加深。我们的朋友德沃拉·海特纳（Devorah Heitner）是一位作家，针对孩子们使用新技术的问题，他有大量的教学经验和演讲经历。他指出，将新技术用于消费还是用于创造，二者之间存在着明显区别。许多孩子之所以上网，是为了探索自身兴趣，扩大他们的创造力能触及的范围。如果作为父母的目标之一就是让孩子接触到能倾注时间的各种可能性，那么孩子使用技术手段就是可以接受的。借助网络的力量，你的孩子能学会如何组装一台电脑、如何缝制一件衣服、如何创作音乐。[11] 同样是借助网络，孩子们也能比我们小时候更加积极地参与社会活动。

不管是想存储书籍还是组织游行，他们都能靠建个网站来达到目的。这些都是我们之前没有过的选项，这些都是非常宝贵的成长机会。

可对电子产品的使用，底线究竟在哪里？这非常复杂。有非常聪明的社会科学家说，科技毁了一代人。不过也有人认为，科技恰恰给人类带来了救赎。我们觉得真相就在中间的某个地方，需要我们跟孩子一起去探索。

## 我们该担心什么，又该说些什么

对于新技术，我们最关心的往往不是技术本身，而是它所取代的东西。研究结果已经非常清楚，孩子们需要睡眠，而新技术则往往会缩短他们的睡眠时长。[12] 同样非常清楚的是，孩子们需要进行自我主导的玩耍，而屏幕前的时间往往取代了这一过程。彼得·格雷（Peter Gray）

的职业主题，就是从发展和进化的角度研究游戏，他得出这样的结论：游戏是孩子发展成为健康且有才能的人类所最需要的东西。所有哺乳动物在幼崽阶段都会玩耍，因为它们需要通过玩耍学会如何成为成熟个体。根据来自全世界各地、各种形态的社会的数据，格雷认为，儿童需要减少在校时间、增加玩耍时间。[13] 在儿童发展这件事上，我们其实冒了很大的风险——我们没有给他们充足的机会，去参与创造性的、激动人心的、由儿童主导的游戏。这就是为什么比尔很喜欢看他四岁和七岁的孙女们表演她们自己精心编排的场景剧。他知道，她们正在通过这种方法学习情感管理，她们正在学着习惯以一种能够承受的方式去成为这个星球的一分子。

我们也希望孩子们能够有一心一意做事情的体验，这对大脑也有不小的好处。我们其实并不能同时关注两件事，所以当我们试图左右一把抓时，并不是真正地在同时管理多个任务，而是在两个任务之间进行快速地切换，这会降低我们的加工速度与执行精度，并提升我们与压力有关的激素水平。我们也知道，运动及户外时光对大脑、身体和精神都有好处。我们还知道，没有什么能取代人与人之间的相互作用。以上这些，都是一个孩子日常一天中的重要组成部分。

如果你的孩子本身就已经很均衡地拥有了上述资源，那么就算他经常上网，也没什么问题。就像吃东西一样，并没有哪种食物，只吃它就能满足所有的营养需求。而且对于某样食物，有的孩子可以吃上很多也没啥事，但有些孩子吃多了就要肚子疼。换一样食物的话，情况则可能反过来。那么此时最好的信息便是"自己要知道自己吃够了"。虽然我们简直就是这种理念的啦啦队，但也不可否认，有时候，孩子就是无法判断自己是不是吃多了。这就引出了另一件我们颇为担心的事情：电子产品成瘾。

尽管关于行为成瘾（如赌博、上网和游戏成瘾）是否与物质成瘾具有可比性存在很大争议，但的确有神经成像研究显示，两者在多巴胺系统方面的机制有相似之处，特别是涉及多巴胺调节的相关机制。多巴胺水平在我们要参与一些即将发生的积极事件时会暴增，当我们听到手机振动的声音（或提醒铃声）告诉我们有一条新消息、一封新邮件或一则新通知时，因为不知道究竟会收到什么信息，我们的好奇心被激发，大脑中的动机系统也应声被激活。我们甚至会达到这样的地步——除了听到提示音，很难因为任何其他事情产生动机。

我们使用每种新技术时都面对着上瘾的风险，其中电子游戏尤甚。游戏成瘾是一个严重的问题，以至于世界卫生组织已将"游戏成瘾"这一诊断纳入了国际疾病分类标准。我们已经知道，越强调即时满足的事情越容易导致成瘾，多巴胺在两次激增之间的间隔时间越短，与之相关的冲动就越强烈。这就是为什么玩老虎机就很容易成瘾，因为在老虎机上，你每 30 秒就会对胜利或失败产生一次预测，而别的扑克游戏可能会把这个间隔延长到 8 分钟。正如前文所说，电子游戏公司所雇用的心理学家们用自身努力和他们所掌握的关于大脑的知识，力求让孩子们玩得更多。

虽然大多数玩电子游戏的孩子并不会到上瘾的程度，但研究表明，的确约有 10% 的孩子会成瘾。[14] 在你找到解决方案之前，你必须先确定你的孩子需要什么程度的帮助——因为如果他们已经到了成瘾的水平，那你参与的方式和方法都要相应改变。研究电子游戏成瘾问题的专家们对此提出了一些判断标准，包括谎报游戏时间，偷游戏或偷钱买游戏，为了提升兴奋感耗费大量时间和金钱，以及通过游戏逃避现实问题。[15]（关于"如果你的孩子上瘾了该怎么办"的更多信息，请参见本章后面部分。）

我们也担心社交媒体的使用问题，许多专家已经高振双臂大声疾呼，让我们关注社交媒体的诸多风险。正如 Netflix 的纪录片《监视资本主义：智能陷阱》所指出的那样，只有两个行业中的商家把消费者称为"用户"：一个是非法贩毒集团，一个是社交媒体公司。研究青少年大脑发育的研究人员卡拉·巴戈特发现，"点赞"对奖励系统的激活方式跟物质享乐一样。[16] 如果你得不到"赞"，你就会感到难过；青少年们会学着为了得到更多的"赞"而在社交媒体上贴内容，于是也就有了相应的恶性循环——他们会做一些对自己有害，但能在社交媒体上获得认可的事情。

皮尤研究中心最近的一项研究发现，平均而言，青少年对社交媒体的态度既不积极也不消极。还有许多受访者（81%）报告说，他们感觉与朋友的联系因为社交媒体而更加紧密了，研究人员丹娜·博伊德所言非虚："让青少年们欲罢不能的并非社交媒体，而是他们彼此。"[17] 还有青少年指出，社交媒体使他们有了能够发挥自己创造性的一面的机会（71%）。还有相当一部分人（45%）对网剧并不感冒，而且觉得只能发布那些让自己看起来很好看的内容其实会带来压力（43%）。我们更担心的，是社交媒体对孩子内在控制感的潜在影响。[18] 正如海特纳所写："我们不希望孩子对自己身份的认同，仅仅来自一大群彼此不同的同龄人。"[19] 我们希望孩子们的穿着、行为、饮食，与他们的喜好和让他们舒服的事物保持一致，而非受到他人反应的诸多影响。随着这种心理上内部控制感的一再下滑，抑郁、自伤行为和自杀的发生率均在上升——最脆弱的群体是中学阶段的女孩们。[20]

我们从来没有见过对新技术带来的风险丝毫没有担忧的家长。相反，我们倒是发现了众多担忧问题中有六个问题最为突出：

- 过度投入电子游戏；
- 色情内容；
- 在社交媒体上以存在潜在危险或令人反感的方式暴露自己；
- 在社交媒体上进行让他们不开心的攀比；
- 盲目投入；
- 想通过电子产品满足那些技术无法满足的需求。

我们会为每个有危险的主题提供一个对话示例——这些对话汇集了我们在过去几章里强调的所有内容。虽然你无疑会遇到自家孩子的特殊情况，但带着尊重参与其中的原则是不变的。

## 过度投入电子游戏

沃吉萨是个十二岁的男孩，每天都要玩上几个小时的《堡垒之夜》。父母一开始并没过多干预，但后来他们意识到儿子的成绩有所下滑，而且总是脾气暴躁、身心疲惫。每次他们叫他别玩了，他都会发火。而这也直接导致了沃吉萨和妈妈之间的矛盾冲突。父母开始担心他有严重的游戏成瘾问题。

他们的第一步，就是认识到他其实并不算游戏成瘾。他没有因为游戏而撒谎，也没有偷偷摸摸地找机会玩游戏；虽然成绩有所下滑，但他大体上还是能跟上学校的教学进度。但他们仍然担心，儿子照这样玩下去，会走上愈加不健康的发展道路。某天晚饭时，妈妈以一次道歉开始了他们之间的对话。

她说："我意识到我一直想把你玩电子游戏当成一个需要解决掉的问题，而这并不正确。我读到一些信息，说你其实可以通过玩电子游戏发展出一些真正积极有用的技能。[21]如果你打你所喜欢的棒球，我其实就会同意你花那么多时间，这说明我对游戏有偏见。我现在开始对电子游戏有了不同的看法。我想知道你究竟为什么喜欢打游戏。能给我展示一下吗？"

沃吉萨很是惊讶，甚至有点不敢相信。无事不登三宝殿，她究竟想干什么？但他还是教了妈妈怎么玩这个游戏，而且看着他跟别人一起玩，妈妈更能理解这个游戏好玩在哪了。他真的很擅长这款游戏，而且其他孩子都对他交口称赞。

她意识到，他从游戏中得到了信心的提升。他向来不擅长体育活动，她也担心这会给孩子带来困扰，因为体育是这个社区中的男孩们的通用社交货币。她曾试着和沃吉萨讨论这件事，但他对此并不感冒。这会儿，她试着在他玩游戏的时候和他谈论这件事。此刻孩子很放松，也承认他很喜欢自己特别擅长的事物。

"我想我现在明白你为什么那么喜欢玩游戏了。我觉得你应该接着玩下去，因为玩游戏能让你开心。通过游戏，你也认识了一些很酷的朋友，它还给了你特别强的自信心。但我其实也估计你并不想每天从早玩到晚，如果我真'让'你一天玩上七小时，那你的生活可能不会变成你所希望的那样。"

"我不会每天玩七小时的，妈妈。"

"我知道，但你过去每天也只玩个把小时而已，可现在你几乎每天都要玩四个小时了。像这样的游戏，它在设计上就是要让你玩得更多。"

"那你什么意思？你要让我彻底不玩吗？"

"我不觉得这样做有什么意义——我不能一直坐在这儿监视你，我也不想这样做。而且你也不想让我这么做。"

"你这么说，我感觉话里有话。"

"我不想跟你为这个事争吵。我认为我们应该做的，就是谈谈你认为每天玩多久，既能让你开心，也能给你留出时间去做点别的事情，然后坚持下去。如果你不是打游戏，而是打棒球的话，我们就会这么做，对吧？但因为游戏不是棒球，玩游戏实际上比打棒球更容易上瘾，所以我认为咱们需要更积极主动地对待这件事。如果你发现我们现在定下的时间满足不了你的需求，而且你会管不住自己，那咱们怎么办呢？打个比方，也许你能接受让我替你保管一段时间游戏机。"

"要是我说我就是想每天玩上七小时呢？你会同意吗？" "不，我不会，因为这个要求感觉并不合理，而且会妨碍你去做其他那些对健康很重要的事情，作为你的妈妈，我无法表示赞同。另外，这么做其实也不利于你在游戏中的表现。如果你想要的话，我可以给你找一些关于这方面的研究看看。"[22]

"所以你既说了我能做我想做的事，又说了我不能做我想做的事呗。""嗯，说得很有道理。我并不是要说服你别想着一直玩游戏。我只想跟你谈谈，如果你真的没日没夜地玩游戏，还怎么去追寻你真正想要的生活。无论我们最后就究竟每天玩多久达成了怎样的共识，它都必须是我们双方都能接受的才行。"

## 色情内容

达斯汀是一个十一岁的男孩，他的父亲通过浏览器历史看到了他一直在浏览色情内容。达斯汀的爸爸和他一起学过了有关青春期的基本知识，他也在学校上过性教育课了，但达斯汀当时对这些主题的表现似乎并没那么好奇。他父亲也意识到，达斯汀真的特别不愿意谈论这件事。

一天早上，只有他们父子二人一起吃早餐时，爸爸说："嘿，前几天我在电脑上的浏览历史看到，你好像上过一个网站，里面有些裸体女性。别担心你惹了麻烦，因为你其实也并没犯什么错。我就是好奇，这些内容是你感兴趣的，还是你的朋友们看的？"

达斯汀的脸红了。"我没看。"他如此反应。

"听着，达斯汀，没关系的——有点好奇非常正常。"他记起自己十一岁时的一件事，也讲给了达斯汀听。当时他房间里的一本有裸体内容的杂志突然不翼而飞。他知道肯定是妈妈干的，她一定是在打扫他房间时发现了，但她却从来没有跟他谈过这件事。父母的沉默使他为自己的所作所为感到十分羞愧。

"我不想咱俩之间有那种诡异的沉默，我不想你因为好奇而感到羞愧。在未来的几个月和几年里，你多多少少还会看看这些内容。我需要提醒你的是，你在网上找到的，可能是现在适合你看的东西，也可能是以后才适合你看的东西，还可能是那些永远都不适合你看的东西。真正的挑战是很多东西只要你看过了，影响就会一直存在，永远无法假装没看过。"

达斯汀仔细地看着他的爸爸，可能想知道，他说的那些永远不适合看的内容究竟是什么。"我希望你能去探索那些既匹配你的年龄，又有意义的事情。"他的父亲接着说，"而不是去看那些让你不安且不合时宜的东西。另外，有一些比你年长得多的人，会利用网络的黑暗角落，以不好的方式去接触年轻人。我不能盯着你在网上的一切行为和言论，因为你也应该有自己的隐私。但这也意味着我也不能随时随地在那里保护着你。"

达斯汀还是没说什么，不过这也没关系。父亲相信他听进去了，逼着他进一步参与讨论可能在此时稍有过分。他再次提醒达斯汀，他不会监视他，但万一达斯汀真的一不留神陷入了网络中的黑暗角落，他应该去找个值得信任的成年人——哪怕不是他的父亲——好好谈谈。

## 在社交媒体上以存在潜在危险或令人反感的方式暴露自己

十七岁的库珀跟几个朋友一起发布了几张性感过了头的照片。他的母亲是个单亲妈妈，她从其他孩子的家长那里得知了这件事。她很担心儿子的未来。大学审核他入学申请的时候，会发现这些照片吗？他想找工作的时候，会有这方面的记录吗？

尽管她很想对他发发火（这其实也在情理之中），说他几句——你怎么这么蠢？这要伴你一生的！你为什么要摆出这样的姿势？这简直太不像你的所作所为了！——不过在和库珀沟通之前，她还是很小心地先处理了自己的情绪。

"西奥的妈妈给你打电话了吧。"库珀一看见妈妈的脸色，就说了这样一句话。这是一句陈述，并非一个问题。"没错。"

"只是个愚蠢的玩笑而已，妈妈。我不知道西奥的妈妈为什么这么小题大做。我们就是胡闹而已。"

"我知道，库珀。"

"所以要怎样？你是不是该说我毁了自己的一生了？我未来的老板会看到那张照片，然后决定不雇用我？""不是，但我必须实话实说，一开始我的确很担心。但现在我已经冷静下来了，我觉得重点不是你说的这些。这件事让我想到，你十七岁时的生活跟我十七岁时的生活大有不同。我当年就不用担心这些东西。我也可能会犯下愚蠢的错误，可事情大可以就这样过去。"

"所以你是说，你还是认为这事会一辈子跟着我？"

"我并不这么想。但我还是认为，这其实是个很好的提醒，让你在这个年龄就能知道，你提供给世界的东西，构成了世界对你的观感。你有一个很酷的机会，那就是通过社交媒体来构建一份简历。你可以靠着分享自己的杰出成果而被他人所熟知。人们会来看你的档案，而有些东西是无法被撤回的。只希望你了解这一点，利用好它，并从已有的错误中吸取教训。但也不要对这一次单独事件过于恐慌。"

## 在社交媒体上进行让他们不开心的攀比

蒂芙尼真的很担心她十四岁的女儿小莉。在蒂芙尼看来，小莉花了很多时间来自拍——从事先准备，到摆各种姿势自拍，再到用Photoshop修图，直到最后发布出去。蒂芙尼不想插手干预，但也不想让女儿跟手机的交互仅仅限于发自拍，更不想让女儿变得过分依赖别人对她的看法。

有一天，蒂芙尼看到小莉不停地变换着手机摆放的位置，就是为了捕捉效果最讨喜的自拍角度。蒂芙尼不由得心生反感，但她还是知道，不管她以何种形式冲出来做评判，女儿都会给她个闭门羹。她选择了截然相反的策略，说："我很喜欢你这身衣服，小莉。你真的很有时尚感。"女儿报以微笑，蒂芙尼则接着问，要不要由她来帮她拍照。然后她又问了一堆问题，表明自己真的很好奇，比如：女儿会在哪里发布这些照片？在什么情况下，她会发布这些内容呢？发布之后，通常又会发生些什么？

"感觉高中生们都挺注重外表的，对吧？"蒂芙尼说。此时的小莉已经没那么提防，所以开始向妈妈抱怨这方面的压力有多大。

"我觉得我必须保住我的'人设'什么的，你知道吗？"小莉说。

"那看到别人的照片呢？会让你有什么感觉？"小莉只是耸耸肩，于是蒂芙尼继续说，"我知道，有时候看到别人的生活那么多姿多彩，会让我觉得自己很上不了台面。每次发生这种事，我通常都会先暂时从社交媒体上退出来一段时间。"

"你是想让我不再用社交媒体吗？可我很喜欢啊，这是我跟朋友们保持联系的方式。"

"不，我一点都没有这个意思。但我的确认为你应该定期检查一下你自己对此的感觉。我在一个地方读到过，刷一会儿社交媒体没啥问题，但大约刷了半个小时后，你的情绪就会走向低落。[23]我想知道，你是不是也注意到了这一点。还是对你来说，感觉好的次数，其实超过了感觉差的次数？"

"我不知道。"小莉说。

"也许咱俩可以时不时地互相检查一下情况。这样可以吗？"

小莉耸耸肩，于是妈妈继续说。"听着，这些话题是很值得聊聊的。就算没有社交媒体，为友情设定界限就已经够难了。现在有了社交媒体，你也就多了个完全不同的世界需要去驾驭。我真不知道你是怎样做到的，我只是觉得，咱俩谈谈这事对彼此都有利。我真的不希望这件事成为横在咱俩中间的阻隔。"

## 盲目投入

约翰是个看过许多流媒体节目的青春期少年。他就像是《查理和巧克力工厂》里的迈克·蒂维的当代版本。他不断地刷手机，甚至在吃饭的时候，手机也不能离手。让他痴迷其中的软件不止一个，在各种App和各种设备之间，他总是放下这个就拿起那个，他无时无刻不在盯着某个屏幕。他还尤其担心自己错过社交媒体上的"新鲜事"，所以经常会被发现在强迫性地"刷刷刷"。

这样的情况让约翰的父亲非常生气，每次他看到约翰无意识地翻看手机，就想把手机扔出窗外，告诉约翰，情况简直糟透了。

不过，在和约翰好好谈了谈他到底喜欢在手机上做什么之后，他的父亲问道："你认为你花在手机上的时间合适吗？"

约翰耸耸肩。"我也没花多少时间嘛。"

"你觉得多少时间合适呢？"

"我不知道。也许每天三个小时吧？"

"好的。你觉得每天刷三个小时手机，能给你留出足够的时间去做其他重要的事情吗？就好比把你的一天看成一张比萨，有一大块时间用来上学，有一块用来锻炼，还有一块用来陪家人，给电子产品留的那块要多大呢？三小时够吗？"

"嗯，当然够了。"

"那我很建议咱们追踪一下具体的时长。我指的是咱们全家人，而不仅仅是你自己。我其实觉得三个小时听起来也的确不错。那如果我们在手机上安装追踪使用情况的软件，然后在这周末看看咱们的电子产品使用情况，怎么样？"

约翰同意了，不过让他感到惊讶的是，他每天的使用时间远远超过了三小时。不过这个数据并没有震惊到他爸爸。其实，全家所有人都低估了自己使用电子产品的时长。于是，他们开了一个家庭会议，一起讨论该怎么办。最终，他们决定在周日开始这样的专项练习——绘制个人日程图，再标注好不能用电子产品的部分。而且他们每个周日都会把过去一周的电子产品使用情况打印出来，并以此来指导接下来的日程安排。

这方法的效果很好，但约翰在自己已经同意调整电子产品使用时间的情况下，还是会忍不住用手机。有一天，他爸爸看到他一边学习一边看手机，便告诉他，如果他的大脑并不处于多任务处理的状态中，他就更有可能记住他正在学习的内容。随后，他爸爸还说："我知道，在考试中拿到好成绩对你很重要。我也很高兴，你能跟朋友保持联系、相互支持，这也很重要。那有没有什么办法，我可以帮你管理你的手机呢？这样你不就可以两者兼顾了吗？"

后来，全家人一起观看了《监视资本主义：智能陷阱》，这也让他们了解了新技术成瘾的本质，了解了他们喜欢的那些内容和他们所使用的社交媒体用了哪些套路让他们时时参与其中，使得放下远远难于继续。没有人——尤其是十几岁的孩子——能接受自己被玩弄于股掌之中，约翰越明白自己为什么一直伸手找手机，就越抵触这么做。[24]

## 想通过电子产品满足那些它满足不了的需求

十岁的维奥莱特迷上了看 YouTube。她关注了一大批 YouTube 网红，从那些只是记录日常活动的博主，到那些把想象中的世界创造出来的达人，各式各样。她的父母也关注她所观看的一切内容，他们尽可能地和她一起看，以更好地理解她的热情所在。他们还帮助她去保持平衡——确保她有足够时间睡觉、锻炼、做家务、在学校里专注地努力，并有意安排些不能使用电子产品的时间。

他们觉得她对于电子产品使用的处理非常到位，但他们还是不免担心，因为维奥莱特在现实生活中没有什么朋友。她是一个喜欢社交的孩子，喜欢在家庭聚会时和表姐们一起玩，但她从没提出过让朋友来家里的要求，也很少在放学后被邀请去朋友家。每次父母建议她加入俱乐部或接触一些同龄的孩子时，她都会勃然大怒。她更喜欢回到房间，看她关注的 YouTube 网红们。她的兄弟姐妹们会谈论各自的朋友，而维奥莱特则开始谈他的 YouTube 偶像们，父母也因此更多了一分担忧。有一天，妈妈让她陪着自己一起去散步，母女俩一边走着，一边聊起了女儿关注的网红们。"感觉你像是真认识他们一样。"妈妈说。

"我的确认识啊！"维奥莱特说，"我觉得我就是认识他们。"

"看他们的视频，会不会让你觉得自己和他们是朋友？"

"嗯，绝对的。我知道他们的一切。"

"维奥莱特，我觉得这非常棒。不过，也的确让我有点好奇，那他们认识你吗？"

"妈，别逗了。我是看视频。他们当然不认识我啦。"

"也对，我知道了。"她妈妈回应，"只是我最近读到一些内容，跟什么才真正能让人与人之间产生联系有关。其中一部分，就是要面对面地在一起共处，去了解对方。你知道，这样才有更平等的关系。我觉得，如果和同龄人在一起时没有好的感觉，就很容易感到孤独。要是你感到孤独，就容易去上 YouTube 找那些熟悉的面孔，这样一来，就能好受一些了。"

维奥莱特沉默良久。妈妈轻声地问："亲爱的，你觉得孤独吗？"

维奥莱特承认，有时候她的确会孤独。维奥莱特年幼时有很多朋友，但随着年龄增长，她越来越担心在朋友面前说错话。

"你认为你喜欢上 YouTube 看视频的部分原因，是你不必担心有任何人对你评头论足吗？"妈妈问。

"是的，"维奥莱特说，"这让我感觉很安全。"

"那你在学校，跟别的孩子们在一起时，你愿意有人帮你感到安全吗？"

维奥莱特说，她希望能有更多的朋友，她也愿意和医生谈谈自己的忧心事。他们可以一起着手，制订一项计划来解决维奥莱特的社交焦虑问题。

## 今晚怎么做

我告诉孩子他需要更多的睡眠时，他反对，还说他实际上在星期六睡了十二个小时而非七个小时的时候，反而感到更累。

这个问题问得好。人们对其有两种解释。首先，他在某种程度上模拟了倒时差的感觉，因为他的睡眠时长突然出现了骤增。如果你在中午而不是在早上八点起床的话，就会因为像在其他时区里醒来一样而变得不够清醒。其次，因为补充了睡眠量，他评估自己有多累的能力相应提升了。所以他才能意识到自己的感觉其实很糟糕。奈德经常开玩笑说："你以为僵尸就知道自己是僵尸吗？想象一下，如果他们开始恢复、逐渐回到以前健康的状态，就一定会有一个过渡期，在过渡期中的他们会说'哇！我感觉简直糟透了'。"

我家孩子坚持说还不能上床睡觉，因为作业太多了。对此我能做什么？

正如你能猜到的，我们建议多方合作参与解决问题。首先要对孩子完成家庭作业的努力表达共情，对孩子想要取得好的学习成绩这一愿望表达赞许。但如果孩子真的有太多家庭作业，那可能是时候让你打一波头阵，帮孩子去争取一下了。

多年来，美国国家教育协会和美国国家家长教师联合会一直建议，学生花在家庭作业上的最长时间的分钟数，是孩子所在的年级数乘以10。学校要是把作业量安排得远超这个水平，那绝对没有科学依据。如果你的孩子所在的学校声称他们采用这个做法是基于实践效果，而你的孩子又有过多的家庭作业，那就要问问校方，有哪些证据能真正支持他们留这么多家庭作业。放心，他们拿不出证据。

我儿子符合游戏成瘾的所有标准。我该怎么应对？

我们强烈建议你求助于专门治疗电子游戏成瘾的心理治疗师。尽管你可能期望不同的专家能拿得出什么与众不同的策略，但我们同样是克利福德·苏斯曼（Clifford Sussman）博士所采用的方法的拥趸。[25] 他的方法非常尊重孩子，同时也能给予孩子强而有力的指导，它包括三个阶段：①进行多巴胺戒断，直接终止任何电子游戏相关的刺激；②获取平衡，最初阶段由父母严格监管，孩子可以在父母的监督下重新获得信任和权利；③自我监管。苏斯曼还指出，为了让孩子们能保持健康的游戏状态，他们还需要一个时间表，其中包括高"多巴胺"和低"多巴胺"活动的时间安排——后者要安排投篮、散步、画画或看漫画。就像一些有药物滥用问题的青少年需要住院治疗一样，一些对游戏严重成瘾的孩子也需要住院治疗。

我女儿有进食障碍。虽然现在管理得很好，可我还是担心，敞开了接触社交媒体会给她带来负面影响。

你说得对，我们建议让专业人士参与解决这一问题。我们确实认为，对 TikTok、Instagram 和 Snapchat 等网站进行严格控制是应该的，但在她的治疗师的帮助下，可以一步步开始解除这些限制。

我给女儿安排了一定的看电视的时间，但我还是发现她会偷偷在 iPad 上看视频。我该怎么应对？

理想情况下，在你们对她有多少看电视的时间达成共识时，你们也都讨论过了如果她违反了约定会发生什么。如果还没有的话，我们建议你和她谈谈她认为什么样的后果比较恰当，并找到一个你们都能接受的解决方案。

当然，还有很多要处理的细节。事实上，因为还有太多内容要谈，我们决定专门开设一章，去探讨设立限制、违规的后果，以及问题解决的方略——就是下一章！

## 有效沟通的关键点

我们常常满腹牢骚，说父母从没搞懂过我们所经历的童年。（比如，搞清楚混音磁带能有多难？）这个时候，最好顺便想想下一代人。如果我们的孩子成为父母，他们又会纠结哪些育儿问题呢？他们至少需要对哪些新科技有个基本了解，才能与他们的孩子有所联结？老实说，我们现在这些当父母的，面对的挑战可能还小点。就算沧海桑田，每一代人彼此看来都那么不一样，但也肯定还有很多东西会几百年保持不变（这多少能安慰一下我们吧），其中之一，就是每天结束的时候，我们都要好好地去培养一种与孩子之间的、彼此带着敬意的关系与感情。据我们所知，还没有一个 App 能替你做到这一点。

第 9 章

# 跟孩子说什么、怎么说至关重要：

## 让孩子感受到温暖、联结和关爱

在奈德的孩子们还在上小学时，某个周日的早上，奈德唠叨了很久让孩子们去打扫卫生。实在唠叨烦了，他索性宣布说，全家人稍后要出门去吃早午餐——对孩子们来说，这是一种特殊的奖励——可要是孩子们没能在三十分钟内把指定区域打扫干净，他们就不能去。孩子们以不温不火的态度同意了这一计划，却没有真正采取什么行动，就算奈德给他们做了倒计时，还照样懒洋洋的。

三十分钟过去了，孩子们的空间看起来跟之前一样脏乱。你完全可以想象奈德的思考过程：天哪，他们怎么根本就不听我的话呢！我必须保持强硬，要不然他们永远不会好好听话、不会觉得我是来真的了。

孩子们因为没法跟着爸妈去吃早午餐，也是满脸不高兴。奈德和瓦妮莎最终还是相伴去吃饭了，但他们内心也很烦躁，还有点担心，因为他们并不经常把孩子们单独留在家中。他们匆匆吃完饭，基本上就没好好品尝难得的美食，还不到一个小时，就回到了家。在那天余下来的时间里，每个人都脾气暴躁，彼此之间都看不顺眼。而且家里也一直没打扫干净。

许多把奈德那天早上的养育策略看在眼里的人，会说这是很好的养育典范。他提出了清晰的指令，维持着确定的标准，而且言出必行。人们会说，你不能给孩子设下具体的限制，除非你准备强迫他们做什么。你不能让孩子凌驾于你之上，你也不能让孩子觉得自己不必为做出的行为负责。我们不该让我们的孩子成为被宠坏的一代人！

我们当然不认为这样的养育方式有多么糟糕，毕竟，奈德也是写下本书的两个人之一嘛！但这样的养育策略，真的有效吗？奈德到底能不能指望，下次他再让孩子们在威胁下做什么时，他们会服从？他是否要在培养子女的行为习惯时，总是使用威胁？不行不行，肯定不行！

父母会做出大大小小无数决定，而我们总是要回归到这样一个问题：眼光放长远的话，我们究竟希望自己的孩子怎么样。显然，我们希望他能从负面行为中吸取教训；我们想让他们知道，在生活中怎样做行得通、怎样做又行不通。我们也希望他们能学会经营自己的生活。事实证明，也如我们在第 1 章中所言，惩罚并不是学习上述内容的有效方法。因为孩子们做了我们希望他们做的事情而提供奖励，同样也没有效果。除此之外跟孩子建立不健康的关系，也会导致我们失去以身作则的机会，所以也不能算什么好方法。

顾问型家长、积极养育、权威型养育——所有这些词，其实描述的都是基于同一养育哲学的育儿经：孩子们需要有所约束以求安全，但我们也需要尊重他们，并与他们共同制定规则、设立限制，利用好自然结果和问题解决思维，这才是我们最好用的教学工具。归根结底，养育并不关乎权力，而是关乎影响力。这也是为什么我们总是从字面上去理解"纪律"（discipline）这个词，它的拉丁词根即"小学生"的意思。我们该完成的工作，就是老师的工作。而老师该做的，就是引导和激励孩子。

那奈德其实该怎么办呢？毕竟他家里已经乱得跟废墟一样，他也想教会孩子要为他们自己造成的烂摊子负责，这时还要求奈德心平气和，似乎不太公平。在那回早午餐大闹剧之后的几天里，他思考良多。在那个周日的早上，他本可以把全家人叫到一起，说明白他想让大家一起花上一个小时来做扫除。要是孩子们表示反抗——他们肯定会这么干的——要是他们表示自己根本不在乎房子是不是干净，他也本可以利用好他跟孩子们之间的关系，说："听好，我知道这事对你来说并不重要。但对我来说很重要，我们的生活空间是共享的。这也是一家人相处的模式，有时候，我们都要为对方做些我们不一定想做的事。"他们本可以共同商议，该由谁来做哪些工作、什么时候最适合拿来做清洁，以及扫除完成后，他们可以做些什么来奖励自己。

这一章所探讨的内容，就是如何向你的孩子表达行为上的约束及其后果，同时也包括围绕价值观差异的对话话术。正如奈德的经历所示，这两者其实并不能割裂开来。奈德在意干净卫生，可孩子们不在意。咱们不妨先假设你正在开家庭会议——我们非常推荐这种形式——主题就是你家十岁的孩子只想待在家中而不愿跟家人出门散散步，或者你家十二岁的孩子想要化好妆再出门，或者你家十六岁的孩子不想去教堂，只想去乐队排练。要是孩子不重视你做的事情，很可能的结果就是你得出手逼着他们做。但你其实并不能真正逼他们做什么，这时你需要做的，其实是谈判和说服的工作，而且其难度要远远高于只是制定规则。要是你对即将面对的任务有点发怵，别忘了——如果你都读到本书的这部分了，那你其实已经做好了绝大部分工作。你给孩子的自主感越强，他们就越不会为了保持控制感而选择与你对抗。就像你越强调休息的话，他们就越不容易过度劳累。你和他们在一起的时候越是平和，那他们和你在一起的时候也就越平和。要是你真的领会了罗斯·格林的提醒：孩子只要觉得自己力所能及，就能真正表现优异。那么，你就更不会选择升级自己与孩子间的矛盾了。孩子越是疲惫、紧张、气馁、愤怒，行为上就越容易出问题。那究竟是什么，让他们疲惫、紧张、气馁或愤怒呢？不妨由此说开去。剩下的内容，其实比你想象的要容易很多。

## 什么不该说

### "你必须明白，这件事你躲不过。"

在《小美人鱼》中，螃蟹塞巴斯蒂安试图用钳子阻拦叛逆的爱丽儿，还说了这么一句："年轻人啊！别给点阳光就灿烂！"不过我们都知道了，川顿国王的强势与专横最后带来了怎样的结果。没错，同样的东西，拦不住任性的小美人鱼，也同样拦不住咱们的孩子。像"你必须明白，这件事你躲不过的"这种表达的问题及随后的惩罚，有两种结果：①会伤害你与孩子间的关系，并且②没什么用。对孩子进行惩罚的确会增强我们的控制感，因为我们至少在做些什么。但事实上，这并非改变孩子行为的有效工具。同样，并没有证据表明，责骂、说教、喊叫、把孩子关回屋子或剥夺孩子的权利等惩罚，有助于我们实现培养出自律的孩子这一目标。虽然惩罚可能会让事态暂时免于崩盘，但它并不能激发孩子的积极行为，也不能教导孩子该怎么做，甚至还会适得其反。[1] 具有开创性意义的《正面管教》一书的作者简·尼尔森就指出了惩罚后的四个"R"：怨恨（Resentment）、报复（Revenge）、反叛（Rebellion）和退缩（Retreat）。[2]

我们所接待过的很多家长都说过："我什么办法都试完了。我不让他出门，拿走了他的游戏机，掐断了互联网，甚至让他退出了足球队。他身上已经没有什么我可以继续惩罚没收的东西了。"这样的家长，在孩子反复犯错时，想的却是，如果五米高的墙拦不住他，那就砌一堵十米高的墙吧。但罗斯·格林也推崇用合作的方式来解决问题，他就指出，那些承担最多负面后果的孩子往往也是吸取教训最少的孩子。多年研究表明，就算不施以痛苦的惩罚，孩子们也照样能长成独立、会共情、有同情心并且成功的成年人。所以如果他们承受轻微后果后似乎没长教训，那请再给他们些时间。他们可能就是要比你想的再多撞几回五米高的墙而已。要有耐心地向孩子们表达，对他们搞定事情有信心，他们便真的能搞定。

### "快道歉！"

虽然逼着孩子道歉会让我们觉得自己是个不错的父母，但孩子本人其实很少会心甘情愿说对不起，而且通常而言，接受道歉的人对此也不会特别满意。当然，教会孩子担起自己犯下的错，教他们在误会了他人后做出补偿，以及教他们如何修复跟他人的关系，这些都非常重要。但这与让孩子说"对不起"是两个截然不同的过程。我们可以通过成为一个好的榜样，来帮助孩子学习承担情感上的责任。例如，如果我们因为孩子把事情搞得一团糟而生气，我们其实大可以主动道歉，并解释我们为什么会反应过度了——就算一团糟，其实也没什么大不了，但那一刻的我们感到了压力，所以会失态。

---

### 学会担当

教别人对错误有担当的最好方法，就是自己先对自己的错误有所担当。如果你发了脾气，你可以这样说："我感觉这样不太对，我觉得自己反应过度了，很抱歉。我希望做点什么，来补偿你。"50多年以前，有一次，比尔的父亲在晚上走进他的房间，为那天早些时候跟他生气而道歉，时至今日，比尔仍然记得这件事让他感受到的爱与尊重。当你表现出来的是自己能够说到做到，那么下次孩子有了会伤害到别人的表现时，你就能更有底气地说："我发现，表达歉意的最好办法就是跟对方说对不起，然后再做些什么来补偿对方。希望你能做点什么，让自己内心好过一点，也能让对方好过一点。"

---

### "就这么定了！不许你出门了！"

如果你已被愤怒淹没，那一定要避免进行威胁或给孩子的行为强加后果。你可能会发现你想这样做，是因为这能满足你对控制感的客观需要，也许还能满足你报复孩子的欲望，毕竟，你正处于"战或逃"的反应模式中。可是，如果你在前额叶皮质重新在线、大脑冷静下来后，再靠头脑风暴来找解决方法，效果会好得多。其实你不必马上就对孩子的错误行为做出反应，甚至不必每次孩子做错事都做出反应。

### "我早就说过了吧。"

要是想让孩子别从错误中吸取教训，最好用的话可能就是"我早就说过了吧"。这句话把学习的机会变成了究竟谁对谁错的斗争，而在这场斗争中，并没有谁能成为赢家。许多孩子会反复地刻意给自己设定限制，规避挑战，原因无他，就是为了防止父母幸灾乐祸。

**"这种行为简直让人无法接受。"**

这个短句的部分问题在于，它让你扮演了道德警察和礼节仲裁官的角色。如果你说某件事不可接受，并下了定论，那你其实正在毁掉一个与价值观有关的对话机会，这种机会非常难得，也非常重要。每当朋友们哀叹："我女儿质疑我说的一切。"我们都会告诉他们："这是好事呀！"我们希望孩子能真正去顾忌对错之间的平衡，而不是靠着一个无法理解的规则去指导行为。

**"保护你周全是我的责任。"**

当孩子还小的时候，保护他们的安全当然是父母的责任。但随着他们年龄增长，我们跟他们说的最危险的话之一——无论是在我们不让他们晚上出门的时候，还是不许他们喝酒的时候——便是保护他们的安全是我们的职责。这是一种我们无论如何都无法承担下来的工作职责。毕竟，我们没法一直和他们在一起。我们不能也不该给他们装上追踪器。根据我们的经验，如果孩子们认为保护他们的安全是我们的职责而不是他们自己的职责，便更容易鲁莽行事，因为他们会误认为自己有一张安全网，而实际上这张网并不存在。

## 你该如何跟孩子沟通

**"我们一起来想想办法吧。"**

通过协作去解决问题，是任何关于"行为约束"或"行为后果"的讨论的支柱。"问题解决"是权威型养育中历史悠久的组成部分，这种传统一直都强调要在家庭会议中讨论问题、集思广益，以探求可能的解决方案。[3] 最近，罗斯·格林和斯图亚特·阿波仑进一步改进了"问题解决"的流程，使其更适用于对此有所抗拒的儿童，与此同时，对于身处各个年龄段、有不同脾气的孩子也都同样适用。[4] 比方说，孩子没有做好本来答应的家务活，或者有些别的错误行为。谈论这件事时，要先从换位思考开始。"咱们来谈一下，今天晚上早些时候，你动手打了表弟。你当时看起来很沮丧。出什么事了吗？"暂且把评判放在一边，先听听他们的理由，并反馈他们的感受。然后你可以说："我看到你挺难受的。你觉得当时没人听你讲话。但动手打人也并不能让他们听啊，你多少还是伤到了表弟。看你这样做，我也感到很难受。"然后再和孩子一起去找解决办法，这可能就要涉及想办法弥补过错，以及通过头脑风暴，找到能更好地应对挫折感的替代方案。"你觉得，下次你再跟表兄弟们一起玩时，如果又感到不开心了，你能做些什么？有什么能起到作用的方法？"

你可以和孩子们更详细地去讨论，为什么某些行为很重要，以及如果你们事先达成过协议而他们没能遵守，又会在逻辑上产生怎样的结果。例如，凯瑟琳·雷诺兹·刘易斯（Katherine Reynolds Lewis）在她的书《坏行为也是好消息》中写道，她家就曾经在刷牙这件事上跟孩子达成过协议。在讨论了为什么晚上刷牙很重要之后，他们达成了一个协议，如果某个晚上不刷牙，那第二天就没有甜食吃。这个结果既合乎逻辑（因为牙齿卫生与吃糖有关），她也可以坚持不让步，因为这并不需要她逼着孩子做任何事，她只要按照自己之前同意的做下去就行了。这很重要，因为你肯定也不愿意把自己搞成一台监视器，或者是将自己变成一个压迫孩子的监工。[5] 要是你也在家庭决策上陷入僵局，那类似的过程会有效。假设你想安排一次家庭露营旅行，可你十五岁的女儿却坚决反对。这当然让人十分不快，因为"没门！"已经是她一碰见你喜欢的活动就默认选择的回答。但还是要先从换位思考和探究情况着手。先陈述你自己的感受，而非批判或指责。"问题解决"的诉求，是找到你们都能接受的解决方案。

我们认识到，作为受雇的专业人士，同时也是家庭的局外人，我们其实更容易让孩子们参与进来、解决问题。但我们也会经常建议家长们，在处理家庭日常生活中出现的诸多僵局时，可以灵活使用下面的沟通脚本。

> 家长：我看得出来，你对这周末去露营不感兴趣，我也显然没法逼着你去。毕竟，你这么大个儿，我们的背包也塞不下你。但我真的很喜欢有你陪着我们，我也一直期待着能和你一起享受些户外时光。你愿意谈谈吗？关于我们怎么才能让这次露营更有趣，或者至少让你更能接受？
>
> 孩子：我就是特别讨厌露营！
>
> 家长：嗯，我知道，露营不是你的最爱。那有没有某个特定地点或露营地，是你想去的？或者说，我们可以在旅行中做些什么，是你想参与的？我也很乐意跟你谈谈，你下周末想安排什么活动，当然可以不是露营，而是最近咱们没怎么做过的事。
>
> 孩子：嗯，我们可以……

并不是所有的对话都能顺利进行，合作解决问题不仅需要调整意图，更需要实践练习。但是，只要父母能带着合作的意向和尊重的态度去跟孩子讨论问题，孩子们也很少会回报以"去你的吧"这样的态度并拒绝参与其中。[6]

## "无论你打破过多少规则，我都无条件地爱你。"

我们非常喜欢这句话，因为它强调了关系才是最重要的。能让你们的关系越来越好的，并不是对孩子的错误睁一只眼闭一只眼，也不是争着做孩子最好的朋友。确切地说，是要做一名能传道授业解惑的好老师。几年前，比尔给一批从业多年的中学老师做讲座，主题是青少年的大脑。课上，比尔提问："要想成功地教育青少年，最重要的因素是什么？"一位与会者回答："是教学中的三个 R——关系（Relationship），关系，还是关系！"话音刚落，就获得了全体听众的赞同。要想让规训起到教导的效果，就要知道，唯有孩子们觉得跟我们亲近，他们才更有可能向我们学习、以我们所认可的方式行事。我们要先表达对他们的信心，认为他们能够认真对待自己的责任，他们才更有可能真正认真对待责任。

奈德的儿子马修上高中时，参演过一部音乐剧。某天晚上排练完，他怒气冲冲地回到了家——这在马修身上很少见。整个晚上，舞蹈指导花了大半的排练时间对着演员们大喊大叫。"没错，我们的确有交头接耳。"他承认，"但她也不用每隔五分钟就吼我们一通啊，我们也没那么差劲嘛。"她甚至还说了这样一句："要是你们谁还继续交头接耳，我就把你从团队中踢出去！"马修向来是个好孩子，但一直在跟奈德反复纠结这句话。"真的吗？她要把我们踢走？然后呢？谁来代替我们？她甚至都不是导演。谁走谁留又不是她说了算，简直不可理喻！"奈德深感震惊，马修觉得自己没有得到该有的尊重，这大大削弱了他的动力水平。"我的意思是，我的确很喜欢她这个人，"马修也承认，"但这种鼓舞年轻人的方式就是不对！"

## "我现在不会谈这个话题，我需要一些时间，来好好想想。"

面对孩子发牢骚、发脾气或其他讨人嫌的行为，你最该做的事情之一，就是先暂时搁置。如果你有降噪耳机的话，去戴上，听听音乐。你不必即刻回应任何请求或者任何失当的行为。只要你能利用前额叶皮质来思考，他们也能用他们的前额叶皮质来思考，大家自然就能做出更好的决定。别忘了向孩子解释你这么做的原因："我要先把思绪稳下来，这样才能更好地思考。我越是平静，就越能找到有助于解决问题的好方法。"

孩子们也该学会积极地利用"暂停时间"或"暂离时间"。与其说"回你房间去，好好想想你做了什么"，倒不如说"咱们分别找个能冷静下来的地方，冷静了以后再重新谈谈。我认为，咱们这样做会更好"。[7]

### "这让我觉得不舒服。"

对顾问型父母的养育哲学，人们往往有一种严重的误解，即认为这样的父母放弃了所有的权力。这与事实截然相反。一边是让孩子的需求蚕食父母的需求，另一边是"爸爸才知道什么对你最好"，家长其实不必在其中做取舍。如果父母不情不愿，那也不必为孩子刻意付出，勉强为之其实对大家都不好。"我不会在上班时间离开工作岗位，就为了专程给你送一趟你忘了带的文件夹板，"你可以这样说，"因为我既不想发火，也不想对你有什么怨气。"或者你可以这么说："我不想闹不痛快，其实咱俩都不想，所以我不会替你收拾你搞的烂摊子。"

同样的原则普遍适用于对于什么风险可以接受的谈判。有些风险，你显然不能同意孩子去承受——比如超速驾驶，或者骑自行车不戴头盔。但还有不少陷在灰色地带的情况，迫切需要以问题解决的思维来应对。我俩最喜欢的一个故事，跟一个既自信又冒失的小男孩有关，他的父母也一直担心着他的不老实会闯祸。有一次过生日，他收到了一辆电动滑板车，尽管当时下着雨，但他还是执意要出门去滑。他父母很不乐意，但他还是觉得自己被冒犯了，于是恳求他们信他一回，让他去玩。家长最终还是心软了。差不多刚出门，他就从滑板车上摔下来，胳膊骨折了。去医院的路上，他咧嘴笑了。"简直太值了！"他说。

不难想象，家里有这么个孩子，父母得在陪他长大的日子里操多少心！"我其实之前就想过可能会这样。"对孩子伤到胳膊这件事，他们可以这样说，"关于你想做的各种有风险的事，我们一直在争吵，我不想再这样了。我很欣赏你的一点，就是你有股冲劲——这个世界需要你这样的人，我们需要大胆无畏的人。但咱们一起想想，该怎样折中一下，这样我们才能好过些。因为，我真的对你做的很多冒险的事感到很不舒服。"

## "这次就先算了。"

我们的一个朋友这样形容他的女儿卡米：十八个月大的时候就早早进入了"可怕的两岁"阶段，但直到二十一岁才出来。十几岁的时候，她不断挑战底线、打破家规，还跟父母撒谎。卡米的母亲觉得，女儿必须要为自己的不当行为承担严重后果，不然她以后可能一辈子都要麻烦不断。但这招一点用都没有。卡米和父母陷入了恶性循环——恶劣行为、撒谎、责骂、说教、禁足，循环往复。父母知道他们跟卡米的关系愈加紧张了，对此也十分担心。但他们还是不知道究竟该怎么办。家长很容易掉进这样的思维陷阱：只要她能表现好一些，在生活中不再找麻烦，我就会对她更好，我们的关系也就能改善。这种思维的问题所在，是错把因果颠倒了。

卡米上高中三年级时的一个周末，父母有事外出，却接到了邻居的电话，说卡米正在家里开派对。虽然在父母回到家时，家里开过派对的证据已经被清理干净，但他们还是告诉了女儿邻居来电话的事。卡米很冷静，同时坚决否认有人来过。她爸爸说："但是约翰看见了你跟别的孩子在家，难道你的意思是他在电话里说的不是实话？"卡米回应："他肯定撒谎了。我没在家开派对。"

她的父母心烦意乱，于是跟女儿说他们需要点时间冷静一下，这事稍后再说。她的父亲回到了卧室，其实比起派对，他更担心自己与女儿的关系缺乏亲密却又过度紧张——毕竟，他还记得自己高中时，其实也在父母外出后，组织过不少派对。在跟妻子讨论过后，他决定不再追究这件事，以打破捣乱、惩罚和报复的循环。他敲开了卡米的门，问她能不能一起谈谈。他说："我并不认为你说的是实话。虽然我不知道你怎么想，但如果是我当着父母的面撒谎，我其实会很煎熬。所以我想，如果你撒谎了，你可能也会感到很难过，所以我也不想再缠着你说这件事了。这次就先算了，今晚的一切，就当没有发生过。这事翻篇儿了。"

当晚晚些时候，卡米向父母承认自己的确撒了谎。这也成了一次契机，让他们一年多来第一次能开诚布公地好好谈谈。她的父亲并没有把自己跟孩子之间的墙越垒越高，而是把高度降到了零，这样才能让卡米勇敢地跨过隔阂，给全家带来安定。此后不久，卡米的同龄人圈子也发生了翻天覆地的变化。十年后，她告诉父母，当年读高中时，跟她混在一起的孩子们对她产生了不好的影响，她也为当年给父母添的麻烦真诚地道了歉。

吉尔和她的前夫戴夫也面临着类似的斗争，对手是他们的儿子加文。某个周末，戴夫有事出城，加文在家里开了个派对，戴夫在垃圾桶里发现了派对留下的垃圾，于是东窗事发。（太不小心了，加文！）吉尔、戴夫和加文坐了下来，夫妻俩对孩子说，他们不傻，发生了什么他们其实都知道。他们告诉加文他们很难过，但他们也尊重他，所以不会惩罚他什么。几周后，吉尔出城了，这回加文在她家又开了个派对。吉尔和戴夫的方法看上去并没有奏效，好像是因为第一次聚会后，他们没有惩罚加文，所以加文很容易就决定再来一回。但事实是这样的：在妈妈家的派对当时出了乱子，而加文立刻选择给爸爸打了电话。这件事足以证明他们父子之间的关系，他觉得只要需要，他就可以找爸爸求助，而不用太担心后果。当然，吉尔和戴夫对加文还敢办第二个派对非常不满，但加文也明显发觉事态愈加难看，所以也不打算再办派对了。

这并不是说加文的家长、卡米的家长，以及任何家长都应该对青少年聚会饮酒持宽容态度。正如我们在第5章的"大脑里的真相"中所讨论的，酒精明显有害于发育中的大脑，所以我们还是应该和家里的青少年好好聊聊喝酒这件事。这些故事所侧重说明的，是要关注我们与孩子之间的关系的力量，这些故事强调了这样一个观点：孩子们自己就可以受益于经历本身，在许多方面，并不需要强加管理上的后果；特别是很多管理后果，并不能真正帮助孩子们吸取我们希望他们吸取的那些教训。

"我爱你，但我不喜欢在你对我这么刻薄的时候跟你共处。过几分钟我再回来，也许到时候我们能再谈谈。"

也许，你以前听说过一个叫"自然后果"的概念。如果一个孩子把水酒在了自己的 iPad 上，把 iPad 弄坏了，就必须自己攒钱再买个新的才能继续有得用。如果他们吃起糖来没完没了，就会吃到反胃。如果他们拒绝穿外套，就得挨冻。自然后果是父母最强大的盟友，因为父母所要做的并不是要拯救孩子，而是要让他体验事情自然发展的结果。（当然，也有例外。如果孩子上学离不开 iPad，家长可能会以某种形式制定付款规划，来给他们买一个新的。如果某个孩子因为醉酒不能自己开车回家，家长显然也不能太过责备他。）人际关系中当然也有自然后果。你可以告诉孩子你无条件地爱着他们，就算他们内心难过，或缺少活力，你也照样爱他们。即便如此，你还要让他们知道，要是他们言行粗鲁或不够尊重你，你也不喜欢待在他们身边。只要你明确表示，你永远不会弃他们而去，那这样说就不能算操纵孩子或耍人际手段。更重要的是，这本来就是最健康的人际关系的运作模式，同时也是重要的人生功课。

"如果咱们约定好了，而你又没能做到，咱们该怎么办？要是我没做到呢，又该怎么办？咱们可以一起想一些有意义的措施，这样能帮咱们双方坚守约定。"

在此，我们需要再次从简·尼尔森的书中引用一些内容，因为我们都建议家长多加利用自然结果、利用问题解决思维，并根据孩子的输入信息，谨慎地利用逻辑结果。对尼尔森来说，逻辑结果跟惩罚一样，也需要利用"4R 原则"：尊重（Respectful，不涉及责备与差辱）；合理（Reasonable，对亲子双方都要合理）；相关（Related，与不当行为相关）；揭示（Revealed，能预先估计）。假设你跟孩子之间总是争吵家务相关的事情。他们不想你"唠叨"他们，他们想自己安排自己的时间而不是听你摆布规划。但他们自己又从不主动做家务，所以你不得不出面收拾烂摊子。那么，你们可以达成这样的协定：要是孩子们忘了及时倒垃圾，错过了垃圾车收垃圾的时间，那他们就得自己把垃圾带到垃圾场去，这样才不会让垃圾越堆越多。然后再进一步制订计划，以备有人没有遵守约定。如果你因为垃圾的事唠叨了（打破了约定），那你就需要帮他们倒一个星期的垃圾。如果你跟孩子都没遵守约定，那就得重新开始。

## 今晚怎么做

　　我是个非常开明的家长，而我却无法容忍孩子跟我撒谎。我需要他知道，信任对我们的关系非常非常重要。我该如何向他传达这一观点？

　　比尔之前做治疗的时候，经常有家长因为自己的孩子对自己撒谎而向他求助。比尔首先会告诉家长，别这么和孩子讲："说实话很重要，这样人们才会信任你。"虽然这种因果关系很好理解，但它也是家庭里复杂人际的重要组成部分：如果孩子们觉得被居高临下地评判了，便更容易撒谎，家长也会因此更加有戒心，情况也会越来越糟糕。比尔接待某个家庭的所有成员时，有时会这样问："在你们家，谁最不诚实？"耐人寻味的是，因为撒谎来接受治疗的孩子往往并不会被家庭中的任何人评价为"最不诚实",而且孩子们认为父亲或母亲"最不诚实"的情况也并不少见。比尔鼓励家里的每个人都讲一次自己说过的谎,最起码也要是"善意的谎言",而且需要大家都认可算谎言,才能过关。把撒谎排除在道德评判的范围之外,比反复地要求孩子诚信,以及惩罚他们不说实话要有效得多。然后,比尔会和这家人共同努力,让彼此之间坦诚相待成为家庭的一个发展目标。

还有一个非常简单的方法可以减少谎言的出现:如果一个问题,很容易引来孩子的谎言,那就不要问。不要构陷我们的孩子。"作业做了吗?"这个问题对许多孩子来说,简直就是撒谎的请柬,而且我们本来打算当作业顾问,可这么一问,我们就变成了作业警察。这也引出了另一个问题——我们为什么要这么向孩子发问呢?我们这么问,是因为这能让我们感觉更好吗?奈德最近正在烦恼这件事,他的儿子马修刚上大一,寒假回家期间,作业成了老大难问题。他似乎重回高中时的作息习惯,整晚跟朋友们在网上玩电子游戏。因为晚睡晚起,奈德下午才能见到马修,他很想问问儿子,昨天晚上究竟几点才睡。他也确实问过几次。但他又想,我为什么要这么问呢?只是为了平复我自己的恐惧吗?如果儿子承认他四点才睡,那我们之间就要展开一场很麻烦的对话。所以他很可能会撒谎,以求蒙混过关,那我问了又有什么用?我到底想从这段对话中得到什么呢?这么问,究竟是为了我,还是为了他?比尔和斯塔尔会跟他们的孩子们讨论毒品问题和饮酒问题,并随时留意相关的问题苗头,但他们从来没有直接问过孩子们到底有没有在青少年时期碰过毒品,因为比尔已经通过工作了解到,要是孩子们真碰过,他们通常都会撒谎以求掩盖。

解决孩子撒谎问题的最佳方案其实就是别再提问,对大多数父母来说,这显然违反直觉。可一旦撒谎本身成为辩题,就没人能够真正胜出——孩子只想着说什么才能把你对付过去,坏的情绪也会在全家人之间蔓延开来。这也是我们为什么会喜欢我们一个朋友的做法。几年以来，她十几岁的儿子频频对她撒谎，她苦口婆心地强调信任感的重要性也全无作用，最终，她不再跟孩子做任何与真实性有关的争辩了。相反，她直接告诉他："我只想假设你告诉我的一切都是真的。如果你说的是实话，那很好。如果不是，那良心不安的人该是你。"她也不确定，他们是否真的就再也没骗过她。但她确定的是，她的生活平静了很多，几个月里，她跟孩子的关系改善了80%。我们这位朋友的方法还可能有另一个好处，当你的孩子感到压力，想要撒谎，他们可能会直接告诉你。詹娜十二岁时，交了一位新朋友，这位朋友人缘很好，她在詹娜家过夜的时候，怂恿她跟自己一起溜出家，这样就能见到几个住在附近的男孩子。詹娜和妈妈关系很亲，所以不想骗她。于是她叫醒了妈妈，告诉她发生了什么事，基本上就是请求妈妈能允许自己出去。詹娜的妈妈很感激女儿能向自己坦诚倾诉，跟女儿说没关系，可以去（然后很可能一直藏在角落，看着孩子们以防不测）。

我家那个高中生简直就是个行走的猪圈。他的外表邋遢，房间凌乱。要是他根本不在乎，我还怎么去实行逻辑后果？

很少有其他话题能把这么多家长逼到这个分儿上。因此，在对任何清洁或秩序的话题进行谈话之前，先要确保你的心态处于良好的状态。虽然这样的机会不多，但请相信我们——如果你不是靠着前额叶皮质去跟孩子的前额叶皮质沟通的话，说再多也是白费口舌。记住，你无法逼着孩子想要他本不想要的东西。如果他不为又脏又乱的外表、房间或汽车感到烦恼，你就没法逼他为此烦恼。你最该做的是：①告诉他你为什么认为把自己的东西照料好很重要，比如这么说，"打理好自己的东西，本身也是对物品的尊重"；②拒绝为他购买你认为他没法好好照顾的物品，或者把他没能好好对待的物品换掉。你可以这样说，"你不必非要像我一样关心这个东西。我不是逼着你重视那些我重视的东西。但如果我花钱给你买了东西，我还是想感觉到你能好好照顾它"；③做好解释工作。如果他不通过保持空间整洁卫生来为整个家庭做出贡献（假设他一团糟的卫生状况也困扰着其他人），你就会觉得自己不该继续为他付出那么多。此时，问题已经不仅仅是个人的卫生标准了，而变成了要尊重和你一起生活的其他人。

不同的人对卫生整洁有着不同的价值观和标准。我们认识这样一位家长，和家里不爱干净的少年们一起定下了两套标准："日常清洁"和"总动员清洁"。她同意"日常清洁"可以低于她对于卫生的理想标准，可要是有人来家拜访，就得执行更强有力的"总动员清洁"。比尔和斯塔尔的朋友们总是想知道，他们两口子怎么就能忍受在招待朋友的晚宴后，让脏盘子过夜。但比尔夫妇知道，如果他们在次日早上洗碗，自己精神状态会更好，休息也会更充分，整个过程会比前一天晚上轻快很多。

我家的孩子们总是打架，还总把我牵扯进去。这都快把我逼疯了，要是他们不能好好地一起玩，我是不是就应该把他们分开？感觉上这也算合理。这么做公平吗？还是这也是一种要不得的惩罚？

阿黛尔·费伯（Adele Faber）和伊莱恩·马兹利什（Elaine Mazlish）的经典著作《没有竞争的兄弟姐妹》中建议要把孩子们"放在同一条船上"，家长自己不再扮演裁判员和法官的角色。所以说，虽然把他们分开很有道理，但该做出这个决定的是他们而不是你。如果你的孩子们在打架，有一个让你出面当裁判，别被动接受这份工作，而是要承担起教练的职能。"我不掺和，因为我并没看到发生了什么，我也找不出是谁挑起来的。不过也有我能做的，那就是教会你，如果碰到了兄弟太过粗暴的情况，该怎么站出来解决问题。我的意思是，其实跟你一起玩就是他最想做的事——在这种情况下，你其实掌握着相当的主动权。你只需要这么说'要是你太粗暴，接下来的半小时我就不陪你玩了'，或者也可以简单地说'你有两个选择：要么在家里跟我好好相处，要么咱俩出去打一架'。"

我孩子的学校表现给我带来了巨大压力，我必须保证他能完成学习任务。我其实不想插手，也不想逼着他拿谎言来应付，更不想当个作业警察。但如果我不管，我会觉得自己是个懒惰的家长，也会担心老师对我有意见。

如果我们能一挥魔法棒，就改变如今的校园文化，相信我，我们肯定会这么干。无论如何，请保持坚强。尽可能地把孩子的作业限制在他跟学校之间。对于青春期的孩子尤其如此，如果学校发来一封电子邮件，说孩子旷课，那只需转发给你的孩子就好。

有一天晚上，我们发现我家孩子跟他的朋友们赛车。我们当然十分生气。他通常都能做出明智的决策，这件事跟他的秉性完全不符。我们该如何帮助十六岁的他利用自己的大脑做出更好的决定呢？

你可以这样说："咱们先不聊你做的事情会有什么后果，我想先和你谈谈你的大脑情况。我非常尊重你的大脑，也认为它有做出正确决策的能力，因为你已经一次又一次地证明过了。因为咱俩年龄有差距，所以咱俩的大脑肯定不一样，这也是事实。你的大脑更容易冲动，和朋友在一起时，也会更活跃。跟朋友一起有些疯狂举动时，它更倾向于关注这件事多有趣，而非这件事有多少潜在的危险。就好像你在打橄榄球的时候，在擒抱方面特别厉害，非常善于把球抢下来——你知道自己运动能力出色，能抢到球，擒抱成功的感觉也非常棒。但你也该注意自己其实没有戴头盔，所以做动作时必须加倍小心。我们每天都要做出决定，去承担各种风险。你该做的，就是把这些风险权衡好，并时刻警觉自己到底有没有戴头盔。要是有朋友想让你干什么冒险的事，而你又感到紧张，请来跟我谈谈，不管是打电话，还是发信息，都可以。如果你觉得下次碰见类似情况，需要找个让你免于冒风险的好借口，那我很乐意帮你想个借口出来。"[8]

## 有效沟通实操案例分析

贝卡是个严守教规的犹太人，可她十二岁的儿子诺亚却拒绝参加受戒礼。少年对自身的宗教信仰有所质疑，认为受戒是个虚伪做作的仪式。

贝卡：我不敢相信你要跟我争这个，诺亚。这是我们的信仰啊。从你还是个婴儿时开始，我们就一直去犹太会堂。我觉得你背弃了我。

诺亚：天啊，妈妈，别这么夸张。你聊的一直是自己，从来都不是我。你不能逼着我信教。

贝卡：可你才十二岁，我们是你的父母。这是个大事，不能由你自己决定。你不去也得去。要是不去的话，你可能真的要后悔。

贝卡的信仰和她所属的宗教团体是她的自我中的重要部分，儿子不愿与她分享信仰，让她非常痛苦。虽然我们不太能理解她的这种痛苦，可事实却很明显：只要诺亚毅然决然地拒绝，那没有谁能让他阅读经律、完成需要他参与的宗教任务。但他们还是可以一起去解决问题——这也意味着要带着敬意讨论这件事，听取彼此的观点，而母子二人却没能做到。让我们假设事态以另一种形式发展。

贝卡：你父亲和我不会强迫你参加受戒礼，很显然，我们逼着你去也没什么好结果。我希望你能明白，受戒礼对我们而言非常重要，对你所处的大家族也很重要。我们并不是要求你笃信犹太教中的每一个教条，我们非常尊重你在这件事上表现出的真实与坚持——这也反映出了你在意事物的真相以及诚实的表达，也说明你很成熟。我们希望你能找到一种受戒的方式，既不会牺牲你的正直，又能让我们满心欢喜地欢迎你正式加入犹太大家庭。欢迎你成为大家庭的一分子，这对你的爷爷奶奶、外公外婆、叔叔阿姨们来说，意味着太多太多。

诺亚：我只是不想觉得自己像个伪君子一样，妈妈。我会考虑一下的。

贝卡：很好，谢谢你。好好想想我们能做些什么，能让你更愉快地参与进来。咱们过几天再谈。

（两天后）

诺亚：我觉得，仪式最好只有家人参加。

贝卡：不需要教会的朋友一起来吗？

诺亚：不需要，不叫我的朋友，也别叫你们的朋友。我这么做，是为了家人，所以只有他们来就行。

贝卡：好的。那仪式后要不要组织个派对？

诺亚：可以找个餐厅吃个饭什么的。这就差不多了，我真的不想太小题大做。

## 有效沟通的关键点

这样一个想法也许最能安慰家长：其实，你不该担起"教会孩子一切"的责任。从无数除你之外的人身上，他们能学到太多你教不了（或者不是只有你能教）的知识。代数老师可以教会他们好的学习习惯；第四节课上碰见的女孩可以用捏鼻子的动作教会他们应该经常洗澡；第一份工作则可以教会他们如何有序完成工作任务。并不是说父母的教导就不重要，父母对孩子的影响无可取代。但如果你发现自己的思维，变成了"我必须 X，要不然他们永远学不会 Y"，那么一定要提醒自己这种思维并不正确。孩子们学习的方式很多，渠道也很多，所以家长不妨给自己留下一个休息的空间。比尔见过许多孩子，在家里和父母吵得不可开交，也会逃避各种责任，但在实习或暑假第一次打工时，都能做到尽职尽责、表现得体。他们其实还是学到了东西的——即使在家里的时候，其表现并不明显。

家长们，退后一步吧，你不仅仅会松开对孩子的束缚，还能让他接受自己行为的后果。要知道，人不退后，就总有说错话的时候。有时候，你受控于自己的杏仁核，还未思考，话就已经脱口而出。这在所难免。毕竟，每个人都有个一按就爆的按钮，而孩子们——特别是青春期的孩子——尤其善于找到家长的这些死穴。还有的时候，你说的话不是源于愤怒，而是源于恐惧：害怕孩子遭遇伤害；害怕孩子以某种形式遭遇失败；甚至害怕你没有把你"该做的"每件事都做好。首先对你自己大度一点。然后再向孩子道歉，借此机会教育他们去了解大脑的运行模式——你的大脑在发怒的那一刻，其实运行得就不是很好。接下来，便是继续前行。

跟孩子说什么、怎么说至关重要——否则我们也不会专门为此写本书。（我们在写书的过程中，也使用了相当多我们提到的沟通技巧！）但说出的话本身并不能代表一切。家长最该向孩子呈现的，仍然是无须语言加持的温暖、联结和关爱。

# 致谢

　　我们要感谢许多非常棒的人，他们给力的故事与见解、凝练的编辑塑造了本书。首先，我俩要永远感谢我们出色的作品经纪人霍华德·允（Howard Yoon），以及他的团队。感谢他对我们的第一本书那么有信心，还鼓励我们写下了第二本书。我们也非常感谢霍华德向我们介绍的才华横溢的珍娜·兰德·弗里（Jenna Land Free），她深度参与了我们的写作，在我们两本书的写作过程中都给予了巨大的帮助，还在我们动笔写下这本书之前帮助安排了我们与孩子和家长们的焦点小组以做研讨。此外，还要非常感谢在维京出版社的编辑劳拉·蒂斯德尔（Laura Tisdel），她富有才干、风趣幽默，也给我们提供了大量的支持，她缜密的阅读和富有见地的反馈使我们的书更上一层楼。劳拉耐心的助理维多利亚·萨万（Victoria Savanh）也帮了很多忙，她帮我们做了很多信息收集工作，还在宣传方面帮我们与维京出版社诸多优秀同人做了不少协调工作。没错，毕竟"养好一个孩子需要整个村庄的努力"。除此之外，还要特别感谢很有才华的安妮·哈里斯（Anne Harris），一如她为《自驱型成长》所做的工作，她使得我们对本书注释的文本编辑及引用材料的标注工作变得简单有趣起来。她简直是个"宝藏女孩"。

我们也衷心感谢罗斯－允代理公司的达拉·凯耶（Dara Kaye），是她让《自驱型成长》能在十个国家得到出版。（这么好的事，可惜我们却看不懂那些书的封面上写的是什么！）她还确保本书能在中国得到出版发行。我们还要非常感谢"奇妙父母鼓励计划"的凯西·赫奇（Kathy Hedge）、帕蒂·坎切列尔（Patti Cancellier）、凯瑟琳·雷诺兹－刘易斯（Katherine Reynolds-Lewis）和玛琳·戈德斯坦（Marlene Goldstein），她们向我们提供了很有价值的反馈，也分享了自身宝贵的见解，并让我们在重要的构思阶段跟她们分享了作为父母的很多想法。

我们还要感谢许多科学家、临床治疗师和其他专业人士，感谢他们愿意抽出时间与我们分享他们的想法，他们是：丹尼尔·派恩（Daniel Pine）、丹·夏皮罗（Dan Shapiro）、希拉·奥尔松－沃克（Sheila Ohlsson-Walker）、约书亚·阿伦森（Joshua Aronson）、丹尼·勒温（Danny Lewin）、邦妮·朱克、埃兰·马根、克利福德·萨斯曼、莎拉·韦兰（Sarah Wayland）、艾米·基利（Amy Killy）和蒂姆·凯瑟。此外，我们也非常感谢德沃拉·海特纳、西蒙·坎特纳（Simon Kantner）和菲利斯·法赫尔（Phyllis Fagel），在亲子沟通领域，他们所提出的技术颇有影响，他们对此的见解也给我们带来很大帮助。

我们还要感谢凯利·克里斯滕森对青少年励志访谈的见解，以及她在学校中安排的焦点小组。我们也感谢安妮·亨德森（Anne Henderson）对父母预期这一话题的有益想法，并感谢劳伦特·瓦洛塞克（Laurent Valosec），她很大方地向我们介绍了与学生在校练习先验冥想有关的最新研究。另外，我们还要感谢布鲁克·麦克纳马拉（Brooke MacNamara）能抽出时间来跟我们讨论她对思维模式理论及其实践的探索性研究。我们还要感谢旧金山湾区的"家长教育序列"的创始人查伦·玛戈（Charlene Margot）长久以来对我们工作的支持。

最后，我们要感谢在写下这本书之前，我们在焦点小组讨论中遇到的家长和学生们，以及几十年来，我们在工作中所接触到的成千上万的孩子们、家长们。倘若没有他们，没有他们对我们的信任，我们会失去很多难得的真知灼见。

比尔要感谢他的妻子斯塔尔长久以来的耐心和支持，还要感谢他的孩子乔拉和埃利奥特，感谢他们有出现在本书中的意愿，并以幽默的心态大度地接受被讨论。比尔还要感谢诺曼·罗森塔尔（Norman Rosenthal）、鲍勃·罗特（Bob Roth）和马里奥·奥尔萨蒂（Mario Orsatti），感谢他们从未间断的支持，感谢他们鼓励年轻人和他们的父母接触冥想。他也很感谢自己在斯蒂克斯鲁德的同事们，他们一直以来都非常支持他和奈德写下的观点。

奈德要感谢他的妻子、他育儿路上的同行人瓦妮莎，瓦妮莎本人也是一位老师，奈德的不少好想法都是向她求来的、借来的以及偶尔"偷"来的。他非常感谢她和他们的孩子——马修和凯蒂，感谢他们能开放地对待自身想法，并愿意就对他们而言重要的那些事去进行高难度的沟通。

奈德还想给他在PrepMatters的同事们和"讨人嫌育儿小组"的成员们一个简短的致谢，他们的集体智慧与支持帮助他完成了这本书，也帮他在非常难熬的 2020 年保持住了清晰的头脑。最后，奈德还要感谢凯瑟琳·奥康纳（Kathleen O'Connor）、布伦特·托尔曼（Brent Toleman）和安妮·维克（Anne Wake），他们慷慨地分享了与孩子交流以及倾听孩子的智慧——不仅是他们的孩子，更是同样深爱着子女的家长们的孩子。

# 注释

## 前言

1. Sally C. Curtain, M. A., and Melonie Heron, PhD, "Death Rates Due to Suicide and Homicide Among Persons Aged 10-24: United States, 2000-2017," NCHS Data Brief no. 352 (October 2019).

2. Laurie Santos, "Laurie Santos, Yale Happiness Professor, on 5 Things That Will Make You Happier," *Newsweek Magazine* (January 8, 2021).

# 第1章

1. 已有许多研究表明，儿童和青少年在情绪上拥有韧性的基础是拥有紧密的个人关系，特别是与家长之间的个人关系，其中与母亲的关系尤为重要。在童年时期能起到支持和安慰作用的关系，与人能不能在婴儿期、儿童期和成年期具有更好的健康水平具有高度相关性。See Edith Chen, Gene H. Brody, and Gregory E. Miller, "Childhood Close Family Relationships and Health," *American Psychologist* 72, no. 6 (September 2017): 555-66. See also M. R. Gunnar et al., "Stress Reactivity and Attachment Security," *Developmental Psychobiology* 29, no. 3 (April 1996): 191-204. See also Valarie King, Lisa Boyd, and Brianne Pragg, "Parent-Adolescent Closeness, Family Belonging, and Adolescent Well-Being Across Family Structures," *Journal of Family Issues* 39, no. 7 (November 2017): 2007-2036。关于亲子关系是否紧密的强大影响力，还可参阅玛德琳·莱文（Madeline Levine）的杰出作品《特权的代价》（*The Price of Privilege*,New York: HarperCollins, 2006）以及关系专家约翰·高特曼（John Gottman）的著作《培养高情商的孩子》（*Raising an Emotionally Intelligent Child*, New York: Simon & Schuster, 1998）。

2. 关于安全型依恋重要性的优质讨论，可参阅利塞·埃利奥特（Lise Eliot）的作品《小脑袋里的秘密：探索 0 ～ 5 岁大脑发展的黄金期》[*What's Going On in There?How the Brain & Mind Develop in the First Five Years of Life* (New York: Bantam Doubleday, 1999)]。还可参阅 L. Alan Sroufe, "Attachment and Development: A Prospective Longitudinal Study from Birth to Adulthood," *Attachment & Human Development* 7, no. 4 (December 2005): 349-367。以及 Michael J. Meaney, "Maternal Care, Gene Expression, and the Transmission of Individual Differences in Stress Reactivity Across Generations," *Annual Review of Neuroscience* 24, no. 1 (February 2001): 1161-1192。

3. 《纽约时报》的"现代爱情"系列报道调查了凝视一个人的眼睛 4 分钟会产生怎样的影响，这种行为曾被描述为能让你爱上任何人的"公式"的一环。详见 Mandy Len Catron, "To Fall in Love with Anyone," *The New York Times*, January 15, 2015。这个说法基于 20 多年前的一项研究，而该研究的目的是探究能否通过眼神交流促进情感亲密。See Arthur Aron et al., "The Experimental Generation of Interpersonal Closeness: A Procedure and Some Preliminary Findings," *Personality and Social Psychology Bulletin* 23, no. 4 (April 1997): 363-377。

4. 比尔自身的养育方式也受到了罗斯·坎贝尔（Ross Campbell）博士的作品《如何真正爱你的孩子》[*How to Really Love Your Child* (Colorado Springs: David C. Cook, 2015)] 的影响。坎贝尔还教导说，无条件的爱是父母与孩子建立健康关系的基础。他教给读者，每个孩子都有一个承装爱意的"情感水箱"，我们需要通过眼神交流、适当的触摸、全神贯注地投入、运用来自爱和同理心的管教来填满孩子的水箱。

5. 亲近是戈登·诺伊费尔德（Gordon Neufeld）和加博尔·马泰（Gabor Maté）在《每个孩子都需要被看见》[*Hold On to Your Kids: Why Parents Need to Matter More Than Peers*(New York: Ballantine, 2005)] 一书中所提出的建议之一。基于诺伊费尔德的理论，即对父母的依恋在儿童时期具有持续发展的特性，他和马泰共同强调了与孩子保持紧密联结的重要性。诺伊费尔德认为，这种依恋在生命的前六年经历了六个阶段。这些阶段包括：①亲近——依恋始于亲近与接触；②一致性——孩子想跟我们一样，我们也能发现自己跟孩子之间的共同点；③归属感或忠诚感——孩子开始对父母产生占有欲和忠诚感；④求理解——如果孩子属于安全依恋型，他们会与父母分享自己的情感生活；⑤重要性——孩子开始意识到自己对父母有多重要；⑥爱——情感继续加深，爱意也能促进联结。

6. See Suniya S. Luthar and Bronwyn E. Becker, "Privileged but Pressured?A Study of Affluent Youth," *Child Development* 73, no. 5 (September-October 2002): 1593-1610. 这项早期研究发现，抑郁症和其他内化障碍，比如焦虑症和物质滥用问题的出现，与父母对子女的疏离有关，特别是与母亲和孩子之间较低的亲密感有关。See also Suniya S. Luthar and Shawn J. Latendresse, "Children of the Affluent: Challenges to Well-Being," *Current Directions in Psychological Science* 14, no. 1 (February 2005): 49-53。

7. 罗伯特·伍德·约翰逊基金会（Robert Wood Johnson Foundation）的一份报告表示，和贫困、歧视和创伤一样，追求卓越的过度压力也是导致青少年心理健康问题的主要因素之一。

8. 卢瑟和合著者肖恩·拉滕德里斯（Shawn Latendresse）在《富裕的孩子》中写道："在中上阶层家庭中，中学生每周都会被单独留在家里好几个小时，而许多家长认为这能促进孩子掌握自力更生的能力。住在郊区的孩子对情感亲密的需求同样受到影响，因为父母的工作侵蚀了轻松的'家庭时光'，孩子们只得往返于各种课外活动之间。"在《特权的代价》一书中，玛德琳·莱文写道，富裕的父母往往高估了自己与子女的亲密程度。她还补充说，对孩子过度控制和过度参与孩子生活的父母通常也会让孩子感到疏离或愤怒。

9. 埃亚勒·亚伯拉罕（Eyal Abraham）等人的一项研究探讨了共情能力与儿童情绪发展之间的关系。亚伯拉罕和同事们研究了婴孩父母的大脑中的两个共情网络。这项研究跟踪了 87 位初次为人父母的研究对象在家庭组成后的前六年的情况。研究发现，在婴儿期，共情网络中更强的连接性可以相应地调节孩子的情绪感受，这也预示着在学龄前和 6 岁时，孩子会分泌更少的皮质醇。研究还发现，这个网络与决定婴儿智力状态的脑神经网络之间的联系强度，跟孩子在学前阶段能否掌握更高级的情绪调节技能以及在 6 岁时能不能免于"内在"情绪问题（比如焦虑）有所关联。这项研究的结论，就是父母大脑中与共情相关的网络的完整性，塑造了孩子对长期压力的反应能力和调节自身情绪的能力。See Eyal Abraham et al., "Empathy Networks in the Parental Brain and Their Long-Term Effects on Children's Stress Reactivity and Behavior Adaptation," *Neuropsychologia* 116, pt. A ( July 31, 2018): 75-85。

10. See Gottman, *Raising an Emotionally Intelligent Child*.

11. See Jorge Barraza and Paul Zak, "Empathy Toward Strangers Triggers Oxytocin Release and Subsequent Generosity," *Annals of the New York Academy of Sciences* 1167, no. 1 (July 2009): 182-189. 在随后的研究中，保罗·扎克（Paul Zak）也证明了催产素是信任感（甚至是道德感）的必备成分，而拥抱是增加催产素的最有效方法之一。一段介绍小儿子罹患脑癌的父亲的短视频，就能通过激活共情使催产素分泌水平提高 47%（女性提高水平高于男性）。同理心水平越高，对陌生人也就越慷慨。

12. "纠正反射"指的是带着善意去试图解决他人的问题。这一术语来自励志访谈，这是一种我们要在第 4 章详细讨论的疗法技术。

13. Ross Greene, *The Explosive Child* (New York: HarperCollins, 1998). 格林博士还是《养育人类：与你的孩子构建合作伙伴般的关系》[*Raising Human Beings: Creating a Collaborative Partnership with Your Child* (New York: Scribner, 2016)] 一书的作者。还可参阅 Barry Neil Kaufman, *To Love Is to Be Happy With* (New York: Ballantine，1977)。考夫曼和他的妻子苏西一起写了一本书，在比尔看来，这本书帮他学会了怎样才能在大部分时间保持积极的情绪。这本书的书名意味着，要是我们爱一个人，就会以他们的现状为乐，而非认为他们该怎样，或希望他们要怎样。我们要接纳，而非评判。考夫曼夫妇还强调，相信人们（包括我们自己）总在尽他们所能做到最好，对于促进幸福感非常有力。

14. 对于拒绝去上学的孩子，除非他们有严重疾病，还是该要求他们留在学校（先假设他们的就学规划匹配他们的需要）。See Andrew R. Eisen, Linda B. Engler, and Joshua Sparrow, *Helping Your Child Overcome Separation Anxiety or School Refusal* (Oakland, CA: New Harbinger, 2006). 在该案例中，这是莫莉唯一的道德信息。

15. 其中就包括我们要在第4章深入讨论的励志访谈；由罗斯·格林和斯图尔特·阿尔比恩（Stuart Albion）推广的合作解决问题流程（详见 Ross Greene, *Lost at School: Why Our Kids with Behavioral Challenges Are Falling Through the Cracks and How We Can Help Them* [New York: Scribner, 2014]）；由玛莎·莱恩汉（Marsha Linehan）提出的辩证行为疗法；以及托马斯·戈登（Thomas Gordon）的教师效能培训。

16. See Karyn Hall and Melissa Cook's book *The Power of Validation* (Oakland, CA: New Harbinger, 2012), which is an excellent resource for ideas about careful listening and validating children's emotions and experiences.

17. 来自神经语言程序（Neuro-Linguistic Programming，NLP），这是一套沟通工具，在理查德·班德勒（Richard Bandler）和约翰·格林德（John Grinder）的著作《重构：神经语言程序与意义的转化》[*Reframing: Neuro-Linguistic Programming and the Transformation of Meaning* (Moab, UT: Real People Press, 1982)] 中有所介绍。

18. 来自与埃兰·马根（Eran Magen）的私人交流。马根观察到，我们可以通过表达关怀、信任以及尊重，向跟孩子之间的"关系账户"中"存款"。我们可以通过信守承诺、仔细倾听、表示感谢、表达对孩子的信任、预测他们的需求并帮助他们解决问题来做到这一点。我们通过给孩子带来不便的行为来"取款"。为了保持积极的人际关系，我们需要一种动态的"资金流"。理想情况下，我们一天能存款几次，因为大量的小额存款要好过一次大举动。马根还指出，厉害的教师每天都会往他们与学生的"关系账户"中"存款"。在我们看来，这是一种思考如何去跟我们的孩子保持联结的极好方式。详见马根在 YouTube 上的工作坊。

19. 辩证行为疗法教导我们，再确认儿童的行为、情绪、思想和生理反应十分重要，我们不该使之无效化（"你怎么能感到累呢？你一直睡到上午 10 点才起来"）。See Hall and Cook, *The Power of Validation*。

20. Anna Goldfarb, "Kick Dismissive Positivity to the Curb," *The New York Times*, December 22, 2019, https://www.nytimes.com/2019/12/22/smarter-living/9-delightful-tips-for-living-a-smarter-life-in-2020.html.

21. Gottman, *Raising an Emotionally Intelligent Child*.

22. 详见行为管理领域的顶级专家艾伦·卡兹丁（Alan Kazdin）的一篇文章，《你能在不惩罚的情况下管教你的孩子吗？》, *Psychology Benefits Society*, American Psychological Association, February 15, 2017, https://psychologybenefits.org/2017/02/15/can-you-discipline-your-child-without-using-punishment/, 还可参阅一篇关于卡兹丁博士所提方法的文章，该方法认为惩罚无效：Olga Khazan, "No Spanking, No Time-Out, No Problems," *The Atlantic*, March 28, 2016。See also Eve Glicksman, "Physical Discipline Is Harmful and Ineffective," *APA Monitor on Psychology* 50, no. 5 (May 2019), https://www.apa.org/monitor/2019/05/physical-discipline。

23. Greene, *The Explosive Child*.

24. 在一项对老鼠进行的研究中，迈克尔·米尼（Michael Meaney）发现，在出生后的头两周里每天都经受压力，但经常能被妈妈舔舐和梳理毛发的幼鼠，会长成对压力几乎无感的成年鼠。它们甚至还赢得了"加州悠闲鼠"的雅号。对人类来说，共情就是舔舐和梳理的等价物。See Michael J. Meaney, "Maternal Care, Gene Expression, and the Transmission of Individual

Differences in Stress Reactivity Across Generations," *Annual Review of Neuroscience* 24, no. 1 (February 2001): 1161-92. 另请参阅卡尔·齐默（Carl Zimmer）所写的关于该研究的一篇文章，"Brain Switches That Can Turn Mental Illness On and Off," *Discover Magazine*, June 15, 2010。

25. Peter Vermeulen, "Autism and Self-Determination Theory: The Path Towards Successful Citizenship," *Autism in Context* website, August 28, 2019, https://peterver meulen.be/2019/08/28/autism-and-self-determination-the-path-towards-successful-citizenship/.

26. Jacqueline Nadel et al., "Children with Autism Approach More Playful and Imitative Adults," *Early Child Development and Care* 178, no. 5 (May 22, 2008): 461-65. See also Tiffany Field, Jacqueline Nadel, and Shauna Ezell, "Imitation Therapy for Young Children with Autism," in *Autism Spectrum Disorders—From Genes to Environment*, ed. Tim Williams (London: InTechOpen, 2011), https://www.intechopen.com/books/autism-spectrum-disorders-from-genes-to-environment/imitation-therapy-for-young-children-with-autism. 巴里和苏西·考夫曼使用了模仿技术，作为加入自己患有自闭症的小儿子的世界的一种方式，他们在著作《养育儿子：奇迹继续》[*SonRise: The Miracle Continues* (Tiburon, CA: HJ Kramer, 1994)] 中描述了这一情形。

# 第2章

1. 记录于简·尼尔森（Jane Nelsen）的经典育儿书籍《正面管教》[ *Positive Discipline* (New York: Ballantine, 2006)]。

2. Diana Baumrind, "Rearing Competent Children," in *Child Development Today and Tomorrow*, ed. William Damon (San Francisco: Jossey-Bass, 1988), 349-378.

3. 劳伦斯·斯坦伯格（Laurence Steinberg）在他的优秀作品《不是青春惹的祸》[*Age of Opportunity: Lessons from the New Science of Adolescence* (Boston: Mariner, 2014)] 中提出了该案例。Also see Diana Baumrind, "The Influence of

Parenting Style on Adolescent Competence and Substance Use," *Journal of Early Adolescence* 11, no. 1 (1991): 56-95. See also Koen Luyckx et al., "Parenting and Trajectories of Children's Maladaptive Behaviors: A 12-Year Prospective Community Study," *Journal of Clinical Child & Adolescent Psychology* 40, no. 3 (May 2011): 468-478。

4. John Gottman, *Raising an Emotionally Intelligent Child* (New York: Simon & Schuster, 1998).

5. 苏珊·斯蒂费尔曼（Susan Stiffelman）在她的优秀作品《不必争权的育儿》[*Parenting without Power Struggles* (New York: Atria, 2010)] 中把这种动态系统称为"父母是船长"，并强调了我们作为父母的自然权威。

6. Baumrind, "The Influence of Parenting Style." See also Steinberg, *Age of Opportunity, and Madeline Levine, The Price of Privilege* (New York: HarperCollins, 2006).

7. 具有讽刺意味的是，芬兰人说他们世界领先的教育体系的思想根源，其实是对美国进步教育运动的研究，该运动尝试将教育建立在对儿童发展的深刻理解之上。可惜我们因为过分强调标准化、测验、为越来越小的孩子教授学术技能、增加教学时间和责任，已经放弃了这些想法中的一大部分。

8. 有个富于说服力的研究记录了家庭参与对促进学业成就、产生其他积极成果的有效性。See William H. Jeynes, "Parental Involvement and Student Achievement: A Meta-Analysis," *Harvard Family Research Project* (2005), https://archive.globalfrp.org/publications-resources/publications-series/family-involvement-research-digests/parental-involvement-and-student-achievement-a-meta-analysis. See also Anne T. Henderson et al., *Beyond the Bake Sale: The Essential Guide to Family/School Partnerships* (New York: New Press, 2007)。

9. Susan M. Bögels and Margaret L. Brechman-Toussaint, "Family Issues in Child Anxiety: Attachment, Family Functioning, Parental Rearing and Beliefs," *Clinical Psychology Review* 26, no. 7 (2006): 834-856. 早在 1931 年，就有研究发现，过度保护及批评的养育方式，与儿童焦虑问题的更高风险有关系！

10. Jessica L. Borelli et al., "Children's and Mothers' Cardiovascular Reactivity to a

Standardized Laboratory Stressor: Unique Relations with Maternal Anxiety and Overcontrol," *Emotion* 18, no. 3 (April 2018): 369-385. 焦虑感强和控制欲强的母亲的孩子对压力情境会表现出更强的生理反应。这些数据进一步支持了这样的观点：过度控制可能就像焦虑水平较高的母亲采用的回避行为一样。也就是说，施加控制可能是高焦虑的父母回避恐惧情境（例如，看到孩子的痛苦）以及避免体验自己的强烈反应的一种方式。

11. Emily L. Loeb et al., "Perceived Psychological Control in Early Adolescence Predicts Lower Levels of Adaptation into Mid-Adulthood," *Child Development* 92, no. 2 (March/ April 2021): e158-e172.

12. 据约翰·戈特曼所说，有研究发现，父母和孩子在餐桌上发生的争吵中，75% 是由父母挑起的。Global HR Forum, "Global HR Forum 2014 | D-1 | The Art of Emotion Coaching," YouTube video, January 6, 2015, https://www.youtube.com/watch?v=dUE0kaQnQoo。

13. Steven F. Maier, "Behavioral Control Blunts Reactions to Contemporaneous and Future Adverse Events: Medial Prefrontal Cortex Plasticity and a Corticostriatal Network," *Neurobiology of Stress* 1 (January 2015): 12-22. 有趣的是，50 年前，迈尔和马丁·塞利格曼开始研究他们所谓的"习得性无助"，即反复面对无法控制的压力（如轻微电击）的动物，在面对额外压力源时似乎会感到无助的现象，比如不试着去避免后续的电击。在最近的一篇论文中，迈尔和塞利格曼得出结论，即这些动物并不是习得了无助，而是没有习得控制感。Steven F. Maier and Martin E. P. Seligman, "Learned Helplessness at Fifty: Insights from Neuroscience," *Psychological Review* 123, no. 4 ( July 2016): 349-367。

14. 丹尼尔·卡尼曼（Daniel Kahneman）在他的书《思考，快与慢》[*Thinking, Fast and Slow*(New York: Farrar, Straus and Giroux, 2011)] 中讨论了峰终法则。

15. 来自"家长鼓励计划"项目的老师，这是个来自马里兰州的家长教育计划，特别棒。

16. Ross Greene, *The Explosive Child* (New York: Harper Collins, 1998).

17. 这是朱莉·利思科特－海姆斯（Julie Lythcott-Haims）在《如何让孩子成年又成人》[*How to Raise an Adult: Break Free of the Over-parenting Trap and Pre-*

*pare Your Kid for Success* (New York: St. Martin's Press, 2015)] 一书中的观点。比尔和奈德在休斯顿也提到了这一点，他们在演讲中提过华盛顿特区的某所非常精英的独立学校。演讲结束后，一位女士介绍自己是休斯顿门宁格诊所的心理治疗师，这是一家备受尊敬的心理健康机构。她提到，她和她在门宁格的治疗师同事们非常熟悉华盛顿特区的这所学校，因为它的许多毕业生进入了最顶尖的大学，随后走向情绪崩溃，来到门宁格诊所接受治疗。她补充说，几乎所有这些从大学来门宁格求诊的孩子在开始上大学之前都没有管理自己生活的经验。

18. Amy Chua, *Battle Hymn of the Tiger Mother* (New York: Penguin Books, 2011), 101.

19. Steinberg, *Age of Opportunity*.

20. Daniel Siegel, *Brainstorm: The Power and Purpose of the Teenage Brain* (New York: TarcherPerigee, 2015).

# 第3章

1. Jeanne Marie Laskas, "The Mister Rogers No One Saw," *The New York Times Magazine*, November 19, 2019, https://www.nytimes.com/2019/11/19/magazine/mr-rogers.html.

2. "非焦虑临在"这个词是我们从埃德温·弗里德曼（Edwin Friedman）那学来的。弗里德曼是一位犹太教拉比、家庭治疗师、组织顾问，也是《神经的失败》[*A Failure of Nerve: Leadership in the Age of the Quick Fix*, rev. ed(New York: Church Publishing, 2017)] 一书的作者。弗里德曼教导说，从家庭到公司，唯有领导者不高度焦虑、没那么强烈的情绪反应，组织才能发挥最佳的作用，从而成为"非焦虑临在"。

3. Richard J. Davidson and Sharon Begley, The Emotional Life of Your Brain (*New York:* Plume, 2012). 此外，最近有一项针对有患重度抑郁症风险的青春期末期女性的研究也同样将前额皮质和杏仁核之间的连接确定为韧性的重要标志。

大脑成像显示，那些有韧性的女孩（没有患抑郁症）的杏仁核和眶额前额叶皮质之间的连接性更强。她们的背外侧前额叶皮质和额颞区之间的联系也更强。该研究还得出结论，在有韧性的女孩的专门负责情绪调节的大脑网络中，存在具有补偿功能的连接模式。Adina S. Fischer et al., "Neural Markers of Resilience in Adolescent Females at Familial Risk for Major Depressive Disorder," *JAMA Psychiatry* 75, no. 5 (2018): 493-502, https://doi.org/10.1001/jamapsychiatry.2017.4516。

4. Andrew Newberg and Mark Robert Waldman, *Words Can Change Your Brain* (New York: Plume, 2013).

5. Nelly Alia-Klein et al., "What Is in a Word?No Versus Yes Differentially Engage the Lateral Orbitofrontal Cortex," *Emotion* 7, no. 3 (August 2007): 649-659.

6. Suniya S. Luthar, Samuel H. Barkin, and Elizabeth J. Crossman, "'I can, therefore I must': Fragility in the Upper-Middle Classes," *Development and Psychopathology* 25, no. 4, pt.2 (November 2013): 1529-1549.

7. 在一个纵向研究中，约翰·戈特曼和罗伯特·莱文森（Robert Levenson）发现，以这一比率来预测婚姻能持续多久，能达到90%的准确率。See John M. Gottman and Robert W. Levenson, "Marital Processes Predictive of Later Dissolution: Behavior, Physiology, and Health," *Journal of Personality and Social Psychology* 63, no. 2 (August 1992): 221-33. 戈特曼已经确定了夫妻在健康关系中所使用的积极互动的种类，这些互动也有助于我们与孩子维持健康关系。其中包括①表现出兴趣，用心倾听；②展现感情；③表明对方很重要；④专注于你欣赏伴侣的地方；⑤寻找达成一致的机会；⑥同情和道歉；⑦接受对方的观点；⑧幽默。See also Kyle Benson, "The Magic Relationship Ratio, According to Science," *The Gottman Institute Blog*, October 4, 2017, https://www.gottman.com/blog/the-magic-relationship-ratio-according-science/。

8. 来自和邦妮·朱克（Bonnie Zucker）的私人交流。朱克博士为父母和孩子们写了一本很棒的书，叫作《不焦虑的孩子》[Anxiety-Free Kids (Waco, TX: Prufrock Press, 2017)]，她还为患有强迫症的儿童写了一本好书，名为《掌控强迫症：强迫症儿童的终极指南》[*Take Control of OCD: The Ultimate Guide for Kids with OCD* (Waco, TX: Prufrock Press, 2010)]。

9.  Sara F. Waters, Tessa V. West, and Wendy Berry Mendes, "Stress Contagion: Physiological Covariation Between Mothers and Infants," *Psychological Science* 25, no. 4 (April 2014): 934-942.

10. John M. Gottman and Lynn Fainsilber Katz, "Effects of Marital Discord on Young Children's Peer Interaction and Health," *Developmental Psychology* 25, no. 3 (1989): 373-381.

11. 详见 Patricia Pendry and Emma K. Adam, "Associations Between Parents' Marital Functioning, Maternal Parenting Quality, Maternal Emotion, and Child Cortisol Levels," *International Journal of Behavioral Development* 31, no. 3 (2007): 218-31。我们在《自驱型成长》中讨论了压力传染的各种神经机制，其中就包括孩子的杏仁核对环境中的压力的感知和反应，以及镜像神经元在"拾取"他人表情和肢体语言中的负面情绪时的作用。

12. Golda S. Ginsberg et al., "Preventing Onset of Anxiety Disorders in Offspring of Anxious Parents: A Randomized Controlled Trial of a Family-Based Intervention," *American Journal of Psychiatry* 172, no. 12 (December 2015): 1207-1214.

13. 我们从多项研究中了解到，温柔和关爱有助于让孩子感到安全和受到保护，进而更愿意"回到那里"并承担一些风险。See N. Tottenham et al., "Parental Presence Switches Avoidance to Attraction Learning in Children," *Nature Human Behaviour* 3 ( July 2019): 1070-77。

14. Michael J. Meaney, "Maternal Care, Gene Expression, and the Transmission of Individual Differences in Stress Reactivity Across Generations," *Annual Review of Neuroscience* 24, no. 1 (February 2001): 1161-1192. 如果幼鼠的母亲舔毛和梳理毛发的能力很低的话，米尼和他的同事们会把幼鼠和其母亲分开，再把它们放在舔毛和梳理毛发能力很强的母亲那里去"寄养"。虽然这些"寄养"长大的老鼠天生更容易焦虑，但是长大后依然能够特别好地应对压力。额外的培养通过改变基因表达的方式影响了幼鼠的应激系统，而且这种改变还可以传递给后代。这有力地证明了"平和"也具有感染力。

15. McLean School, "Anxiety in Children and Adolescents with Dr. Jonathan Dalton," YouTube video, November 8, 2018, https://www.youtube.com/watch?v=w-mIs7x34Esc.

16. 玛丽·卡拉佩蒂安·奥尔沃德（Mary Karapetian Alvord）和安妮·麦格拉思（Anne McGrath）合著了一本好书《征服青少年的消极思维》[Conquer Negative Thinking for Teens (Oakland, CA: Instant Help Books, 2017)]，她们在书中讨论了这些和其他六个负面思维习惯，并教孩子们如何去回应负面思维并生成更加积极且现实的想法。

17. 这个术语是我们从阿尔贝特·埃利斯（Albert Ellis）处借的。埃利斯创立了理性情绪疗法，该疗法与认知行为疗法共同发展。

18. Meaney, "Maternal Care, Gene Expression, and the Transmission of Individual Differences in Stress Reactivity Across Generations."

19. Sarah E. Fiarman, "Unconscious Bias. When Good Intentions Aren't Enough," *Educational Leadership* 74, no. 3 (November 2016): 10-15, https://www.responsive classroom.org/wp-content/uploads/2017/10/Unconscious-Bias_Ed-Leadership.pdf.

20. Abiola Keller et al., "Does the Perception That Stress Affects Health Matter?The Association with Health and Mortality," *Health Psychology* 31, no. 5 (September 2012): 67784.

21. Alicia H. Clark, "How to Harness Your Anxiety," *The New York Times*, October 16, 2018, https://www.nytimes.com/2018/10/16/well/mind/how-to-harness-your-anxiety.html. 更详细的讨论请参阅克拉克博士的著作《破解你的焦虑》[Hack Your Anxiety: How to Make Anxiety Work for You in Life, Love, and All That You Do (Naperville, IL: Sourcebooks, 2018)]。

22. Laura E. Kurtz and Sara B. Algoe, "When Sharing a Laugh Means Sharing More: Testing the Role of Shared Laughter on Short-Term Interpersonal Consequences," *Journal of Nonverbal Behavior* 41, no. 1 (2017): 45-65. See also Larry Cohen, *Playful Parenting* (New York: Ballantine Books, 2001).

23. Ginsberg et al., "Preventing Onset of Anxiety Disorders in Offspring of Anxious Parents."

24. 个人冥想时所产生的平静会影响他的家庭甚至他的社群，这一点已经有了很好的证明。到目前为止，已经有23项关于个人练习先验冥想（TM）和集体练习更高级的先验冥想 Sidhi 会对环境产生怎样的影响的研究得以发表。这些研究都支持所谓的"玛哈里希效应"（Maharishi Effect，以预言这种效应的 Maharishi Mahesh Yogi 的名字命名），指的是冥想可以对大环境产生积极影响。还有研究表明，冥想可以降低犯罪率，减少事故和入院人数，改善课堂行为和工作环境，甚至对经济产生积极影响。这可能也会让你的家人平静下来！另见 David W. Orme-Johnson, "Preventing Crime Through the Maharishi Effect," *Journal of Offender Rehabilitation* 36, nos.1-4 (2003): 251-281. 也可参阅有关冥想改善学校环境的研究，Betsy L. Wisner, Barbara Jones, and David Gwin, "School-Based Meditation Practices for Adolescents: A Resource for Strengthening Self-Regulation, Emotional Coping, and Self-Esteem," *Children & Schools* 32, no. 3 (2010): 150-159. See also Michael C. Dillbeck and Kenneth L. Cavanaugh, "Societal Violence and Collective Consciousness: Reduction of U. S. Homicide and Urban Violent Crime Rates," *SAGE Open*, April 14, 2016, https://doi.org/10.1177/215824401 6637891. 关于冥想对大环境的影响，我们还有一本新书作为阅读材料推荐，巴里·西瓦克（Barry Sivack）和帕特里夏·桑德斯（Patricia Saunders）所著的《暴力的解药》[*An Antidote to Violence: Evaluating the Evidence* (Alresford, UK: John Hunt Publishing, 2018)]。

25. 虽说这一点并不颠覆人们的认识，但只要母亲快乐，孩子往往也会更快乐、感觉与父母更亲近、在家庭中体验到更强的联结。Harry Benson and Steven McKay, "Happy Wife, Happy Life: Millenium Cohort Study," Marriage Foundation (UK) website, September 2019, https://marriagefoundation.org.uk/wp content/uploads/2019/09/MF-Happy-Wife-Happy-Life-FINAL.pdf。

26. Barry Neil Kaufman, *To Love Is to Be Happy With* (New York: Ballantine, 1977).

27. U. S. Department of Health and Human Services, Centers for Disease Control and Prevention, *Crisis + Emergency Risk Communication (CERC)*: Introduction (2018), 3, https://emergency.cdc.gov/cerc/ppt/CERC_Introduction.pdf.

28. A. A. Milne, *The House at Pooh Corner* (New York: Dutton Children's Books, 1928), 133.

29. William James, *The Principles of Psychology*, Volume 1 (New York: Cosimo, 2007), 402.

# 第4章

1. 通过支持自主性的方式来提供奖励是可行的，比如可以避免使用约束性的语言，提供明确的理由，承认给定的任务无聊，并强调自主选择。培养亲密感也有所帮助，如果他们觉得和我们很亲近，自然会珍惜这份关系，即使任务并不吸引人，也会去做。See Edward L. Deci and Richard M. Ryan, "The Paradox of Achievement: The Harder You Push the Worse It Gets," in *Improving Academic Achievement: Impact of Psychological Factors on Education*, ed. Joshua Aronson (Cambridge, MA: Academic Press, 2002), 61-87。

2. 德西和莱恩提出了"成就的悖论"。内在动机还与更关注自己表现的质量以及自我调节能力的提高有关（这大概就是为什么患有多动症的孩子可以认真完成自己的项目，而非完成被外界分配给他们的项目）。

3. Stefano Di Domenico and Richard M. Ryan, "The Emerging Neuroscience of Intrinsic Motivation: A New Frontier in Self-Determination Research," *Frontiers in Human Neuroscience* 11 (March 2017): 145. See also Lisa Legault and Michael Inzlicht, "Self-Determination, Self-Regulation, and the Brain: Autonomy Improves Performance by Enhancing Neuroaffective Responsiveness to Self-Regulation Failure," *Journal of Personality and Social Psychology* 105, no. 1 (2013): 123-138.

4. 许多科学家的研究发现，内在动机与错误相关负波（ERN）有关，ERN是大脑活动的一个特征，几乎总在任务出错后立即发生。ERN反映出一个错误检测系统，该系统能够监控表现水平并检测预期响应和实际响应之间的不一致性。See Legault and Inzlicht, "Self-Determination, SelfRegulation, and the Brain." See also Betsy Ng, "The Neuroscience of Growth Mindset and Intrinsic Motivation," *Brain Sciences* 8, no. 2 (February 2018): 20.

5. 要想进一步了解这些观点，我们建议阅读黛安娜·塔文纳（Diane Tavenner）的著作《准备》[*Prepared* (New York: Currency, 2019)]。

6. 一项对于新冠疫情期间父母在养育中对孩子自主性的支持的研究表明，这在帮助孩子适应环境方面非常有用。A. Neubauer et al., "A Little Autonomy

Support Goes a Long Way," *Child Development* 19 (January 2021), https://doi. org/10.1111/cdev.1515/。

7.  Mel Levine, *The Myth of Laziness* (New York: Simon & Schuster, 2003).

8.  Carol S. Dweck, *Mindset* (New York: Ballantine, 2007).

9.  Ng, "The Neuroscience of Growth Mindset and Intrinsic Motivation."

10. David Scott Yeager et al., "The Far-Reaching Effects of Believing People Can Change: Implicit Theories of Personality Shape Stress, Health, and Achievement During Adolescence," *Journal of Personality and Social Psychology* 106, no. 6 (June 2014): 867-884.

11. 最近的一项研究发现，思维模式理论的几个前提几乎没有得到过支持，例如，具有成长型思维模式的人有"学习目标"（主要动机是学习，而非取得好成绩），或者具有僵化型思维模式的人会相信无须努力就能取得成功。See Alexander P. Burgoyne, David Z. Hambrick, and Brooke N. Macnamara, "How Firm Are the Foundations of Mind-Set Theory?" *Psychological Science* 31, no. 3 (February 2020): 258-267. 此外，还有许多研究发现，几乎没有证据能够表明，以学校为基础的促进成长型思维模式的干预措施能让学生在认知能力、学业成绩、对挑战的反应或学业进步方面产生显著改善。See Yu Li and Timothy C. Bates, "Does Growth Mindset Improve Children's IQ, Educational Attainment or Response to Setbacks?Active-Control Interventions and Data on Children's Own Mindsets," *SocArXiv* (July 7, 2017): 1-27, https://www.re search.ed.ac.uk/ portal/files/53884982/Li_and_Bates_2017_SocArXiv_Dweck_Replication.pdf.See also Victoria F. Sisk et al., "To What Extent and Under Which Circumstances Are Growth Mind- Sets Important to Academic Achievement? Two Meta-Analyses," *Psychological Science* 29, no. 4 (2018): 549-571. See also David Moreau, Brooke Macnamara, and David Z. Hambrick, "Overstating the Role of Environmental Factors in Success: A Cautionary Note," *Current Directions in Psychological Science* 28, no. 1 (2019): 28-33。

12. 有研究表明，因为要记住伦敦所有的街道和各种路线，在伦敦出租车司机的大脑中，主要的记忆中心海马体要比一般人大得多。See Eleanor A. Maguire et al., "Navigation-Related Structural Change in the Hippocampi of Taxi Driv-

ers,"*PNAS* 97, no. 8 (April 11, 2000): 4398-4403. 与之类似，专业钢琴演奏者控制手指动作的大脑区域也更大。See Bernhard Haslinger et al., "Reduced Recruitment of Motor Association Areas During Bimanual Coordination in Concert Pianists," *Human Brain Mapping* 22, no. 3 (July 2004): 206-215, https://doi.org/10.1002/hbm.20028。

13. Carol S. Dweck, "Brainology," National Association of Independent Schools website, Winter 2008, https://www.nais.org/magazine/independent-school/winter-2008/brainology/.

14. 有研究发现，对音乐家来说，青少年时期练习钢琴的时间与胼胝体（连接左右大脑半球的结构）白质的体积之间存在显著的相关性。See Adrian Imfeld et al., "White Matter Plasticity in the Corticospinal Tract of Musicians: A Diffusion Tensor Imaging Study," NeuroImage 46, no. 3 (July 1, 2009): 600-607. See also Thomas A. Forbes and Vittorio Gallo, "All Wrapped Up: Environmental Effects on Myelination," *Trends in Neurosciences* 40, no. 9 (September 2017): 572-587.

15. 关于表扬的讨论，详见 Jane Nelsen, *Positive Discipline* (Ballantine, 2006)。

16. 其他人则质疑简单地赞扬努力究竟是否明智。正如阿尔菲·科恩（Alfie Kohn）指出的，赞扬努力会让学生觉得自己能力不足，从而让他们认为自己不太可能在未来的任务中取得成功（"如果你只是因为我努力而称赞我，那我一定是个失败者"）。科恩还指出，德韦克关于表扬努力的建议有问题，因为表扬是一种口头奖励或外在诱导，可能会被儿童理解为某种操纵手段。科恩指出，表扬更多的是控制，而非鼓励，表扬可以传达这样一种信息：我们接受孩子，但有个前提条件，那就是孩子能继续给我们留下深刻印象。科恩指出，研究发现，非评价性反馈（简单地提供关于某人表现如何的信息而不加评判）比表扬更可取。在科恩看来，赞美只是"另一种胡萝卜"罢了。就像奖励孩子做他们喜欢做的事情会降低他们做这件事的兴趣一样，赞扬孩子的努力实际上可能适得其反，特别是在他们正在自己喜欢的事情上努力付出的情况下。Alfie Kohn, "The Perils of 'Growth Mindset' Education," *Salon*, August16, 2015, https://www.salon.com/2015/08/16/the_education_fad_thats_hurting_our_kids_what_you_need_to_know_about_growth_mindset_theory_and_the_harmful_lessons_it_imparts/。

17. 卢克·伍德（Luke Wood）是一名面向黑人男孩和男性的教育问题专家，他认为成长型思维模式的理论并没有错，只是尚不完整。他认为，在肯定努力和能力之间存在着一种错误的二分法，这会伤及有色人种中的男孩与男人。在伍德看来，这两者都值得我们加以肯定。他还指出，有色人种中的许多男孩和男人从未被告知他们有表现出色的能力，而表达对他们能力的信任，又恰恰是支持他们的最重要方式之一。Adriel A. Hilton, "Prominent Scholar Called Growth Mindset a 'Cancerous' Idea in Isolation," *Huffington Post*, November 12, 2017, https://www.huffpost.com/entry/prominentscholar-cal-l-s-grow-thmindsetacancerous_b_5a07f046e4b0f1dc729a6bc3. 在最近与布鲁克·麦克纳马拉（Brooke Macnamara）的电话交流中，她说，即使有研究显示思维模式会发生转变，也没法证明这种转变对学业成绩会有什么后续影响。麦克纳马拉进行过几项研究，也评估了成长型思维模式的理论和干预措施。她还强调，告诉孩子们他们可以变得像他们所期待的那样聪明，并不会有所帮助，因为纯粹通过努力去发展能力，毕竟有一定上限。此外，她还指出，一些思维模式僵化的人实际上在任务上能表现得更好，这是因为他们相信自己天生就擅长某件事，进而获得了信心。Brook Macnamara personal communication。

18. Sally Shaywitz, M. D., *Overcoming Dyslexia*, 2nd ed.(New York: Knopf, 2020).

19. Matthew H. Schneps, "The Advantages of Dyslexia," *Scientific American*, August 19, 2014, https://www.scientificamerican.com/article/the-advantages-of-dyslexia/.

20. Jean Nakamura and Mihaly Csikszentmihalyi, "The Concept of Flow," in *Flow and the Foundations of Positive Psychology: The Collected Works of Mihaly Csikszentmihalyi* (New York: Springer, 2014), 239-263.

21. Mihaly Csikszentmihalyi, *Flow: The Psychology of Optimal Experience* (New York: HarperCollins, 1991).

22. Reed Larson and Natalie Rusk, "Intrinsic Motivation and Positive Development," *Advances in Child Development and Behavior* 41 (2011): 89-130.

23. Marian Diamond and Janet Hopson, *Magic Trees of the Mind* (New York: Plume, 1999).

24. Laurence Steinberg, *Age of Opportunity* (New York: Houghton Mifflin Harcourt, 2014).

25. Nora D. Volkow et al., "Evaluating Dopamine Reward Pathway in ADHD," *JAMA* 302, no. 10 (September 9, 2009): 1084-1091.

26. P. Shaw et al., "Attention-Deficit/Hyperactivity Disorder Is Characterized by a Delay in Cortical Maturation," *PNAS* 104, no. 49 (December 4, 2007): 19649-19654.

27. Deborah Yurgelun-Todd, "Emotional and Cognitive Changes During Adolescence," *Current Opinion in Neurobiology* 17, no. 2 (April 2007): 251-257.

# 第5章

1. Sarah J. Erickson, Melissa Gerstle, and Sarah W. Feldstein, "Brief Interventions and Motivational Interviewing with Children, Adolescents, and Their Parents in Pediatric Health Care Settings: A Review," *Archives of Pediatric and Adolescent Medicine* 159, no. 12 (December 2005): 1173-1180.

2. Stephen Rollnick, Sebastian G. Kaplan, Richar Rutschman, *Motivational Interviewing in Schools: Conversations to Improve Behavior and Learning* (New York: Guilford Press, 2016).

3. Kathleen Ries Merikangas et al., "Lifetime Prevalence of Mental Disorders in U. S. Adolescents: Results from the National Comorbidity Survey Replication—Adolescent Supplement (NCS-A)," *Journal of the American Academy of Child and Adolescent Psychiatry* 49, no. 10 (October 2010): 980-89. 让·特文格（Jean Twenge）在最近的报告中称，2012～2017年，青少年的焦虑、抑郁和孤独感显著增加。See Jean Twenge, "Have Smartphones Destroyed a Generation?" The Atlantic, September 2017, https:// www.theatlantic.com/magazine/archive/2017/09/hasthesmartphone-destroyed-a-generation/534198/. 另见凯特·朱利安（Kate Julian）最近发表的一篇好文章，"What Happened to American Childhood?" *The Atlantic*, May 2020, https://www.theatlantic.com/magazine/ar-

chive/2020/05/childhood-in-an-anxious-age/609079/; Eli Lebowitz et al., "Parent Training for Childhood Anxiety Disorders: The SPACE Program," *Cognitive and Behavioral Practice* 21, no. 4 (November 2014): 456-469。

4.  Yaara Shimshoni et al., "Family Accommodation in Psychopathology: A Synthesized Review," *Indian Journal of Psychiatry* 61, Suppl.1 (January 2019): S93-S103, https:// doi.org/10.4103/psychiatry.IndianJPsychiatry_530_18. See also Kristen G. Benito et al., "Development of the Pediatric Accommodation Scale," *Journal of Anxiety Disorders* 29 (January 2015): 14-24, https://doi.org/10.1016/ j.janxdis.2014.10.004.

5.  有本很棒的新书，向那些想要帮助患有焦虑症与强迫症的孩子的父母展示了SPACE 项目中的一些工具。Eli Lebowitz, *Breaking Free of Child Anxiety and OCD: A Scientifically Proven Program for Parents* (New York: Oxford University Press, 2021)。

6.  最近的一项研究证明了 SPACE 项目的有效性。一批被诊断为焦虑症的7 ～ 14 岁儿童被分配到接受标准 CBT 干预的小组，或参与 SPACE 项目的小组。每个治疗方案都包括一组连续 12 周、每周 60 分钟的治疗师干预。两种治疗方法都能将儿童的焦虑水平和焦虑相关的情绪障碍降低到相似的程度。两组父母的育儿压力也都有所下降。研究结果表明，这两种方法在减少儿童焦虑方面同样有效。Eli R. Lebowitz et al., "Parent-Based Treatment as Efficacious as Cognitive-Behavioral Therapy for Childhood Anxiety: A Randomized Noninferiority Study of Supportive Parenting for Anxious Childhood Emotions," *Journal of American Academy of Child and Adolescent Psychiatry* 59, no. 3 (March 2020): 362-372。

7.  Lebowitz et al., "Parent Training for Childhood Anxiety Disorders."

8.  Haim Omer and Eli R. Lebowitz, "Nonviolent Resistance: Helping Caregivers Reduce Problematic Behaviors in Children and Adolescents," *Journal of Marital and Family Therapy* 42, no. 4 (October 2016): 688-700.

9.  感谢乔纳森·道尔顿指出了保持冷静和维持坚定的立场有着怎样的力量。

10. Jessica Lahey, *The Addiction Inoculation* (New York: Harper, 2021).

11. See Helen Shen, "Cannabis and the Adolescent Brain," *PNA5* 117, no. 1 (2020): 7-11.

12. 举个例子，究竟是有记忆问题的孩子更容易吸大麻，还是大麻会导致记忆出现问题？同样的道理，尽管大剂量使用大麻与精神病之间存在显著相关，但目前还不清楚大麻是否会导致精神病，或者易患精神病的年轻人是不是更有可能吸食大麻。See Louise Arseneau et al., "Cannabis Use in Adolescence and Risk for Adult Psychosis: Longitudinal Prospective Study," *BMJ* 325, no. 7374 (November 2002): 1212-13, https://doi.org/10.1136/bmj.325.7374.1212。

13. Marc Brackett, *Permission to Feel* (New York: Celadon Books, 2019).

14. Ken C. Winters and Amelia Arria, "Adolescent Brain Development and Drugs," *P-MC* 18, no. 2 (2011): 21-24.

15. Daniel J. Siegel, M. D., *Brainstorm: The Power and Purpose of the Teenage Brain* (New York: TarcherPerigee, 2014).

16. 根据美国药物滥用研究所的数据，大约有10%的大麻使用者会成瘾。这一数字"在年轻人（约17%）和日常使用者（25%～50%）中会有所增加。据年度调查数据显示，近7%的高中生每天或几乎每天都吸食大麻，即使还没有上瘾，也已经走上了通往成瘾的道路，而且他们在学业和生活的其他方面也可能达不到最佳水平。See NIDA, "Is It Possible for Teens to Become Addicted to Marijuana?" *National Institute on Drug Abuse*, June 2, 2020, https://www.drug-abuse.gov/publications/principles-adolescent-substance-use-disorder-treatment-re-search-based-guide/frequently-asked-questions/it-possible-teens-to-become-ad-dicted-to-marijuana。

17. Randi M. Schuster et al., "One Month of Cannabis Abstinence in Adolescents and Young Adults," *Journal of Clinical Psychiatry* 79, no. 6 (October 2018), https://doi.org/10.4088/JCP.17m11977.

18. Nora Volkow, "Marijuana Research Report." Revised July 2020.National Institute on Drug Abuse.

19. Volkow, "Marijuana Research Report."

20. Susan A. Stoner, "Effects of Marijuana on Mental Health: Anxiety Disorders,"

Alcohol and Drug Abuse Institute, University of Washington (2017): 1-6.

21. Stoner, "Effects of Marijuana on Mental Health: Anxiety Disorders."

22. Linda P. Spear, "Effects of Adolescent Alcohol Consumption on the Brain and Behaviour," *Nature Reviews Neuroscience* 19 (2018): 197-214.

23. Marisa M. Silveri, "Just How Does Drinking Affect the Teenage Brain?" https://www.mcleanhospital.org/essential/whatyouneedknowaboutalcoholand-developing-teenage-brain.

24. Aaron M. White, PhD, "Keeping It Real—And Safe," *School Counselor Magazine*, November/December 2018.

25. Lahey, *The Addiction Inoculation*.

26. Laurence Steinberg, *Age of Opportunity* (New York: Houghton Mifflin Harcourt, 2014).

27. 要是家长们想了解更多信息，可参阅 Cynthia Kuhn et al., *Buzzed*, 4th ed. (New York: Norton, 2014)。

# 第6章

1. Xitao Fan and Michael Chen, "Parental Involvement and Students' Academic Achievement," *Educational Psychology Review* 13, no. 1 (2001): 1-22. 此外，威廉·杰恩斯（William Jeynes）在 2005 年对 52 项与父母期望有关的研究进行了元分析，得出这一结论：父母的期望对学生成绩的影响力几乎是父母教养方式的两倍。See William H. Jeynes, "Parental Involvement and Student Achievement: A Meta-Analysis," Harvard Family Research Project (2005), https://archive.globalfrp.org/publications-resources/publications-series/family-involvement-research-digests/parental-involvement-and-student-achievement-a-meta-analysis。

2. Donald D. Price, Damien G. Finniss, and Fabrizio Benedetti, "A Comprehensive

Review of the Placebo Effect: Recent Advances and Current Thought," *Annual Review of Psychology* 59 (2008): 565-590. 另外还可参阅这篇最近的元分析综述：Joël Coste and Sébastien Montel, "Placebo-Related Effects: A Meta-Narrative Review of Conceptualization, Mechanisms and Their Relevance in Rheumatology," *Rheumatology* (Oxford, UK) 56, no. 3 (March 1, 2017): 334-343。

3. Silke Gniß, Judith Kappesser, and Christiane Hermann, "Placebo Effect in Children: The Role of Expectation and Learning," *Pain* 161, no. 6 (June 2020): 1191-1201.

4. 自20世纪80年代末以来，关注大脑研究的教育工作者就一直将最佳学习环境描述为"高挑战，低威胁"。( See Renate Nummela Caine and Geoffrey Caine, *Making Connections: Teaching and the Human Brain*, rev. ed. [Boston: Addison-Wesley, 1994].) 大量研究都支持这一观点，即学生要经历足够的挑战，以避免出现会破坏学习动力的无聊感（ See Virginia Tze, Lia M. Daniels, and Robert Klassen, "Evaluating the Relationship Between Boredom and Academic Outcomes: A Meta-Analysis," *Educational Psychology Review* 28, no. 1 [March 2015]: 119-144 ）。大量的研究也证明了感知到威胁会对学习产生负面影响。See Susanne Vogal and Lars Schwabe, "Learning and Memory Under Stress: The Implications for the Classroom," *NPJ Science of Learning* (June 29, 2016), https://doi.org/10.1038/npjscilearn.2016.11. 玛丽·米亚特（Mary Myatt）最近出版了一本广受欢迎的书，名为《高挑战，低威胁：最优秀的领袖是如何找到平衡的》[*High Challenge, Low Threat: How the Best Leaders Find the Balance* (Woodbridge, UK: John Catt Educational, 2016) ]。这本书为教育从业者和学校管理者提供了把学校文化打造成"高挑战，低威胁"文化的具体思路。

5. Suniya Luthar, Phillip J. Small, and Lucia Ciciolla, "Adolescents from Upper Middle Class Communities: Substance Misuse and Addiction Across Early Adulthood," *Development and Psychopathology* 30, no. 1 (February 2018): 315-335. See also Mary B. Geisz and Mary Nakashian, "Adolescent Wellness: Current Perspectives and Future Opportunities in Research, Policy, and Practice," Robert Wood Johnson Foundation report, July 2018, https://www.rwjf.org/en/library/research/2018/06/inspiring-and-powering-the-future--a-new-view-of-adolescence.

html.

6. See a study by Ethan Kross et al., "Self-Talk as a Regulatory Mechanism: How You Do It Matters," *Journal of Personality and Social Psychology* 106, no. 2 (February 201 ): 304-324. 有一项近期研究解释了造成这种影响的大脑机制，并发现用第三人称进行自我对话有助于人们在压力下调节自己的思想、情感和行为，详见 Jason S. Moser et al., "Third-Person Self-Talk Facilitates Emotional Regulation Without Engaging Cognitive Control: Converging Evidence from ERP and fMRI," *Scientific Reports* 7, no. 1 (2017): 4519, https://doi.org/10.1038/s41598-017-04047-3。

7. Andrew J. Howell, "Self-Affirmation Theory and the Science of Well-Being," *Journal of Happiness Studies: An Interdisciplinary Forum on Subjective Well-Being* 18, no. 1 (2017): 293-311.

8. Christopher N. Cascio et al., "Self-Affirmation Activates Brain Systems Associated with Self-Related Processing and Reward and Is Reinforced by Future Orientation," *Social, Cognitive, and Affective Neuroscience* 11, no. 4 (April 2016): 621-29. See also Emily B. Falk et al., "Self-Affirmation Alters the Brain's Response to Health Messages and Subsequent Behavior Change," *PNAS* 112, no. 7 (February 17, 2015): 1977-1982.

9. Geoffrey L. Cohen and David K. Sherman, "The Psychology of Change: Self-Affirmation and Social Psychological Intervention," *Annual Review of Psychology* 65 (2014): 333-371.

10. William Jeynes, "Aspiration and Expectations: Providing Pathways to Tomorrow," in *Handbook on Family and Community Engagement*, ed. Sam Redding, Marilyn Murphy, and Pam Sheley (Charlotte, NC: Information Age Publishing, 2011): 57-60. 作者还强调，父母和孩子之间温暖且充满爱意的沟通对于传递积极期望非常重要。还可参阅这篇文章：Bryan Goodwin, "The Power of Parental Expectations," *Educational Leadership* 75, no. 1 (September 2017): 80-81。

11. 据我们所知，智囊团——或一群同龄人聚在一起彼此分享建议和支持——的想法最开始是由早期自助作家之一拿破仑·希尔在《十六节成功法则课》[*Success in Sixteen Lessons* (reprint of the original rare 1925 edition) (Salem, MA:

Orne, 2010)]中提出的，后来又在《思考致富》[*Think and Grow Rich* (Shippensburg, PA: Sound Wisdom, 2016)]中出现。励志与自助领域的作家们后来继续深化并推广了"智囊团"的概念。

12. Miriam Adderholdt and Jan Goldberg, *Perfectionism: What's Bad about Being Too Good?*(Minneapolis: Free Spirit, 1987).

13. Thomas Curran and Andrew P. Hill, "Perfectionism Is Increasing Over Time: A Meta-Analysis of Birth Cohort Differences from 1989 to 2016," *Psychological Bulletin*, 145, no. 4 (April 2019): 410-429.

14. Brené Brown, *Daring Greatly* (New York: Avery, 2012), 129. 在卡罗尔·德韦克看来，追求卓越的人都有一种成长型思维模式，而完美主义者则有一种僵化型思维模式。她就指出过，完美主义者会支持这样的信念："要是我犯错误，人们会看不起我""要是我没法一直做得很好，人们就不会尊重我""要是我在某件事上做得很差，那就会像彻底失败一样糟糕"。她还指出，完美主义的孩子必须要"缩小他们的世界"，这样才能避免自己可能不是最聪明的或最好的那一个。(The School of Life, "Carol Dweck on Perfectionism," YouTube video, July 31, 2013, https://www.youtube.com/watch?v=XgUF5WalyDk.)

15. Kathleen Y. Kawamura, Randy O. Frost, and Morton G. Harmatz, "The Relationship of Perceived Parenting Styles to Perfectionism," *Personality and Individual Differences* 32, no. 2 (January 19, 2002): 317-327.

16. Suniya S. Luthar and Bronwyn E. Becker, "Privileged but Pressured?A Study of Affluent Youth," *Child Development* 73, no. 5 (September-October 2002): 1593-1610.

17. Sheila Achar Josephs, "Reducing Perfectionism in Teens," *Anxiety and Depression Association of America website*, April 25, 2017, https://adaa.org/learn-from-us/from-the-experts/blog-posts/consumer/reducing-perfectionism-teens.

18. Alicia Nortje, "Social Comparison: An Unavoidable Upward or Downward Spiral," PositivePsychology.com, January 9, 2020, https://positivepsychology.com/social-comparison/.

19. 丹尼尔·派因（Daniel Pine）是美国国家心理健康研究所（National Institute

of Mental Health）发展与情感神经科学部门的负责人，也是世界上研究儿童和青少年焦虑症和抑郁症的专家之一。

20. 详见迈克尔·格申（Michael Gershon）的著作《第二大脑：对胃肠神经紊乱的突破性新理解》[*The Second Brain: A Groundbreaking New Understanding of Nervous Disorders of the Stomach and Intestine* (New York: HarperCollins, 1998)] 的第 7 章。See also Siri Carpenter, "That Gut Feeling," Monitor on Psychology 43, no. 8 (September 2012): 50。

21. 如果同卵双胞胎中的一个被诊断为患有多动症或自闭症，那另一个也有 80% 的可能性被诊断出患有多动症或自闭症。Stephen V. Faraone and Henrik Larsson, "Genetics of Attention Deficit Hyperactivity Disorder," *Molecular Psychiatry* 24, no. 4 (April 2019): 562-575. Sven Sandin et al., "The Heritability of Autism Spectrum Disorder," *JAMA* 318, no. 12 (September 26, 2017): 1182-1184. 然而，如果双胞胎中的一个被诊断出患有焦虑症或抑郁症，那另一个只有 30% ～ 40% 的机会被诊断出患有同样的疾病。Kirstin Purves et al., "A Major Role for Common Genetic Variation in Anxiety Disorders," *Molecular Psychiatry* 25, no. 12 (December 2020): 3292-3303. See also Elizabeth C. Corfield et al., "A Continuum of Genetic Liability for Minor and Major Depression," *Translational Psychiatry* 7, no. 5 (May 16, 2017): e1131, https://doi.org/10.1038/tp.2017.99。

22. Max Ehrmann, *The Desiderata of Happiness: A Collection of Philosophical Poems* (New York: Crown, 1995). 另请参见本书第 7 章。

# 第7章

1. 一项对于美国职业棒球大联盟球员在新秀赛季棒球卡照片中的笑容的研究，通过笑容预测了球员的寿命。笑得灿烂的球员比那些不笑或仅仅对着镜头礼貌地笑的球员活得更长。后来的一项研究未能复制这一发现（详见 Michael Dufner et al., "Does Smile Intensity in Photographs Really Predict Longevity? A Replication and Extension of Abel and Kruger [2010]," *Psychological Science*

29, no. 1 [September 2017]: 147-153）。不过确实有其他研究表明，童年时的微笑强度能够预测婚姻是否成功——在童年照片中微笑强度较低的男性和女性更容易离婚。See Ernest L. Abel and Michael L. Kruger, "Smile Intensity in Photographs Predicts Longevity," *Psychological Science* 21, no. 4 (April 2010): 542-544, https://doi.org/10.1177/0956797610363775. 另见 Matthew J. Hertenstein et al., "Smile Intensity in Photographs Predicts Divorce Later in Life," *Motivation and Emotion* 33, no. 2 (2009): 99-105, https://doi.org/10.1007/s11031-009-9124-6。

2. 根据研究人员的说法，幸福快乐的人在工作中更有效率，能赚更多的钱，有更好的工作。他们也更有创造力，是更好的领导者和谈判者；他们更有可能结婚并拥有美满的婚姻，有更多的朋友和更多的社会支持，身体更健康，甚至寿命也更长；他们更乐于助人，更博爱，对压力和创伤也能表现出更强的韧性。Sonja Lyubomirsky, Laura King, and Ed Diener, "The Benefits of Frequent Positive Affect: Does Happiness Lead to Success?" *Psychological Bulletin* 131, no. 6 (November 2005): 803-55. See also Catherine A. Sanderson, *The Positive Shift* (Dallas, TX: BenBella Books, 2019)。

3. Daniel Gilbert, *Stumbling on Happiness* (New York: Alfred A. Knopf, 2006)。我们也注意到了另一项 2015 年的研究的结果，来自克里格和谢尔顿，题为《什么让律师快乐？一个重新定义职业成功的、由数据驱动的处方》(What Makes Lawyers Happy?A Data-Driven Prescription to Redefine Professional Success)。这项研究发现，自主性、人际关系和内在动机等因素与幸福感的相关性，要比收入、阶级地位或法律审查与幸福感的相关性高得多，后面这几项与幸福的相关性从"低"到"无"，各不相同。Lawrence S. Krieger and Kennon M. Sheldon, "What Makes Lawyers Happy?A Data-Driven Prescription to Redefine Professional Success," *George Washington Law Review* 83 (2015): 554-627。

4. 2007 年至 2018 年，10～24 岁的儿童和年轻人的自杀率增加了近 60%。U. S. Department of Health and Human Services, Centers for Disease Control and Prevention, "State Suicide Rates Among Adolescents and Young Adults Aged 10-24: United States, 2000-2018," by Sally C. Curtain, *National Vita Statistics Reports* 69, no. 11 (September 11, 2020), https://www.cdc.gov/nchs/data/nvsr/nvsr-

69-11-508.pdf. 亚利桑那州钱德勒市最近报告称，在22个月的时间里，有35名青少年自杀，其中就包括许多优等生。Jim Walsh, "2 More Young Lives Lost to Suicide," EastValley.com, May 26, 2019, https://www.eastvalleytribune.com/news/2-more-young-lives-lost-to-suicide/article_92525176-7e76-11e9-9764-2b0d7447b97e.html。

5. Jonathan Kozol, *The Shame of the Nation: The Restoration of Apartheid Schooling in America* (New York: Three Rivers Press, 2005), 95.

6. Marc Brackett, *Permission to Feel: Unlocking the Power of Emotions to Help Our Kids, Ourselves, and Our Society Thrive* (New York: Celadon Books, 2019).

7. Robert H. Lustig, *The Hacking of the American Mind: The Science Behind the Corporate Takeover of Our Bodies and Brains* (New York: Avery, 2018).

8. 卢斯蒂格写道，所有的享乐行为在极端情况下都会导致成瘾，因为增加的每一种物质和行为，都会经过基本相同的神经通路。多巴胺使神经元兴奋，而过度的兴奋会导致多巴胺受体减少。受到冲击后，多巴胺受体的数量会下降。而下一次你就需要更大力度的冲击，才能获得同样的爽感（你也因此培养出了耐受性）。相比之下，血清素会起抑制作用，让其他神经元平静下来。压力会减少血清素受体，导致幸福感下降。但你无法过量摄入太多的血清素——或者太强烈的幸福感。

9. Suniya Luthar, Phillip J. Small, and Lucia Ciciolla, "Adolescents from Upper Middle Class Communities: Substance Misuse and Addiction Across Early Adulthood," *Development and Psychopathology* 30, no. 1 (February 2018): 315-335.

10. Sonja Lyubomirsky, *The How of Happiness: A Scientific Approach to Getting the Life You Want* (New York: Penguin Press, 2007).

11. 最近一项关于幸福感的遗传性的元分析研究分析了许多双胞胎研究的成果，这些研究涉及5万多名参与者，并发现幸福感的整体遗传性为36%，而生活满意度的遗传性为32%。(Meike Bartels, "Genetics of Wellbeing and Its Components Satisfaction with Life, Happiness, and Quality of Life: A Review and Meta-Analysis of Heritability Studies," *Behavior Genetics* 45, no. 2 [March 2015]: 137-56.) 这与广泛性焦虑症的遗传率（约30%）差不多，而重度抑郁症的

遗传率似乎在 40% ～ 50% 之间。(Michael G. Gottschalk and Katharina Dom-schke, "Genetics of Generalized Anxiety Disorder and Related Traits," *Dialogues in Clinical Neuroscience* 19, no. 2 [June 2017]: 159-168.)

12. 吉尔伯特，幸福的绊脚石。最近有一些证据表明，在我们日益物质化的文化中，收入和幸福之间的相关性在过去 40 年里稳步上升。See Jean Twenge and A. Bell Cooper, "The Expanding Class Divide in Happiness in the United States, 1972-2016," Emotion, advance online publication (2020), https://doi.org/10.1037/emo0000774. 然而，其他一些最近对包括美国在内的世界各国进行的研究发现，在收入水平稳定之后，这一相关性又会急剧下降。Andrew T. Jebb et al., "Happiness, Income Satiation, and Turning Points Around the World," *Nature Human Behaviour* 2, no. 1 (January 2018): 33-38。

13. Martin Seligman, "PERMA and the Building Blocks of Well-Being," *Journal of Positive Psychology* 13, no. 4 (February 2018): 1-3.

14. 来自与丹尼尔·派因博士的私人交流。

15. Jean M. Twenge and Tim Kasser, "Generational Changes in Materialism and Work Centrality, 1976-2007: Associations with Temporal Changes in Societal Insecurity and Materialistic Role Modeling," *Personality and Social Psychology Bulletin* 39, no. 7 (May 1, 2013): 883-897.

16. Tim Kasser, The High Price of Materialism (Toronto, ON: Bradford Books, 2003).

17. 来自与蒂姆·卡塞尔（Tim Kasser）的私人交流。

18. William R. Miller et al., "Personal Values Card Sort," University of New Mexico, www.motivationalinterviewing.org/sites/default/files/valuescardsort_0.pdf.

19. 在一项针对 4 ～ 6 年级学生的研究中，那些被要求在四周内每周有三次善举的学生，随着时间的推移变得更幸福了。Kristin Layous et al., "Kindness Counts: Prompting Prosocial Behavior in Preadolescents Boosts Peer Acceptance and Well-Being," PLoS One 7, no. 12 (2012): e51380, https://doi.org/10.1371/journal.pone.0051380。

20. Lara B. Aknin et al., "Pro-Social Spending and Well-Being: Cross-Cultural Evidence for a Psychological Universal," *Journal of Personality and Social Psychol-*

*ogy* 104, no. 4 (April 2013): 635-52. See also Elizabeth W. Dunn, Lara B. Aknin, and Michael I. Norton, "Prosocial Spending and Happiness: Using Money to Benefit Others Pays Off,"*Current Directions in Psychological Science* 23, no. 1 (2014): 41-47.

21. Brooke C. Feeney and Roxanne L. Thrush, "Relationship Influences on Exploration in Adulthood: The Characteristics and Function of a Secure Base," *Journal of Personality* and Social Psychology 98, no. 1 (January 2010): 57-76.

22. Kate Taylor, "Sex on Campus: She Can Play That Game, Too," *The New York Times*, July 12, 2013, https://www.nytimes.com/2013/07/14fashion/sex-on-campus-she-can-play-that-game-too.html.

23. Ed Diener and Martin E. P. Seligman, "Very Happy People," *Psychological Science* 13, no. 1 (January 2002): 81-84.

24. Gillian M. Sandstrom and Elizabeth W. Dunn, "Is Efficiency Overrated?Minimal Social Interactions Lead to Belonging and Positive Affect," *Social Psychological and Personality Science* 5, no. 4 (May 2014): 437-42. See also Nicholas Epley and Juliana Schroeder, "Mistakenly Seeking Solitude," *Journal of Experimental Psychology: Gen-eral* 143, no. 5 (2014): 1980-1999.

25. Julie Hecht, "Is the Gaze from Those Big Puppy Eyes the Look of Your Doggie's Love?" *Scientific American*, April 16, 2015, https://www.scientificamerican.com/article/is-the-gaze-from-those-big-puppy-eyes-the-look-of-your-doggie-s-love/.

26. Sanderson, *The Positive Shift*.

27. Martin E. P. Seligman, *Learned Optimism: How to Change Your Mind and Your Life* (New York: Vintage, 2006). 塞利格曼还写了一本关于促进儿童和青少年乐观思维的研究著作《教出乐观的孩子》[*The Optimistic Child: A Proven Program to Safeguard Children Against Depression and Build Lifelong Resilience* (New York: Houghton Mifflin Harcourt, 1995)]。

28. 研究感恩的世界级专家罗伯特·埃蒙斯（Robert Emmons）已经证明，感恩能改善情绪、降低压力和血压、提高免疫功能，并能带来更为强大的社会关系。See UC Davis Health, "Gratitude Is Good Medicine," November 25, 2015,

https://health.ucdavis.edu/welcome/features/2015-2016/11/2015 1125_gratitude. html.

29. Sonja Lyubomirsky, Kennon M. Sheldon, and David Schkade, "Pursuing Happiness: The Architecture of Sustainable Change," *Review of General Psychology* 9, no. 2 ( June 2005): 111-131.

30. Martin E. P. Seligman, Tayyab Rashid, and Acacia C. Parks, "Positive Psychotherapy," *American Psychologist* 61, no. 8 (2006): 774-788.

31. 根据 A. P. J. 阿卜杜勒·卡拉姆（A. P. J. Abdul Kalam）所说，"F. A. I. L."代表着"以学习的状态去做第一次尝试"（First Attempt in Learning），而且"E. N. D."也并不指"结束"，而是"努力永不消逝"（Effort Never Dies）的意思。

32. 普林斯顿大学的教授约翰内斯·豪斯霍费尔（Johannes Haushofer）所写的风行一时的《失败履历》（CV of Failure）给了我们启发，这篇文章本身基于梅拉妮·斯特凡（Melanie Stefan）发表在《自然》杂志上的观点。Melanie Stefan, "A CV of Failures," *Nature* 468 (November 2010): 467, https://www.nature.com/articles/nj7322-467a.

33. University of Pennsylvania Penn Faces Resilience Project, http://pennfaces.upenn.edu/.

34. Abigail Lipson, "How to Have a Really Successful Failure," Harvard University Bureau of Study Counsel publication (2009): 7-9, https://successfailureproject.bsc.harvard.edu/files/success/files/bsc_pub_-_how_to_have_a_really_successful_failure.pdf.

35. James A. Blumenthal, Patrick J. Smith, and Benson M. Hoffman, "Is Exercise a Viable Treatment for Depression?" *ACSM's Health and Fitness Journal* 16, no. 4 (July 2012): 14-21.

36. 劳丽·桑托斯（Laurie Santos）在她的讲座中谈到了睡眠剥夺，以及睡眠的重要性。See "Psychology and the Good Life," Aspen Institute, 2018, https://www.aspenideas.org/sessions/psychology-and-the-good-life.

37. Matthew A. Killingsworth and Daniel T. Gilbert, "A Wandering Mind Is an Un-

happy Mind," *Science* 330, no. 6006 (November 12, 2010): 932.

38. Killingsworth and Gilbert, "A Wandering Mind Is an Unhappy Mind."

39. 与先验冥想有关的一本非常值得一读的介绍性图书，是诺曼·E. 罗森塔尔（Norman E. Rosenthal）博士的著作《先验》[*Transcendence* (New York: Tarcher, 2011)]。

40. 许多研究已经证明，中学生、高中生和大学生在做过冥想后，焦虑和抑郁的症状显著减轻，学习成绩显著提高。还有几个研究，已经证明了冥想对那些缺少资源的初中和高中学生的影响，包括减少焦虑、抑郁、攻击性和辍学问题，以及提高学习成绩、毕业率和幸福感。See Staci Wendt et al., "Practicing Transcendental Meditation in High Schools: Relationship to Well-Being and Academic Achievement Among Students," *Contemporary School Psychology* 19 (July 22, 2015): 312-319, https://doi.org/10.1007/s40688-015-0066-6. See also Laurent Valosek et al., "Effect of Meditation on Social-Emotional Learning in Middle School Students," *Education* 139, no. 3 (March 2019): 111-119. 最近，一项研究调查了一所很好的公立学校的学生在上课期间两次练习 15 分钟的先验冥想后的效果。与仅仅两次默读 15 分钟阅读材料的学生相比，冥想组的学生报告称：焦虑、愤怒、抑郁和疲劳明显减轻，自尊水平也有所增强。See Jane Bleasdale, Margaret C. Peterson, and Sanford Nidich, "Effect of Meditation on Social/Emotional Well-Being in a High-Performing High School," *Professional School Counseling*, January 2019, https://doi.org/10.1177/2156759X20940639。

41. Lutz Goldbeck et al., "Life Satisfaction Decreases During Adolescence," *Quality of Life Research* 16, no. 6 (August 2007): 969-979.

42. Ashley Whillans, Lucía Macchia, and Elizabeth Dunn, "Valuing Time Over Money Predicts Happiness After a Major Life Transition: A Preregistered Longitudinal Study of Graduating Students," *Science Advances* 5, no. 9 (September 2019), https:// doi.org/10.1126/sciadv.aax2615.

43. https://brenebrown.com/podcast/brene-withsonya-reneetaylor-on-the-body-is-not-an-apology/#close-popup.

# 第8章

1. 在《自驱型成长》一书中，我们主要讨论了睡眠科学，因为睡眠不仅与控制感有关，还与情绪调节息息相关。我们还强调了，儿童和青少年（以及成年人）在疲劳时，会在多大程度上更容易感到有压力；睡眠上的限制会在多大程度上削弱前额叶皮质和杏仁核之间的连接——这会导致情绪调节能力下滑；以及睡觉、做梦在情绪治疗中所起的作用。我们还讨论了睡眠对学习、记忆和达到最佳表现（包括运动表现）的诸多好处。其中大多数研究在睡眠科学领域的专家马修·沃克（Matthew Walker）最近出版的书《我们为什么要睡觉？》[*Why We Sleep: Unlocking the Power of Sleep and Dreams* (New York: Scribner, 2017)] 中有所讨论。还可参考另一篇文章，Susan Worley, "The Extraordinary Importance of Sleep: The Detrimental Effects of Inadequate Sleep on Health and Public Safety Drive an Explosion of Sleep Research," *Pharmacy and Therapeutics* 43, no. 12 (December 2018): 758-763。近期的研究也进一步阐明了一些睡眠机制，有助于确定我们究竟在睡眠中记住了什么，又（恰到好处地）忘记了什么。See Shuntaro Izawa et al., "REM Sleep-Active MCH Neurons Are Involved in Forgetting Hippocampus-Dependent Memories," *Science* 365, no. 6459 (September 20, 2019): 1308-1313. 最近还有研究记录了不规则的睡眠模式和代谢紊乱之间的关系、肠道微生物在睡眠中的重要作用，以及 ADHD 的特质和失眠之间的关系。See Tianyi Huang and Susan Redline, "Cross-Sectional and Prospective Associations of Actigraphy-Assessed Sleep Regularity with Metabolic Abnormalities: The Multi-Ethnic Study of Atherosclerosis," *Diabetes Care* 42, no. 8 (August 2019): 1422-1429; Yukino Ogawa et al., "Gut Microbiota Depletion by Chronic Antibiotic Treatment Alters the Sleep/Wake Architecture and Sleep EEG Power Spectra in Mice," *Scientific Reports* 10, no. 1 (November 11, 2020): 19554; and Orestis Floros et al., "Vulnerability in Executive Functions to Sleep Deprivation Is Predicted by Subclinical Attention-Deficit/Hyperactivity Disorder Symptoms," Biological *Psychiatry: Cognitive Neuroscience and Neuroimaging* (October 28, 2020), https:// doi.org/10.1016/ j.bpsc.2020.09.019 (Epub ahead of print)。

2. 丹·夏皮罗（Dan Shapiro）是一位医学博士，也是一位优秀的发育儿科医生，他为情况复杂的儿童的父母写了两本好书：《亲子之旅》[*Parent Child Journey* (Nonth Charleston, SC: CreateSpace, 2016) ] 和《亲子之行》[*Parent Child Excursions* (Los Angeles: Dagmar Miura, 2019)]。

3. 华盛顿特区的国家儿童医学中心的行为睡眠专家丹尼·列文博士建议，父母（和专业人士）应该与孩子就睡眠和睡眠相关的挑战去进行对话。他建议孩子们尝试为期一周或十天的睡眠改善计划，看看体验如何。他还指出，这是一个孩子们可以受用一生的实践模式。来自与列文的私人交流。

4. A. M. Williamson and A. M. Feyer, "Moderate Sleep Deprivation Produces Impairments in Cognitive and Motor Performance Equivalent to Legally Prescribed Levels of Alcohol Intoxication," *Occupational and Environmental Medicine* 57, no. 10 (October 2000): 649-655.

5. Eli R. Lebowitz and Haim Omer, *Treating Childhood and Adolescent Anxiety: A Guide for Caregivers* (Hoboken, NJ: Wiley, 2013): 95-97.

6. 威尔逊还发现，当大鼠学习在迷宫中穿行时，与随后经历慢波睡眠及快速眼动睡眠时，大脑在激活模式方面也相同（完全相同的细胞在放电）。See Daoyun Ji and Matthew A. Wilson, "Coordinated Memory Replay in the Visual Cortex and Hippocampus During Sleep," *Nature Neuroscience* 10 (2007): 100-107. 皮埃尔·马凯（Pierre Maquet）在一项 PET 扫描研究中也发现，研究参与者在进行学习任务时所激活的大脑区域在随后的快速眼动睡眠中也同样被激活了。See Pierre Maquet et al., "Experience-Dependent Changes in Cerebral Activation During Human REM Sleep," *Nature Neuroscience* 3, no. 8 (August 2000): 831-836. 此外，罗伯特·斯蒂克戈尔德（Robert Stickgold）还让大学生们在三天时间里玩了七小时的俄罗斯方块。要是刚入睡就被唤醒，有 75% 的人会报告体验到了游戏的视觉图像，这表明大脑在睡眠中也在继续处理这个游戏问题。See Robert Stickgold, "Replaying the Game: Hypnagogic Images in Normals and Amnesics," *Science* 290, no. 5490 (October 13, 2000): 350-353。

7. https://screentimenetwork.org/apa.

8. John Bingham, "Screen Addict Parents Accused of Hypocrisy by Their Children," *The Telegraph* (London), July 22, 2014, https://www.telegraph.co.uk/

technology/news/10981242/Screen-addict-parents-accused-of-hypocrisy-by-their-children.html.

9. 哈佛大学"从零岁到三岁"项目的艾米丽·温斯坦（Emily Weinstein）会要求家长们反思自己经常对孩子说的三件事："你能不能别看手机了""你到底在搞什么"以及"做之前要先想想"。她建议："做到共情胜过翻白眼。"详见温斯坦博士在"持续联结"网络研讨会中的演示文稿。Children and Screens, "Constantly Connected: The Social Media Lives of Teens," YouTube video, July 6, 2020, https://www.youtube.com/watch?v=Bf X2TqD4rq8& feature=emb_logo。

10. Children and Screens, "Constantly Connected: The Social Media Lives of Teens," YouTube video, July 6, 2020, https://www.youtube.com/watch?v=Bf X2TqD4rq8& feature=emb_logo.

11. Devorah Heitner, *Screenwise: Helping Kids Thrive (and Survive) in Their Digital World* (Abingdon, UK: Bibliomotion, 2016).

12. Ben Carter et al., "Association Between Portable Screen-Based Media Device Access or Use and Sleep Outcomes: A Systematic Review and Meta-Analysis,"*JAMA Pediatrics* 170, no. 12 (December 1, 2016): 1202-1208. 另见 Nicholas Bakalar, "What Keeps Kids Up at Night?Cellphones and Tablets," *The New York Times*, October 31, 2016, https://www.nytimes.com/2016/10/31/well/mind/what-keeps-kids-up-at-night-it-could-be-their-cellphone.html. 此外，参见 Ann Johansson, Maria A. Patrisko, and Eileen R. Chassens, "Adolescent Sleep and the Impact of Technology Use Before Sleep on Daytime Function," *Journal of Pediatric Nursing* 31, no. 5 (September-October 2016): 498-504。

13. 参见彼得·格雷在"芝加哥理念"中所探讨的"自我导向学习的六个条件"，"Mother Nature's Pedagogy: Insights from Evolutionary Psychology," video, retrieved January 28, 2021, https://www.chicagoideas.com/videos/mother-nature-s-pedagogy-insights-from-evolutionary-psychology。另见格雷的 TED 演讲：TEDx Talks, "The Decline of Play | Peter Gray | TEDxNavesink," YouTube video, June 13, 2014, and his 2013 article in Salon: "School Is a Prison and Damaging Our Kids," Salon, August 26, 2013, https://www.salon.com/2013/08/26/

school_is_a_prison_and_damaging_our_kids/。

14. Douglas Gentile, "Pathological Video Game Use Among Youth 8-18: A National Study," *Psychological Science* 20, no. 5 (May 2009): 594- 602.

15. Gentile, "Pathological Video Game Use Among Youth 8-18."

16. "Constantly Connected: The Social Media Lives of Teens," YouTube video, July 6, 2020, https://www.youtube.com/watch?v=Bf X2TqD4rq8&feature=emb_logo.

17. Clive Thompson, "Don't Blame Social Media If Your Teen Is Unsocial. It's Your Fault," *Wired*, December 26, 2013, https://www.wired.com/2013/12/ap-thompson-2/.

18. "81%" 的数据来自 2018 年 11 月皮尤研究中心的一项研究。Monica Anderson and Jing Jing Jiang, "Teens' Social Media Habits and Experiences," PEW Research Center, November 28, 2018, https://www.pewresearch.org/internet/2018/11/28/teens-social-media-habits-and-experiences/, reported by Linda Chamaraman in Children and Screens, "Constantly Connected: The Social Media Lives of Teens," YouTube video, July 6, 2020, https://www.youtube.com/watch?v=Bf X2TqD4rq8&feature= emb_logo。

19. Heitner, *Screenwise*, 36.

20. Jean Twenge, "More Time on Technology, Less Happiness?" *Current Directions in Psychological Science* 28, no. 4 (May 22, 2019): 372-379. 请注意，社交媒体的使用和抑郁之间并没有因果关系，但似乎和焦虑情绪有着因果关系。

21. 这是真的！看看罗切斯特大学的达芙妮·巴韦利埃（Daphne Bavelier）的研究吧。巴韦利埃研究了玩动作类电子游戏是如何增强人们的注意力、提高人们感知具体细节的能力，并加快人们的感知处理速度的。See Daphne Bavelier and C. Shawn Green, "Brain Tune-Up from Action Video Game Play," *Scientific American*, July 2016, https://www.scientificamerican.com/article/brain-tune-up-from-action-video-game-play/.See also TEDx Talks, "Your Brains on Action Games: Daphne Bavelier at TEDxCHUV," YouTube video, June 23, 2012, https://www.youtube.com/watch?v=e8hzowkUkR4&feature=emb_logo。

22. 所谓休息，就是你编码自己所学到的东西的时候。这就是为什么专业运动员不会一次连着练习几个小时，专业音乐家不会连续练习一整天。要让你的大脑能够整合所学到的知识，你需要休息的时间。睡眠是一种彻底的休息，也是休息有助于学习、记忆和技能发展的最好范例。

23. Twenge, "More Time on Technology, Less Happiness?"

24. Phyllis Fagell, *Middle School Matters* (New York: Da Capo Lifelong Books, 2019).

25. Clifford Sussman, "Healthy Digital Media Use," *Attention* (Winter 2017-18): 18-21, https://cliffordsussmanmd.com/wp-content/uploads/2020/09/Cover_plus_SUSS MAN_Attn_Winter2017_18-1.pdf. See also Dina Elboghdady, "The Battle," *Bethesda Magazine*, September 23, 2019, https://bethesdamagazine.com/bethesda-magazine/parenting/the-battle/.

# 第9章

1. Alan Kazdin, "Can You Discipline Your Child Without Using Punishment?" Psychology Benefits Society, American Psychological Association, February 15, 2017, https://psychologybenefits.org/2017/02/15/can-you-discipline-your-child-without-using-punishment/.

2. Jane Nelsen, *Positive Discipline* (Ballantine, 2006), 13.

3. 有关召开家庭会议的优质建议，详见 Nelsen, *Positive Discipline*, 208。

4. Alisha R. Pollastri et al., "The Collaborative Problem Solving Process Across Settings," *Harvard Review of Psychiatry* 21, no. 4 (July-August 2013): 188-199. See also Ross Greene's *Raising Human Beings* (New York: Scribner, 2016). 教育工作者还应该看看格林写的《迷失学校》[*Lost at School*, rev. ed.(New York: Scribner, 2014)]，这本书讲的是如何在学校里应用合作解决问题的策略。

5. Katherine Reynolds Lewis, *The Good News about Bad Behavior* (New York: Public Affairs, 2019).

6. 除此之外，罗斯·格林的网站上还有几个关于协作解决问题的精彩视频，详见 livesinthebalance.org。

7. See Nelsen, *Positive Discipline*.

8. 儿科医生和育儿作家肯·金斯伯格（Ken Ginsburg）建议青少年和他们的父母设定一个"脱身密码"。比如要是他们在聚会上，就可以打电话说："我必须回去遛狗？真的吗？"并以此作为一种让爸爸或妈妈来接他们离开的暗语。Ken Ginsburg, "Blame Parents with a Code Word," Center for Parent and Teen Communication website, September 4, 2018, https://parentandteen.com/blame-parents-a-code-word-strategy/。